故宮

博物院藏文物珍品全集

故宮博物院藏文物珍品全集

宮廷珍寶

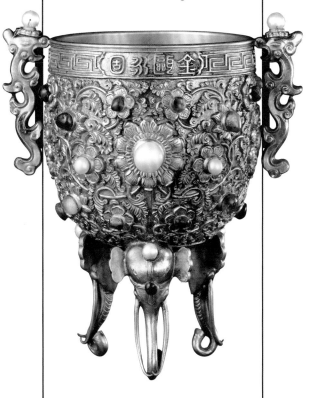

主編：徐啟憲

商務印書館

宮廷珍寶
Treasures of Imperial Court

故宮博物院藏文物珍品全集
The Complete Collection of Treasures
of the Palace Museum

主　　編 ……………… 徐啟憲

副主編 ……………… 苑洪琪　秦鳳京

編　　委 ……………… 王　碩　鐵　奇　楊　捷　趙桂玲　劉　靜
　　　　　　　　　　　　劉　岳　房宏俊　關雪玲　劉寶建　王　惠
　　　　　　　　　　　　曹連明　毛憲民

攝　　影 ……………… 劉志崗　馮　輝　趙　山

出版人 ……………… 陳萬雄

編輯顧問 ……………… 吳　空

責任編輯 ……………… 段國強

設　　計 ……………… 鄧麗萍

出　　版 ……………… 商務印書館（香港）有限公司
　　　　　　　　　　　　香港筲箕灣耀興道 3 號東滙廣場 8 樓
　　　　　　　　　　　　http://www.commercialpress.com.hk

發　　行 ……………… 香港聯合書刊物流有限公司
　　　　　　　　　　　　香港新界大埔汀麗路 36 號中華商務印刷大廈 3 字樓

製　　版 ……………… 中華商務彩色印刷有限公司
　　　　　　　　　　　　香港新界大埔汀麗路 36 號中華商務印刷大廈

印　　刷 ……………… 中華商務彩色印刷有限公司
　　　　　　　　　　　　香港新界大埔汀麗路 36 號中華商務印刷大廈

版　　次 ……………… 2009 年 12 月第 2 次印刷
　　　　　　　　　　　　© 商務印書館（香港）有限公司
　　　　　　　　　　　　ISBN 978 962 07 5360 2

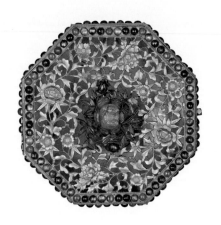

總序 楊新

　　故宮博物院是在明、清兩代皇宮的基礎上建立起來的國家博物館，位於北京市中心，佔地72萬平方米，收藏文物近百萬件。

　　公元1406年，明代永樂皇帝朱棣下詔將北平升為北京，翌年即在元代舊宮的基址上，開始大規模營造新的宮殿。公元1420年宮殿落成，稱紫禁城，正式遷都北京。公元1644年，清王朝取代明帝國統治，仍建都北京，居住在紫禁城內。按古老的禮制，紫禁城內分前朝、後寢兩大部分。前朝包括太和、中和、保和三大殿，輔以文華、武英兩殿。後寢包括乾清、交泰、坤寧三宮及東、西六宮等，總稱內廷。明、清兩代，從永樂皇帝朱棣至末代皇帝溥儀，共有24位皇帝及其后妃都居住在這裏。1911年孫中山領導的"辛亥革命"，推翻了清王朝統治，結束了兩千餘年的封建帝制。1914年，北洋政府將瀋陽故宮和承德避暑山莊的部分文物移來，在紫禁城內前朝部分成立古物陳列所。1924年，溥儀被逐出內廷，紫禁城後半部分於1925年建成故宮博物院。

　　歷代以來，皇帝們都自稱為"天子"。"普天之下，莫非王土；率土之濱，莫非王臣"（《詩經·小雅·北山》），他們把全國的土地和人民視作自己的財產。因此在宮廷內，不但匯集了從全國各地進貢來的各種歷史文化藝術精品和奇珍異寶，而且也集中了全國最優秀的藝術家和匠師，創造新的文化藝術品。中間雖屢經改朝換代，宮廷中的收藏損失無法估計，但是，由於中國的國土遼闊，歷史悠久，人民富於創造，文物散而復聚。清代繼承明代宮廷遺產，到乾隆時期，宮廷中收藏之富，超過了以往任何時代。到清代末年，英法聯軍、八國聯軍兩度侵入北京，橫燒劫掠，文物損失散佚殆不少。溥儀居內廷時，以賞賜、送禮等名義將文物盜出宮外，手下人亦效其尤，至1923年中正殿大火，清宮文物再次遭到嚴重損失。儘管如此，清宮的收藏仍然可觀。在故宮博物院籌備建立時，由"辦理清室善後委員會"對其所藏進行了清點，事竣後整理刊印出《故宮物品點查報告》共六編28冊，計有文物

117萬餘件（套）。1947年底，古物陳列所併入故宮博物院，其文物同時亦歸故宮博物院收藏管理。

二次大戰期間，為了保護故宮文物不至遭到日本侵略者的掠奪和戰火的毀滅，故宮博物院從大量的藏品中檢選出器物、書畫、圖書、檔案共計13427箱又64包，分五批運至上海和南京，後又輾轉流散到川、黔各地。抗日戰爭勝利以後，文物復又運回南京。隨着國內政治形勢的變化，在南京的文物又有2972箱於1948年底至1949年被運往台灣，50年代南京文物大部分運返北京，尚有2211箱至今仍存放在故宮博物院於南京建造的庫房中。

中華人民共和國成立以後，故宮博物院的體制有所變化，根據當時上級的有關指令，原宮廷中收藏圖書中的一部分，被調撥到北京圖書館，而檔案文獻，則另成立了“中國第一歷史檔案館”負責收藏保管。

50至60年代，故宮博物院對北京本院的文物重新進行了清理核對，按新的觀念，把過去劃分“器物”和書畫類的才被編入文物的範疇，凡屬於清宮舊藏的，均給予“故”字編號，計有711338件，其中從過去未被登記的“物品”堆中發現1200餘件。作為國家最大博物館，故宮博物院肩負有蒐藏保護流散在社會上珍貴文物的責任。1949年以後，通過收購、調撥、交換和接受捐贈等渠道以豐富館藏。凡屬新入藏的，均給予“新”字編號，截至1994年底，計有222920件。

這近百萬件文物，蘊藏着中華民族文化藝術極其豐富的史料。其遠自原始社會、商、周、秦、漢，經魏、晉、南北朝、隋、唐，歷五代兩宋、元、明，而至於清代和近世。歷朝歷代，均有佳品，從未有間斷。其文物品類，一應俱有，有青銅、玉器、陶瓷、碑刻造像、法書名畫、印璽、漆器、琺瑯、絲織刺繡、竹木牙骨雕刻、金銀器皿、文房珍玩、鐘錶、珠翠首飾、家具以及其他歷史文物等等。每一品種，又自成歷史系列。可以說這是一座巨大的東方文化藝術寶庫，不但集中反映了中華民族數千年文化藝術的歷史發展，凝聚着中國人民巨大的精神力量，同時它也是人類文明進步不可缺少的組成元素。

開發這座寶庫，弘揚民族文化傳統，為社會提供了解和研究這一傳統的可信史料，是故宮博物院的重要任務之一。過去我院曾經通過編輯出版各種圖書、畫冊、刊物，為提供這方面資料作了不少工作，在社會上產生了廣泛的影響，對於推動各科學術的深入研究起到了良好的作用。但是，一種全面而系統地介紹故宮文物以一窺全豹的出版物，由於種種原因，尚未來得及進行。今天，隨着社會的物質生活的提高，和中外文化交流的頻繁往來，無論是中國還是西方，人們越來越多地注意到故宮。學者專家們，無論是專門研究中國的文化歷史，還是從事於東、西方文化的對比研究，也都希望從故宮的藏品中發掘資料，以探索人類文明發展的奧秘。因此，我們決定與香港商務印書館共同努力，合作出版一套全面系統地反映故宮文物收藏的大型圖冊。

要想無一遺漏將近百萬件文物全都出版，我想在近數十年內是不可能的。因此我們在考慮到社會需要的同時，不能不採取精選的辦法，百裏挑一，將那些最具典型和代表性的文物集中起來，約有一萬二千餘件，分成六十卷出版，故名《故宮博物院藏文物珍品全集》。這需要八至十年時間才能完成，可以說是一項跨世紀的工程。六十卷的體例，我們採取按文物分類的方法進行編排，但是不圉於這一方法。例如其中一些與宮廷歷史、典章制度及日常生活有直接關係的文物，則採用特定主題的編輯方法。這部分是最具有宮廷特色的文物，以往常被人們所忽視，而在學術研究深入發展的今天，卻越來越顯示出其重要歷史價值。另外，對某一類數量較多的文物，例如繪畫和陶瓷，則採用每一卷或幾卷具有相對獨立和完整的編排方法，以便於讀者的需要和選購。

如此浩大的工程，其任務是艱巨的。為此我們動員了全院的文物研究者一道工作。由院內老一輩專家和聘請院外若干著名學者為顧問作指導，使這套大型圖冊的科學性、資料性和觀賞性相結合得盡可能地完善完美。但是，由於我們的力量有限，主要任務由中、青年人承擔，其中的錯誤和不足在所難免，因此當我們剛剛開始進行這一工作時，誠懇地希望得到各方面的批評指正和建設性意見，使以後的各卷，能達到更理想之目的。

感謝香港商務印書館的忠誠合作！感謝所有支持和鼓勵我們進行這一事業的人們！

1995年8月30日於燈下

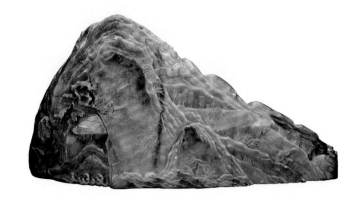

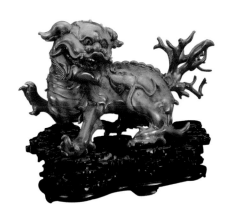

目錄

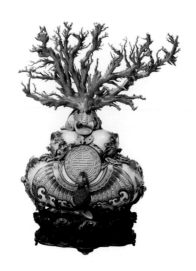

文物目錄

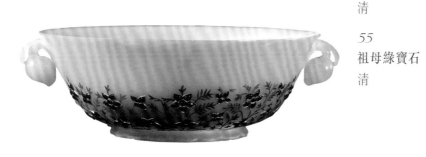

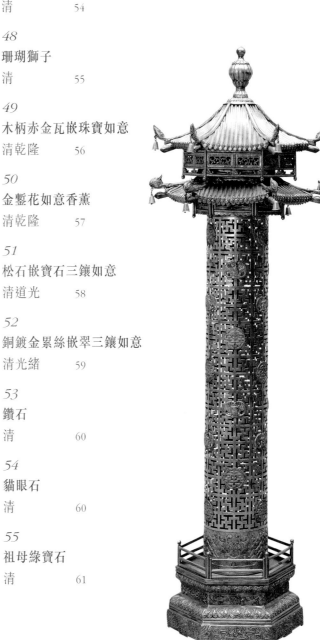

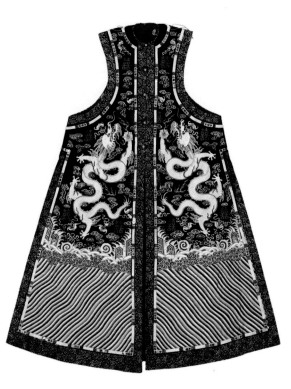

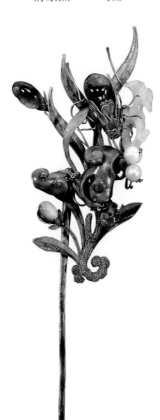

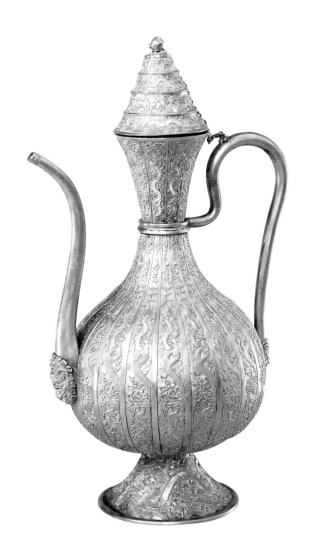

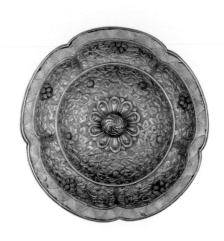

導言

徐啟憲

在故宮博物院收藏的百萬件文物中，珍寶文物是其中重要的組成部分，其數量有數萬件之多，是國內博物館收藏最為豐富的。這些珍寶文物，絕大部分是清朝皇宮遺留下來的，主要包括清朝各代皇帝及其后妃們的生活用品、冠服飾品、禮儀用品、陳設品以及宗教祭祀用品等，反映了清王朝帝王之家宮廷生活的各個層面，對於認識和研究清代宮廷典章制度、宮廷生活、宗教文化和工藝美術等方面，提供了重要的實物佐證，有着極其重要的價值。

珍寶，即珠寶玉石之總稱，一般分為兩類，一類為無機珍寶，即礦物質珍寶，包括金屬類、鑽石類、寶石類、玉石類。金屬類包括金、銀、銅等；寶石類包括紅寶石、藍寶石、綠寶石、祖母綠、綠族石寶石、金綠寶石、碧璽、鋯石、尖晶石、橄欖石、石榴子石、石英、長石等；玉石類包括玉、翡翠、青金石、綠松石、孔雀石、雞血石等。另一類為有機珍寶，包括珍珠、琥珀、珊瑚、玳瑁、象牙等。玉器作為清宮珍寶的重要組成部分，在《故宮博物院藏文物珍品全集》中已有專集出版，本卷不再收入。本卷收入的二百餘件（套）清宮珍寶文物，按照用途分為禮儀、陳設、服飾首飾、武備、宗教及生活用品等類別，代表了清代宮廷製作和使用珍寶的概貌，具有突出的宮廷文化特色。

自有歷史記載以來，珍寶就在人類社會生活中起着重要的作用，成為美化生活、陶冶情操的裝飾品，是人類文明進步和文化藝術發展的象徵。人類對於珍寶的認識和概念，在不同的歷史時期不盡相同。在古代相當長時期內，由於生產力水平低下，人們只能從自然界的礦物中尋找五顏六色的珍奇來裝點自己的生活，難以尋覓的金屬、礦石等，就成了珍寶的典型代表，如黃金、白銀、銅、鐵、玉石、瑪瑙、水晶、玻璃、雲母、海貝、珊瑚等都曾經被視為稀有的珍寶。由於這些珍寶多為稀有難得之物，以及具有質地堅硬、色彩奇麗的特點，因此，往往被賦予眾多的社會功能。如在人們社會交往中，成為不可替代的交換媒介，有着極高的經濟價值；在等級社會中，又成為衡量人們社會地位高低和財富多寡的象徵。這些社會功能，從考古發掘出土的大量實物資料中，已得到印證。隨着社會生產力的發展，科學技術水平不斷進步，人們的認識能力也得以極大提高。特別到近代，人類社會發生了巨大的變化，過去稀有難得的東西，今天已成為易買易賣之物；以往有極高經濟價值的昂貴之物，現在已成為普通的物品；過去是人們社會交往的必備媒介，現在已失去作為媒介的價值；過去是衡量人們社會地位高低和財富多寡的標誌，如今已失去往日的光輝。供求關係和社會功能的變化，使得珍寶的內容和範圍也發生了變化，銅、鐵、玻璃、雲母、海貝等紛紛被排斥在珍寶之外，曾經與黃金有着同等經濟價值的白銀，亦退居到珍寶的末端，唯有黃金、美玉仍保留着它昔日的珍寶霸主地位。近代珍寶的概念和範圍有了新的界定，黃金、鑽石、美玉、翡翠、寶石、珍珠已成為珍寶的主要代表，它不僅作為裝飾品體現着文化功能，更多地是成為收藏和積累財富的重要目標，突出了它作為社會財富的地位。

中國人認識和使用珍寶有着悠久的歷史，大量的考古發掘材料證明了這點。早在新石器時代晚期，就已經出現了以各種珍寶裝飾的簡單佩飾，如江蘇南京北陰陽營遺址（公元前4000—前3000年）中，在死者的胸部發現有玉石、石英、瑪瑙等製成的佩飾[1]。山東臨朐朱封龍山文化（公元前2500—前2000年）晚期墓葬中，女墓主戴有綠松石耳墜[2]，胸部佩玉管飾。內蒙古赤峰夏家店夏商時期墓地，出土了數量可觀的松石、白石、玉、瑪瑙等質地的珠管，說明當時寶石的使用已很廣泛[3]。漢唐以後，珍寶的應用範圍擴大，加工技術也有了進一步的提高，如湖北安陸王子山唐吳王妃楊氏墓中，就出土有數百件金銀、綠松石、玉、料珠、玻璃器等，不僅加工成各種形狀，有的還運用鑲嵌等技術[4]。

清王朝統治中國達260多年，皇帝是國家的最高統治者，有至高無上的權力，"朕即國家"即是封建皇權的象徵。皇帝利用他的地位和權勢，集天下奇珍異寶於宮中，供其享用和揮霍，是國家擁有和享用珍寶最多的人。清代宮廷在使用和製作珍寶上有鮮明的特點。

宮廷珍寶突出的使用功能

故宮博物院現存的清代珍寶中，單體的黃金、鑽石、寶石、翡翠、珍珠等數量並不多，而大量珍寶都存於皇帝和后妃使用的各種器物上，或用珍寶製作，或用珍寶鑲嵌。因此，清宮珍寶最突出的特點是使用而不是當作財富收藏。

清宮禮儀用品中，用黃金製作或用珍寶鑲嵌而成的器物不計其數，其中最為典型的是清代康（熙）乾（隆）兩朝用黃金鑄造編鐘。編鐘，是宮中中和韶樂中的一種樂器，自古以來多用青銅製造，清代編鐘多為銅鎏金。康熙皇帝60歲生日時，為顯示國力強盛和皇帝的文治武功，特旨用黃金一萬多兩製作了16枚一套的金質編鐘，作為萬壽慶典的禮樂重器。乾隆皇帝敬天法祖，將皇祖康熙皇帝的行為作為自己日常行為的準則，乾隆五十五年（1790）乾隆皇帝80歲生日時，也鑄造了16枚一套的金質編鐘，共用黃金11439兩。康乾兩朝鑄造金編鐘，反映了康乾盛世的國力強盛和禮樂制度的完善，也說明清宮廷對於珍寶的實際利用。民國時期，乾隆皇帝鑄造的這套金編鐘，被遜帝溥儀典押到北京鹽業銀行，以解決其宮廷生活財力的不足。抗日戰爭時期，由鹽業銀行副經理朱虞川的女婿胡仲之設法保存下來。1949年後，獻給國家，又回歸故宮博物院，現在故宮珍寶館展出（圖5）。

在帝后的儀仗用品中也大量使用了黃金製品。皇帝的儀仗稱鹵簿，皇后的儀仗稱儀駕，妃子的稱彩仗。在帝后龐大的儀仗中有八件金器，稱"金八件"。據《大清會典》記載：皇帝的鹵簿金器八件，包括兩耳三足提爐二，橢圓香盒二，洗一，水盂一，赤金質，鈒雲龍、珠火、瑞草，嵌珊瑚、青金、綠松石；大瓶小瓶各一。每一件金器大小尺寸、造型、紋飾及其用法都有嚴格的規定。以提爐為例，規定："皇帝鹵簿提爐，範金為之，形圓，有蓋，通高七寸八分，深四寸六分，口徑三寸二分，腹圍一尺七寸六分，蓋高二寸，徑與口徑同。環鏤芙蕖，下垂雲葉，頂鏤盤龍，提以金索四，三屬於爐，一屬於蓋，並繫雲葉上。提桿攢竹髹朱，長四寸五分，圍三寸一分四厘，兩端飾金龍首尾，上綴金鉤以懸爐，行則提之，陳設時，承從八角盤。"[5]（圖9）皇太后、皇后儀仗亦有金八件，但紋飾不同，如皇后的輿洗，範金，形圓，十二棱，邊鈒八寶花紋，花紋中立雙鳳，相間鑲嵌珊瑚和松石[6]（圖10）。

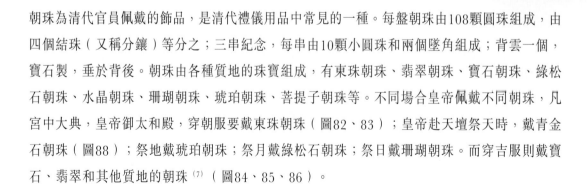

朝珠為清代官員佩戴的飾品，是清代禮儀用品中常見的一種。每盤朝珠由108顆圓珠組成，由四個結珠（又稱分鑲）等分之；三串紀念，每串由10顆小圓珠和兩個墜角組成；背雲一個，寶石製，垂於背後。朝珠由各種質地的珠寶組成，有東珠朝珠、翡翠朝珠、寶石朝珠、綠松石朝珠、水晶朝珠、珊瑚朝珠、琥珀朝珠、菩提子朝珠等。不同場合皇帝佩戴不同朝珠，凡宮中大典，皇帝御太和殿，穿朝服要戴東珠朝珠（圖82、83）；皇帝赴天壇祭天時，戴青金石朝珠（圖88）；祭地戴琥珀朝珠；祭月戴綠松石朝珠；祭日戴珊瑚朝珠。而穿吉服則戴寶石、翡翠和其他質地的朝珠[7]（圖84、85、86）。

帝后冠服上使用各色珠寶也極為普遍，這裏僅以皇后朝冠為例。皇后朝冠分冬、夏兩種，冬朝冠由熏貂製作，上綴朱緯，頂三層，每層貫大東珠一顆，皆承以金質鳳凰，每隻鳳凰飾二等大東珠三顆，珍珠17顆，鳳啣大東珠一顆；朱緯上，周綴金鳳七隻，上嵌二等東珠63顆，小珍珠147顆，貓眼石七塊。金翟鳥一隻，上嵌小珍珠16顆，貓眼石一塊。鑲青金石金桃花垂掛一件，嵌二等東珠六顆，二等珍珠五顆，三等珍珠六顆，四等珍珠302顆；鑲青金石金箍一圈，嵌三等東珠13顆；嵌松石、青金石垂掛一件，嵌二等東珠16顆，二等珍珠五顆，三等珍珠五顆，四等珍珠324顆；垂掛末綴珊瑚墜角。冠後護領，垂明黃條二，末墜寶石墜角[8]（圖61）。

帝后日常用品利用珠寶作裝飾更是比比皆是，特別是帝后的首飾、佩飾、陳設，無不是用珠寶作裝點。首飾類有頭花、鈿子、扁簪、花簪、耳墜、戒指、手鐲等；佩飾有佩、帶板、帶扣、香囊、火鐮等；陳設品更是多種多樣。后妃的髮型裝飾是最重要的，如簪子就有扁簪、長簪、花簪，均以各種珠寶製作。清末慈禧太后，更是喜愛各種珠寶首飾，清宮造辦處按照她的旨意製作了大量的首飾。檔案記載："謹將遵照畫樣恭製首飾敬繕清單恭呈慈（即慈禧）覽：綠玉扁簪四對，鑲嵌金扁簪三對，枷楠香扁簪二對，玳瑁扁簪一對，綠玉長簪一對，鑲嵌金長簪三對，鑲嵌綠玉長簪二對，珊瑚長簪一對，枷楠香長簪三對，鑲嵌金鐲八對，珊瑚鐲六對，綠玉鉗七對，鑲嵌綠玉鉗二對，鑲嵌枷楠香鉗三對，鑲嵌金鉗三對，鑲嵌珊瑚鉗一對，鑲嵌碧璽鉗五對，珊瑚溜六對，綠玉溜六對，綠玉戒指六對，鑲嵌金溜五對，檀香溜一對，枷楠香十八子（手串）一掛，嵌各樣花枷楠香佩二十種。"[9]慈禧太后特別喜愛各式頭簪，據清宮內務府檔案的不完全統計，僅三次製作各式珠寶簪就有幾十種，名稱各異，有龍鳳器物，有花鳥魚蟲，還有各種吉祥圖案等，名目繁多，如蝴蝶簪、瓶花簪、蜘蛛簪、長字簪、如意簪、雙蓮簪、金蟬簪、海棠簪、壽字簪、寶蓮簪、菊花簪、螳螂簪、方勝簪、葫蘆簪、盤龍簪、鶴簪、蜻蜓簪、吉慶簪、蝠簪、蟈蟈簪、雙鳳簪、茶花簪、通氣簪、和合簪、福祿簪、梅花簪、蝦簪、行龍簪、金蟾簪、鸚哥簪、元寶簪、螃蟹簪、佛手簪、靈芝簪、荷葉簪、年年吉慶簪、八仙慶壽簪、爐瓶三事簪等等[10]。本卷選取了部分珠寶簪，如金鑲珠石蘭花蟈蟈簪，用一顆大藍寶石和金累絲編嵌成蟈蟈，金累絲點翠為花枝，貓眼石、珍珠、水晶為蘭花，白玉、珊瑚為靈芝；蟈蟈伏在蘭花之上，形象生動，工藝精良（圖130）。銀鍍金嵌珠寶蝴蝶簪，金質蝴蝶式，上嵌紅寶石，蝶翅為金點翠上嵌紅寶石兩塊，碧璽兩塊，兩蝶鬚各嵌圓形珍珠一顆，造型逼真，做工細膩（圖131）。這些珠寶簪，不僅反映了慈禧太后個人的生活情趣和喜好，也折射出清代后妃宮中生活的狀況，可見珍寶在宮廷生活中所佔的地位。

清宮中有佛堂近五十個，供奉着各種質地的佛龕、佛塔、壇城、佛閣、佛像、七珍八寶等供

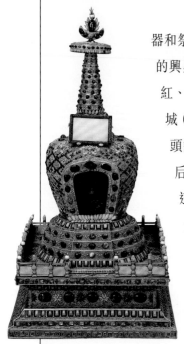

器和祭器，其中以金製和珠寶鑲嵌而成的，數量相當可觀，反映了清宮中宗教文化的興盛。如金累絲嵌珠寶佛塔，塔身全部用金累絲纏繞而成，塔上鑲嵌着近千塊紅、藍寶石，及貓眼石、綠松石、水晶、碧璽等，工藝精細，材料珍貴，價值連城（圖171）。佛堂中還有一座特殊的佛塔，名金髮塔，是乾隆皇帝為其母親盛放頭髮之用的。乾隆四十二年（1777）正月二十六日，乾隆皇帝的生母孝聖憲皇太后駕薨於圓明園，乾隆皇帝為表孝忱，寄託哀思，下詔內務府造辦處，製作了這座金髮塔。塔的下部有匣，專盛皇太后生前留下的御髮。塔身有龕，內供無量壽佛一尊。髮塔供奉在皇太后生前居住過的慈寧宮佛堂內。為造金髮塔，清宮內務府除用了廣儲司所存黃金外，又熔化了宮中和圓明園等處的部分金器，共用黃金三千多兩。塔傘周緣下垂由珍珠、紅藍寶石和綠松石綴成的瓔珞，塔身及龕門也鑲嵌珍珠、寶石及松石。塔身用鑄、鍱、鏨、刻等多種工藝手法製作，有着極高的工藝價值（圖175）。

珍寶文物中，還有皇帝特別的專用品，如金嵌珠寶金甌永固杯即為一件典型製品。杯為金質，呈斗形，直口，兩側各有一夔龍為耳，龍首頂各嵌東珠一顆。三捲鼻首為足，金絲象牙抱象鼻兩邊。杯沿鏨迴紋，杯身鏨刻纏枝蓮和寶相花，用東珠11顆、紅寶石九塊、藍寶石12塊、碧璽四塊嵌作花蕊。杯腹一面正中開光鑴陽文篆書 "金甌永固" 四字，另一面鑴 "乾隆年製" 款。這件金杯，是皇帝每年元旦舉行開筆儀式時的專用品，除夕子時，皇帝更衣穿吉服，到養心殿東暖閣明窗，舉行開筆儀式，在明窗間的炕桌上，陳放着文房四寶，一邊置刻有 "玉燭長調" 四字的玉燭台，一邊置 "金甌永固" 杯，杯中斟滿屠蘇酒。子時正點，新的一年開始，皇帝提筆書寫吉祥語數字，祈求上蒼保祐國之強盛、民之平安。此杯為清嘉慶二年（1797）內務府造辦處所造，此時乾隆為太上皇帝，宮中仍用乾隆年號，所以杯的年款為 "乾隆年製"。此杯現陳列在故宮珍寶館內（圖12）。

宮廷珍寶使用的尊卑等級

宮廷珍寶在使用上遵循嚴格的等級制度，是其又一特點。在清代宮廷中，這種等級觀念極為突出，在珍寶的分配和使用上，等級差別無時無處不在，代表權力和地位的璽印，表現得最為明顯。

清代官印，在印材、印鈕、尺寸等方面均有嚴格的規定，皇帝是最高統治者，他代表國家，寶璽最多，等級也最高。清乾隆時，規定皇帝為25寶，有金、玉、檀香木等，其中玉質的23方，金質一方（圖1），檀香木一方。另有命寶十方，存放於盛京（今遼寧瀋陽）鳳凰樓，十寶中，七方為玉質，兩方金質，一方檀香木。金質命寶為"奉天之寶"和"天子之寶"，本卷收入的金交龍鈕奉天之寶即為其一。此寶通高9.7厘米，鈕高6.7厘米，印面12厘米見方，重6100克，交龍鈕，是至高無上皇權的代表（圖2）。后妃璽印的製作也有嚴格的等級區分，首先是名稱不同，皇后、皇貴妃、貴妃的印均稱寶，妃的印章則稱印。第二，印鈕形狀不同，皇后寶為交龍鈕，皇貴妃、貴妃寶為蹲龍鈕，而妃印則為龜鈕。第三，璽印的尺寸不同，皇后、皇貴妃、貴妃的寶均是方四寸四分，厚一寸二分，而妃的印方三寸六分，厚一寸。第四重量不同，皇后之寶用三等赤金550兩，皇貴妃、貴妃寶用六成金400兩，妃印用五成金300兩[11]。本卷中收錄的金交龍鈕皇后之寶（圖3）和金龜鈕珍妃之印（圖4），兩相比較，它們的等級差別一目了然。

清代將松花江流域產的珍珠稱作東珠，松花江流域是清朝滿族貴族的發祥地，因此，清代視東珠為最珍貴，由專人採集，稱為打牲烏拉。所有東珠全部都送入清宮內務府，只有皇帝、后妃和皇族才能使用，其他官員均不能享用。東珠按其大小、圓潤成色分為五等，與此相對應的是不同地位、身分者使用不同等級的東珠，一等東珠只有帝、后使用，二等以下的才能給妃嬪和各王府使用。東珠朝珠，在宮中舉行大典時，只有皇帝和皇后戴用，皇帝戴東珠朝珠一盤，皇太后、皇后御朝珠三盤，其中東珠朝珠一盤，珊瑚朝珠兩盤。雖然皇貴妃以下均戴朝珠三盤，但不得御東珠朝珠[12]。

清宮中有大小茶膳房數十個，皇帝的茶膳房稱御茶房和御膳房，其他的則據其所在宮殿而命名。從皇帝、皇后到妃嬪各有自己的膳房，每個膳房所用的金銀器皿都有嚴格的規定，由內務府分配驗視。皇帝的茶膳房中金銀器皿最多，據文獻記載，皇帝膳房例用："金方二件，金鍋三件，金碗十一件，金大盤、二號盤各十一件，金碟十件，金匙三件，銀方六件，銀鍋十五件，銀大盤一百卅件，二號盤二百十件，三號盤三十件，四號盤六十件，銀碗二十五件，銀碟二百三十件"，御茶房金銀器有"金鍋一件，金茶筒五件，金勺一件，金碗一件，銀茶筒三十二件"[13]。從宮中幾十個茶膳房所分配的金銀器皿，既可看出宮廷生活中嚴格的等級制度，也可窺見帝后宮中生活豪華奢侈之一斑。

八方珍寶彙聚宮中

宮廷珍寶的來源主要是宮中造辦處製造和國內外進貢，僅有少部分從民間市場上購買。本卷收錄的金器、冠服和生活用品，大部分是清宮造辦處製造的。清宮造辦處承擔着清宮帝后主要用品的製作，分為各作，有如意館、金玉作、鑄爐作、造鐘處、砲槍處、鞍甲作、弓作、琺瑯作、玻璃廠、匣表作、木作、廣木作、燈裁作、盔頭作等，又有江南三織造（即蘇州織造、江寧織造、杭州織造）專門為宮中織造各種成衣和鋪墊帳幔等。

涉及到宮廷禮制方面的珍寶文物都由禮部或宮中造辦處製造，如帝后璽印、儀仗、冠服等。製造過程大體如下：首先根據清朝典章制度的規定畫出圖樣，經皇帝審定，下發內務府造辦處或有關部局製作蠟模，再經皇帝御批，製造成品，成品如需修改，再回造辦處細做，直到皇帝滿意為止。如金交龍鈕皇后之寶的鑄造，是經由禮部監造，鑄印局會同內務府製作，鑄印「均先撥造蠟模，按台鈕分寸定式進呈後，鑄印局官會同內務府官，於造辦處祭爐監造，用紋銀一百八十兩，十成金葉一兩二錢……金於內務府支取，銀及銅、鉛於戶部支取……鑄造金寶、金銀、鍍金印及撥蠟模，行文都察院轉傳五城，揀選精工匠役送部應用。局設工匠八名，內鑄匠二名，剉匠三名，磨鏨二名，鐫字一名。凡鑄造時所需物料皆於戶、工兩部支取」[14]。從中可知，黃金等物料取自戶、工兩部，製造由禮部負責，鑄印局及內務府監造，鑄印地點在宮中造辦處，整個鑄印過程都要經皇帝御覽和朱批。

帝后日常用品一般也由清宮內務府製造，所需黃金及各式珠寶由內務府各庫領取，內務府各庫每年都要清點庫存向皇帝呈奏，清宮檔案中有許多這方面的記載。如「道光三年（1823）十二月初一，太監王常清、劉進禮呈奏現有庫存珠寶數目：貓眼十七塊，碟子墜六個，金剛石六百三十七塊，金剛石花一塊，紅寶石五百六十九塊，藍寶石一百九十七塊，黃寶石十七塊，綠寶石四塊，碧牙玡（璽）一千一百十一塊，大號珊瑚珠二把，計六百串，小號珊瑚珠一把，計二百九十串」[15]。檔案中還記載着造辦處製作活計用珠寶的情況，嘉慶四年（1799），造辦處製作銀鍍金點翠鳳冠一頂，共嵌用碎小正珠1404顆，紅寶石24塊，藍寶石19塊，碧璽三塊，芙蓉石一塊，假珠一顆，穿碎小正珠1350顆，紅、藍寶石，紅燒石墜角36個，連銀針珊瑚珠共重21兩三錢[16]。道光八年九月初十日，太監祿兒傳旨，交造辦處做戒指用碧璽一塊，重二兩六錢[17]。從清嘉慶二十五年（1820）十二月初一起至道光六年（1826）十一月二十九日止，造辦處製造各種用品共用金剛石100塊，五等寶石一塊，紅寶石30塊，藍寶石十塊，碧璽11塊，珊瑚米珠連絨共三兩[18]。

宮中造辦處不僅製造各種新的帝后用品，而且還改造舊的用品，這方面的文獻記載屢見不鮮。「乾隆三十六年（1771）六月二十五日，太監胡世傑傳旨，正珠朝珠換上松石佛頭一對，係文綬進，換下松石佛頭一對，換在金鑲紅寶石嵌松石朝珠上用，其換下松石佛頭一對於六月二十八日內庫收」[19]。「乾隆三十八年十月初八日，胡世傑傳旨，上將金鑲松石紅寶石朝珠一盤，拆下青金佛頭塔一副，（於十月十日內庫收）另換上松石佛頭塔一副。」[20]

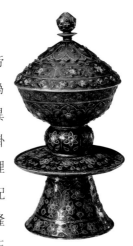

宮廷珍寶的另一個重要來源是貢品，主要由京師和地方官員進獻宮廷，也有部分為外國進獻宮廷和海外貿易所得。清朝京師和地方官員向皇帝和后妃進貢有各種名目，其中有年貢、萬壽貢和各種節日貢等。他們為了討得皇帝的歡心和升遷機會，千方百計地搜羅各種價值連城的奇珍異寶進獻給皇帝。如乾隆時期，兩廣總督李侍堯僅進獻給乾隆皇帝的金掛屏和珠寶盆景就不下十幾座。乾隆三十六年五月十八日，雲南巡撫署理雲貴總督彰寶，呈進雲南玉佛手洗一件，乾隆皇帝傳旨：交廣木作配座，完成後帶往熱河 [21]。至於平日貢獻珍寶者更是司空見慣，如乾隆時，江西巡撫郝碩進白玉搬指九個，徵瑞進白玉搬指兩個，三保進白玉詩意搬指九個。咸豐時，輔政八大臣之一的肅順進如意、紅碧璽帶頭一件，蚌珠帽珠一顆；明大人進琺瑯珠口表一件，青漢玉桃式玩器一件，銅鍍金嵌紅寶石雲玉帶頭一件等等 [22]。

中國是一個多民族國家，清王朝各民族的酋長和首領經常到北京或承德覲見皇帝並進獻本民族方物，其中不乏珍寶。在這些民族首領中，以西藏的達賴和班禪喇嘛進獻的貢品最多。乾隆四十五年（1780）八月十三日，乾隆皇帝70壽辰，西藏六世班禪貝丹益喜為乾隆皇帝祝壽來到熱河（今河北承德）和北京，乾隆還在承德避暑山莊外仿扎什倫布寺建須彌福壽之廟，供其講經。班禪向乾隆帝進獻了大批貢品，其中有兩件特殊珍寶，一件是銀胎綠琺瑯嵌寶石靶碗，通高23.3厘米，銀胎，外施綠琺瑯，通體嵌紅寶石。靶碗盛一漆皮匣內，匣蓋內裱白綾一方，上有滿、漢、蒙、藏四體楷書籤："乾隆四十五年八月初三日班禪額爾德呢呈進銀胎綠琺瑯靶碗一件"（圖206）。另一件為銀胎綠琺瑯嵌寶石海螺，高16.1厘米，通體珠光，口鑲銀胎綠琺瑯嵌寶石套，外配皮匣內貼白綾籤，書滿、漢、蒙、藏四體文："班禪額爾德呢恭進利益琺瑯鑲嵌海螺一件"（圖192）。兩器在工藝上運用了錘鍱、鑲嵌、琺瑯、鍍金等多種手法，用料華貴，做工精湛，體現了西藏手工業的製作水平，特別是西藏六世班禪為祝賀乾隆皇帝70壽辰而進獻，有着特殊的歷史價值。乾隆皇帝對此兩件珍寶十分欣賞，還特命造辦處的藏匠仿銀胎綠琺瑯嵌寶石靶碗製作了一件金胎綠琺瑯嵌寶石靶碗（圖207），兩器成為一對姊妹之作。

宮廷珍寶文物的另一個來源，是從市場上購買，不僅珍寶原料從市場上購買，有些成品也從市場購買或定做，因此，上面還刻有商家的印記。其中以首飾類居多，如金鑲珠翠耳墜，金托內刻"寶源九金"戳記（圖136）；金鑲珠翠軟手鐲，金梁上鑴"志成九金"戳記（圖138）；金鑲翡翠戒指，箍內側有"善記18"字樣〔圖149（1）〕；金鑲紅寶石戒指，箍內側有"德華足金"四字〔圖149（2）〕；金鑲碧璽米珠戒指一對，箍內刻有"寶華足金"戳記〔圖150（3）〕等等。說明當時民間珠寶商家的珍寶裝飾品，也引起了居住在深宮的帝后的注意。

故宮現藏的宮廷珍寶中還有一部分具有特殊的經歷，即民國初年被末代皇帝溥儀攜帶出宮，1949年以後，隨着溥儀刑滿釋放，又從公安部轉回故宮。這些珍寶以珠寶首飾居多，有康熙皇帝御用的金鑲貓眼石墜，乾隆皇帝御用的金質錶盒，慈禧太后用過的白金鑲鑽石戒指〔（圖149（3）〕、白金鑲藍寶石戒指〔圖149（2）〕、金鑲祖母綠鑽石戒指〔圖149（1）〕、帶珠翠碧璽十八子手串（圖140）、金鑲翠鈿口、金鑲祖母綠領針〔圖199（1）〕等。本卷收錄其中部分珍品，可算是這段特殊歷史的見證。

宮廷珍寶的歷史藝術價值

宮廷珍寶有豐富的文化內涵和極高的歷史、藝術價值。

首先，珠寶一般都有着極強的裝飾性，再加之數量稀少，難於尋覓，因此十分珍貴。如黃金，作為一種稀有的貴金屬，直到今天還在貿易中充當着貨幣的角色。因此，金器的重量和成色，就成為衡量其價值的重要標準之一。金器的成色根據用途分為足金、九成金、八五金、六成金[23]等，首飾類金器多為足金、九成金或以金累絲製成，便於穿戴；重器則多用八五金以下製作，較為堅固。清代已有了認看金器成分的鑑定師，清宮檔案中即有這方面的記載：光緒十五年（1889）正月初十日，造辦處錢糧庫署催總依榮，代領訛金匠景全慶認看得，聖母皇太后金如意，係七成金；皇上金錢、金寶、金錁，俱係六成金。而民間的金銀首飾店承做的金首飾，除刻有商號外，一般還刻有"足金"、"九金"、"18金"等成色戳記。清宮金器，無論重量還是成色，都是民間無法比擬的。乾隆時鑄造的金髮塔，重達107500克，令人瞠目！

紅、藍寶石的礦物名稱剛玉，硬度為9，顏色十分豐富，紅寶石有紅、粉紅、紫紅、橙紅、褐紅等色，藍寶石有藍、天藍、藍綠等，好寶石可見星光效應、貓眼效應或變色效應，主要產自斯里蘭卡、泰國、緬甸等，尤以斯里蘭卡所產最佳，寶石內含有豐富的固態或流態包裹體，其組合形態相對規則、美麗。清宮珍寶中，紅、藍寶石常被用作鑲嵌飾件，兩件以紅、藍寶石雕製的佛手（圖57、59），重量可觀，為罕見之物。

祖母綠是寶石中最珍貴的一種，礦物名綠柱石，因其晶體結構中含有鉻元素而呈現美麗、純正的綠色，硬度為7—8，產於南美洲、非洲等地。祖母綠寶石透明度高，有星光效應，有礦物包體，裂隙發育，其悅目的色調為世人着迷，本卷收錄的祖母綠寶石嵌件（圖55）和金鑲祖母綠領針可為代表。

鑽石，又稱金剛石，其硬度為10，是自然界硬度最高的礦物，產自非洲。鑽石為無色透明體，表面有金剛光澤，在紫外綫下有熒光特性，以明亮展現其魅力，被稱為“寶石之王”。鑽石的切割十分重要，在標準切割下，每個亭部刻面都是全反射鏡，具有熒光性即火彩。多數鑽石由於含有其他成分，而呈淡黃色、褐色或灰色。本卷收錄的兩塊鑽石，色澤雖不十分純正，略帶淡黃色，但已是鑽石中的佳品了（圖53）。

玉石類中最具代表性的是翡翠，其屬輝石類礦物，又稱硬玉，主要為綠色，也有紅色、白色和無色，產自中國雲南、緬甸等地，因此又稱雲玉、綠玉。翡翠原為鳥名，翡為赤羽雀，翠為綠羽雀，其羽毛可做首飾，因翠綠色與鳥羽相近，故以翡翠稱之。翡翠產地分老坑和新坑，出自老坑的翡翠稱籽料、老廠玉，為在漫長地質作用下的原生礦石，透明度高，俗稱“水頭長”，顏色鮮明，質地溫潤；新坑表面新鮮，無風化皮殼，呈致密塊狀，透明度差，顏色鮮嫩。翡翠成色的鑑別，主要從顏色、光澤、有無斑綹、體質等諸方面考察，顏色純正、色相沉着、明豔晶瑩、無斑綹者為上品，反之則為下品。清代雍正時期，翡翠作為貢品已進入宮中，如清宮檔案記載，雍正十一年（1733），雲南巡撫張允隨進貢永昌碧玉一具，青綠石盤四面，雲石珠40盤。乾隆以後，翡翠在各地向清宮的貢品中已佔有很大的比例。清末慈禧太后對翡翠特別珍愛，製作了許多扁方、簪、墜、戒指、手鐲和佩飾等。本卷收錄了大量的翡翠珍寶，説明了翡翠在帝后宮廷生活中的重要位置。

在有機珍寶中，珍珠圓潤、光澤、晶瑩凝重，素有珍寶“皇后”之稱。珍珠與其他珍寶不同，它不需要琢磨就是一件珠光閃爍、美麗照人的裝飾品。珍珠是珠母貝在生長過程中分泌物形成的結晶體，分為內珠核和外珠層兩部分，顏色有白、奶油、粉紅及玫瑰、綠、黑色等，常見的是白色和奶油色，半透明或不透明，硬度在2.5－4。珍珠有天然珠和養殖珠之分，天然珠質地細膩，珠層厚，顆粒小，光澤強，呈半透明狀；養殖珠則珠層薄，質地鬆，顆粒大，光澤弱。因天然珍珠生長、採集不易，故而十分珍貴。珍珠根據生長環境分為海珠和淡水珠，海珠在中國南海、台灣等地都有出產，以廣西合浦最為著名，稱合浦珠或南珠。淡水珠在浙江、安徽、湖南、江西、四川等地有產，東北松花江流域所產淡水珠稱東珠，是清代皇家專用品。中國在東周時即以珍珠作裝飾品，宋代開始人工養殖珍珠。本卷所收清宮珍寶中，朝珠、帝后朝冠（圖62）所用都為東珠，其他鑲嵌品則多為海珠。

珊瑚生長在熱帶海洋中，為腸腔動物"珊瑚蟲"分泌的石灰質堆積而成，主要成分是碳酸鈣，其經過多年演化，堅硬密實，外形呈樹枝狀，顏色有白、粉紅、深紅、橙、金黃、黑等多種，硬度為3—4。珊瑚有數千種，可作為珍貴裝飾品的有十幾種。清宮珍寶中，珊瑚製品十分豐富，既有圓雕陳設品，又有各種用品上的嵌件，琺瑯桃式盆珊瑚盆景（圖44）、珊瑚獅子（圖48）等為代表作。

第二，清宮內務府造辦處，彙聚了當時各行最優秀的工匠，因此，清宮珍寶不僅用料極盡奢華，加工製作更是集各種工藝技巧於一身，代表了清代工藝的最高水平。

翡翠太平有象磬，高26厘米，寬25厘米，翠料較大，色澤純正。製作加工時，在利用原料原形的基礎上稍事加工，用簡練的綫條刻出回首的象形，象牙突出，鼻捲曲，腿短矬，既保持了磬的形狀，又刻畫出生動的象形，給人以諧調而又生動的美感。再配以銅鍍金小磬，紫檀雕如意紋木架，既是價值連城的珍寶，又是一件精美的工藝美術品（圖14）。

翠竹盆景，是清宮內務府造辦處"玉作"和"累絲作"合作完成。累絲作製飾冰裂梅花圖案的四瓣銅胎掐絲琺瑯盆。玉作製景，選白綠相間的上乘翡翠料，經雕琢和磨光，成為修剪過的老竹幹，用累絲與翡翠竹葉相連，插入竹節，形成老竹發新枝的景致。粗壯的竹根，體現了翡翠的質美，盆與景金碧輝映，是一件鮮明而又脫俗的藝術佳品（圖27）。

清代金器製作達到很高的水平，一件器物上往往彙集了鑄、錘鍱、鏨刻、累絲、鑲嵌等多種工藝手法。金雕花嵌寶石八角盒，高6.9厘米，徑15厘米，盒體為八成金，盒壁為八塊金板聯成，板面為鏤空花卉紋；通體嵌紅、藍寶石、翡翠、碧璽318塊。全器採用了鑄、雕、鏨、鑲嵌等多種工藝製造，做工精緻，色彩富麗華貴（圖193）。金累絲鏨花嵌松石壇城，仿藏式壇城，通高35厘米，徑17厘米，先鑄出壇身，再在器身鏨刻寶相花紋，間飾桃形金累絲嵌綠松石八寶紋。壇座飾掐絲人、獸、樹、雲、火等造形及累絲八大寒林牆。壇中置方形城，內供奉大威德及眾賢。在直徑不到20厘米的壇城上，塑造出龐大、繁複的場面，是清代乾隆年間金銀器工藝的集大成之作，反映了清代金銀器工藝高度發展的水平（圖181）。

金胎珊瑚雕雲龍福壽紋桃式盒，分為盒、蓋兩部分，有子母口可扣合。其胎為金質，外包紅珊瑚，滿雕雲龍福壽紋。此盒選用上等珊瑚，色彩純正，無雜色。特別是雕刻，紋飾飽滿、精細，刀工流暢，為雍正時期的作品，代表了清代雕刻工藝的水平（圖24）。

此外，本卷還收錄了一件特殊的珍寶——明孝端皇后鳳冠。此冠做工極為精美、華麗，點翠鳳鳥，金絲編龍，鑲嵌紅、藍寶石一百餘塊，珍珠五千餘顆，是明代皇后參加大典時的禮帽。1958年北京明定陵出土，埋藏地下三百餘年，仍熠熠生輝，富麗堂皇，為明代皇家珍寶的代表。

第三，宮廷珍寶文物有豐富的文化內涵。首先，宮廷珍寶文物包括了帝后生活的各個方面，宮廷禮儀、典章制度、冠服、宗教、飲食、文化等等，可以說是清代宮廷文化的全面概括。其次，宮廷珍寶文物的造型、紋飾，是中國古代民俗文化的集中反映，即希望生活的美滿和幸福長壽，因此，充斥着大量的以福、祿、壽為題材的作品。如陳設品中的銅鍍金累絲嵌珠寶盆三星獻瑞盆景（圖29）、孔雀石嵌珠寶蓬萊仙境盆景（圖30）、銀六方盆金鐵樹盆景（圖38）、銀六方盆金桃樹盆景（圖37）等，均是寓意祈求健康長壽之意；翠竹盆景、金瓶珍珠梅花盆景（圖28）以及銀鍍金鑲翠碧璽花簪（圖122）等，以古代文人"四君子"中的竹、梅為題材，寓意高風亮節，耐雪抗寒的品質；水晶雙魚花插（圖23）、翡翠魚形佩（圖101），象徵着五穀豐登、年年有餘。一些首飾、佩飾上雕刻着蝙蝠、桃子、鹿、魚等，利用漢字的諧音，表示出福、祿、壽、喜的期望。另外，許多花鳥魚蟲都有一定的寓意，如靈芝寓意長壽，牡丹象徵富貴，葫蘆和瓜表示子孫滿堂、子孫萬代，盤腸、迴紋表示延年益壽和江山萬代等等。更有些珍寶文物上直接就鐫刻"福"、"壽"、"太平有象"、"金甌永固"等字樣，反映了封建帝王祈求國家強盛、五穀豐登和幸福長壽的理想。這些圖案、紋飾、造型多樣的珍寶，其文化內涵與中國古代多民族的傳統文化、民俗文化以及皇家文化是一脈相承的。

宮廷珍寶文物以其豐富的文化內涵，成為研究中國古代制度史、思想史、文化史、宗教史、宮廷史以及工藝美術史的重要資料，有極高的歷史和藝術價值。

註釋

(1) 南京博物院：《北陰陽營》（文物出版社 1993 年）。

(2) 李曰訓：《朱封龍山文化大墓》（宿白：《中華人民共和國重大考古發現》 文物出版社 1999 年）。

(3) 中國社會科學院考古研究所：《大甸子——夏家店下層文化遺址與墓地發掘報告》（科學出版社 1996 年）。

(4) 《安陸王子山唐吳王妃楊氏墓》（《文物》1985 年）。

(5) 《欽定大清會典圖》卷七十八，輿衛二。

(6) 同上，卷八十七，輿衛十一·儀駕二。

(7) 同上，卷五十七，冠服一。

(8) 同上，卷五十八，冠服二·禮服。

(9) 《清宮內務府檔·宮中雜件·珠寶玉器類》第 2026 號。

(10) 同上。

(11) 《欽定大清會典》卷三十四。

(12) 《欽定大清會典圖》卷五十九，冠服三。

(13) 《欽定大清會典》卷九十八，內務府。

(14) 同上，卷三十四。

(15) 《清宮內務府檔·宮中雜件·珠寶玉器類》第 2015 號。

(16) 同上，第 2014 號。

(17) 同上，第 2015 號。

(18) 同上。

(19) 同上，第 2027 號。

(20) 同上，第 2026 號。

(21) 《養心殿造辦處各作承做活計清檔》第 3530 號。

(22) 《清宮內務府檔·宮中雜件·珠寶玉器類》第 2026 號

(23) 同上。

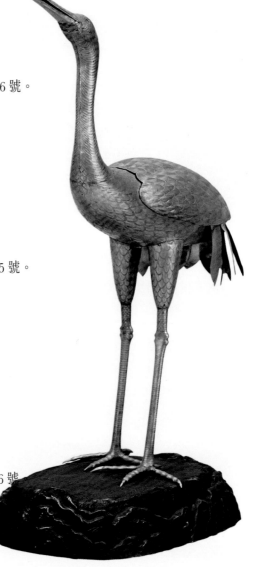

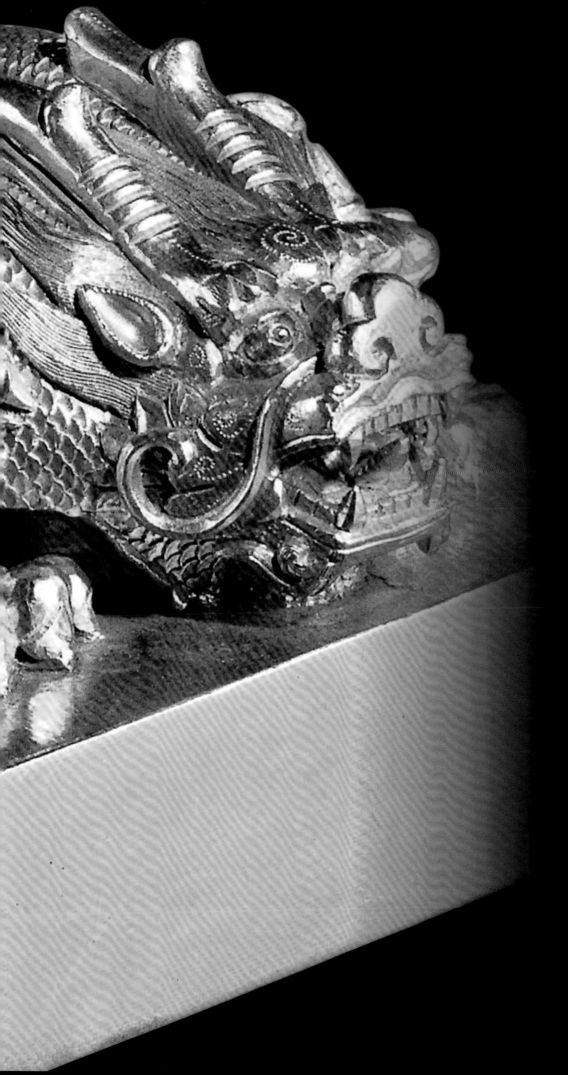

典章制度用器

*Implements
of Laws
and
Institutions*

金交龍鈕大清嗣天子寶

清乾隆
高9厘米　長9厘米　寬9厘米
清宮舊藏

**Gold seal with double-dragon knob
inscribed with Daqing Si Tianzi Bao**
Qianlong Period, Qing Dynasty
Height: 9cm　Length: 9cm
Width: 9cm
Qing Court collection

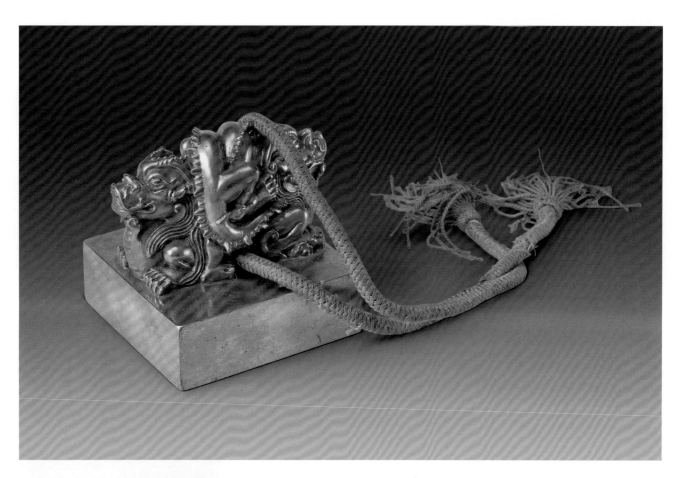

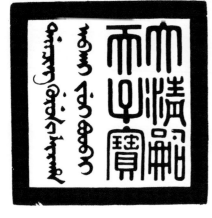

寶方形，交龍鈕，漢、滿陽文篆書
"大清嗣天子寶"。

寶璽是皇權的象徵。清乾隆十一年
（1746），乾隆皇帝對宮中交泰殿內所
有的皇帝寶璽加以整理和完善，選定
其中的25方，並確定名稱、尺寸、鈕
式和用途。其質有金、玉、檀香木，
鈕有交龍、盤龍、蹲龍等。25寶分別
用於政治、法律、軍事、文教、宗
室、外交等諸方面，説明國家軍政大
權集於皇帝一身，皇權至高無上。此
寶是25寶之一，"以彰繼繩"之用，
即宣揚繼承上天的法度和厚德。

2

金交龍鈕奉天之寶
清乾隆
高9.7厘米　長12厘米　寬12厘米
重6100克
清宮舊藏

**Gold seal with double-dragon knob
inscribed with Fengtian Zhi Bao**
Qianlong Period, Qing Dynasty
Height: 9.7cm　Length: 12cm
Width: 12cm　Weight: 6100g
Qing Court collection

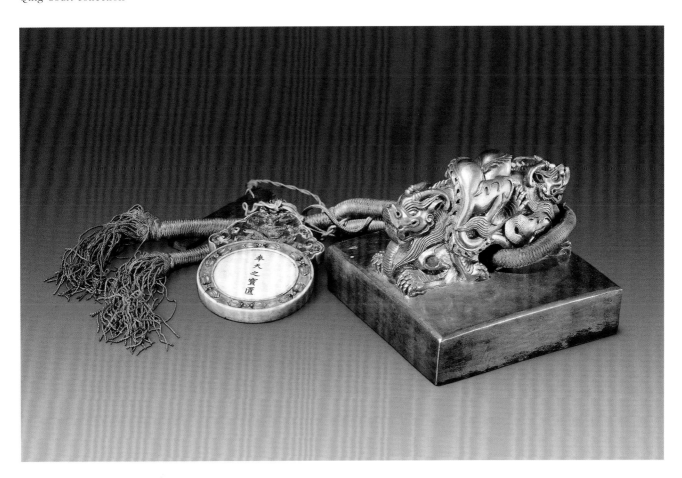

寶方形，交龍鈕，滿文陽文篆書"奉
天之寶"。鈕繫牙牌，兩面分別鑴刻
滿、漢印文。

乾隆皇帝確定的25寶存放在交泰殿，
又從交泰殿其他諸寶中選出十方"命
寶"，移貯盛京（今遼寧瀋陽）鳳凰
樓，後歸故宮博物院，此寶為其中第
五方。

3

金交龍鈕皇后之寶
清
高10厘米　長14厘米　寬14厘米
重18500克
清宮舊藏

**Gold seal with double-dragon knob
inscribed with Huanghou Zhi Bao**
Qing Dynasty
Height: 10cm　Length: 14cm
Width: 14cm　Weight: 18500g
Qing Court collection

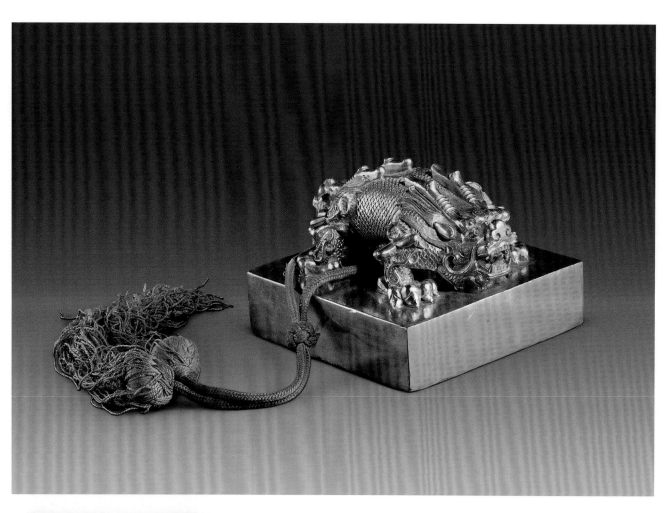

寶方形，交龍鈕，滿、漢陽文篆書
"皇后之寶"。

清代后妃劃分為不同的等級，冊封皇
后、妃嬪，均要頒給冊寶，以證明其
身分。《大清會典》對其有明確的記
載："皇后之寶，清漢文玉箸篆，交
龍鈕，平台，方四寸四分，厚一寸二
分，用三等赤金五百五十兩。"此即
為皇后冊寶。

4

金龜鈕珍妃之印
清光緒
高11.6厘米　長11厘米　寬11厘米
重6800克
清宮舊藏

**Gold seal with turtle-shaped knob
inscribed with Zhenfei Zhi Yin**
Guangxu Period, Qing Dynasty
Height: 11.6cm　Length: 11cm
Width: 11cm　Weight: 6800g
Qing Court collection

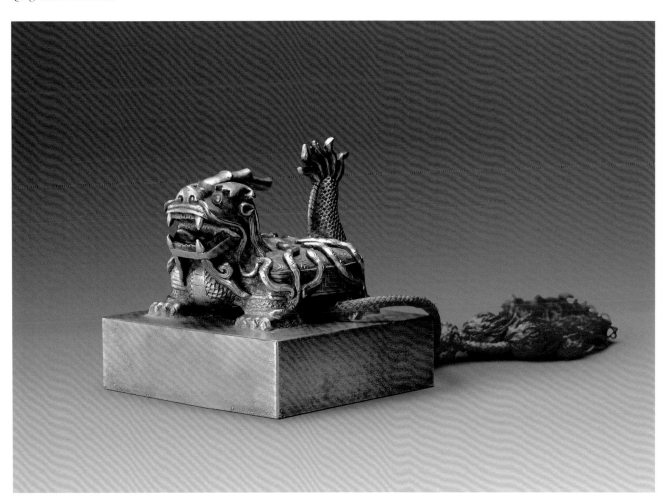

印方形，龜鈕，漢、滿陽文篆書"珍妃之印"。

此印是清光緒皇帝冊封珍妃時頒發。珍妃，他他喇氏，禮部左侍郎長敘之女，光緒皇帝寵妃。光緒十四年（1888）入宮，次年冊封為珍嬪，旋晉為妃。光緒二十六年（1900），八國聯軍攻入北京，慈禧太后與光緒帝出京西遁，行前，珍妃被沉於井。

5

金編鐘
清乾隆
高27厘米　口徑20.6厘米　重423243克
16枚
清宮舊藏

Gold Bianzhong (chime bells)
Qianlong Period, Qing Dynasty
a set of 16 pieces
Height: 27cm
Diameter of mouth: 20.6cm
Weight: 423243g
Qing Court collection

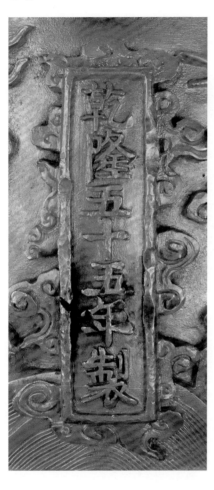

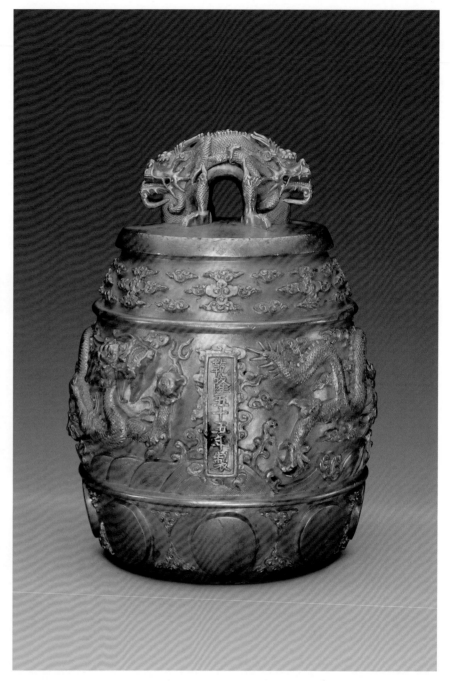

整套編鐘外形、大小相同，圓體，中空，腰部稍大，下口齊平，上部為交龍鈕。鐘體滿雕紋飾，上部朵雲紋；中部龍戲珠紋，正面鑄陽文楷書律名，背面鑄"乾隆五十五年製"款；下部有八個音乳，以供打擊之用，音乳間雕有上下對稱的角雲紋。

清乾隆五十五年(1790)清宮造辦處製造。古代編鐘多用青銅鑄造。此套編鐘與康熙年鑄造的金編鐘是清宮中僅有的兩套完整的金質樂器，標誌着清代康乾時期國力的強盛和禮樂制度的完善。它曾被遜帝溥儀抵押給北京鹽業銀行，1949年後又回到故宮。

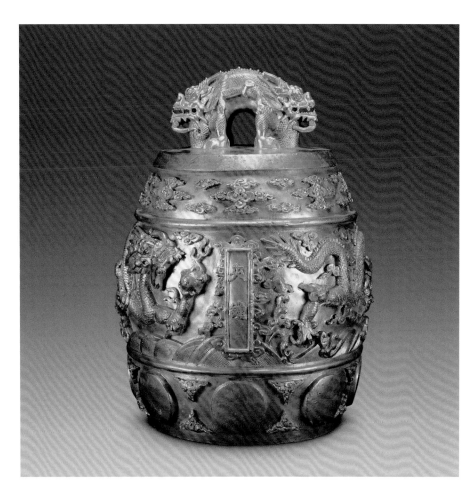

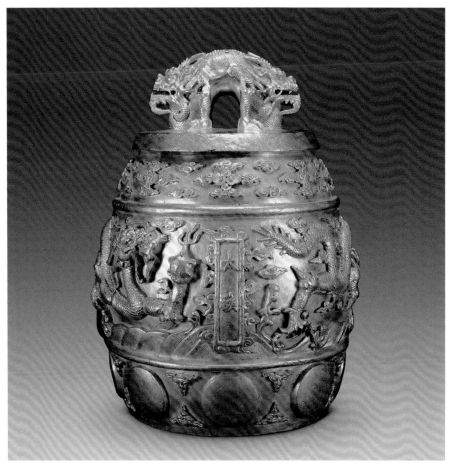

6

金鐘
清康熙
高25厘米　口徑16.5厘米　重4500克
清宮舊藏

Gold bell with a lion knob
Kangxi Period, Qing Dynasty
Height: 25cm
Diameter of mouth: 16.5cm
Weight: 4500g
Qing Court collection

鐘頂獅形鈕，飾一周雲頭紋，兩周迴紋。鐘身上層飾迴紋，中間為獸面紋，下層又為一周夔紋。

鐘為古代禮樂器，清代多以一鐘一磬陳設，具有吉祥含義。此鐘原陳設於永壽宮。

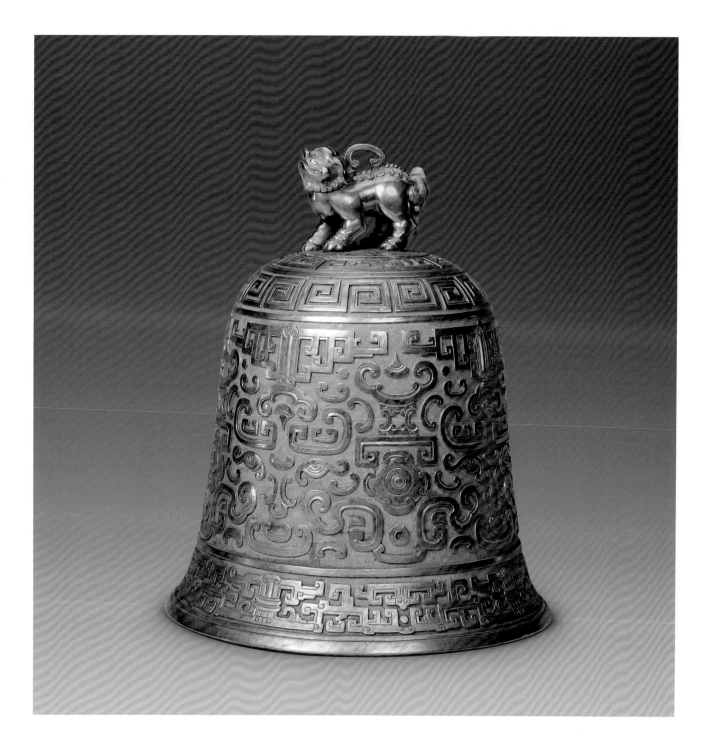

7

金甪端

清同治
高50厘米　底座長24厘米　寬18厘米
重6009克
清宮舊藏

Gold Luduan (censer)
Tongzhi Period, Qing Dynasty
Height: 50cm　Pedestal Length: 24cm
Width: 18cm　Weight: 6009g
Qing Court collection

甪端圓鼓腹，頭頂有獨角，口面朝天，形象怪異，腿部刻火焰紋。內壁刻銘文：“同治十三年二兩平八成金重一百六十二兩四錢”。下有長方形委角須彌座。

甪端是中國古代神話傳說中的祥瑞之獸，可日行一萬八千里，通曉四方語言。此甪端是對稱放置在皇帝寶座旁的陳設品。

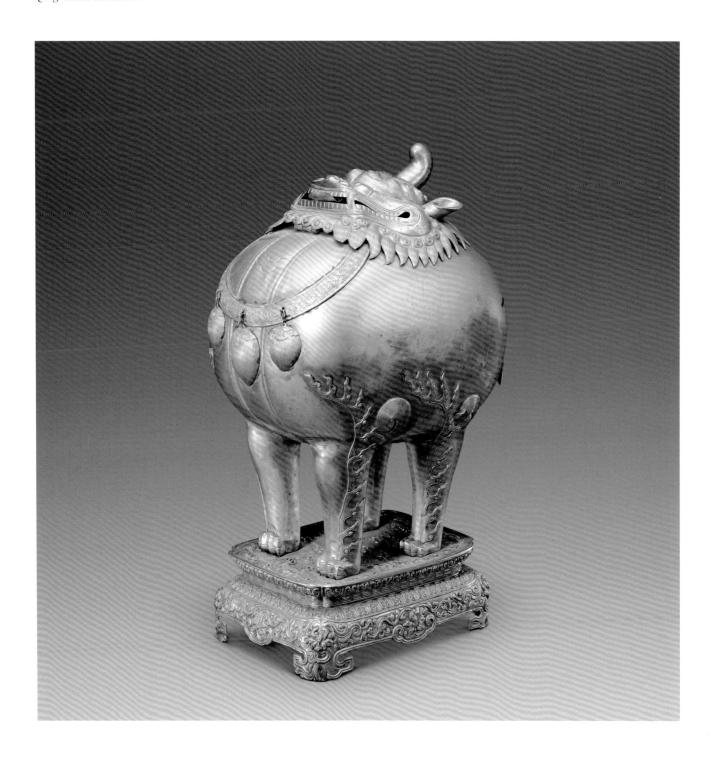

8

金亭式香筒
清同治
高112厘米　重3225克
清宮舊藏

Gold pavilion-shaped perfume holder
Tongzhi Period, Qing Dynasty
Height: 112cm　Weight: 3225g
Qing Court collection

香筒圓柱形，上為重檐六角攢尖頂，脊上六龍均口啣風鈴。底為束腰雕花欄板六邊形須彌座。香筒的亭式造型，取"亭"與"定"的諧音，寓意"天下安定"。筒內壁刻有銘文："同治十三年八成金二兩平重八十七兩一錢六分"。

香筒陳設在皇帝寶座兩旁，供燒檀香之用。

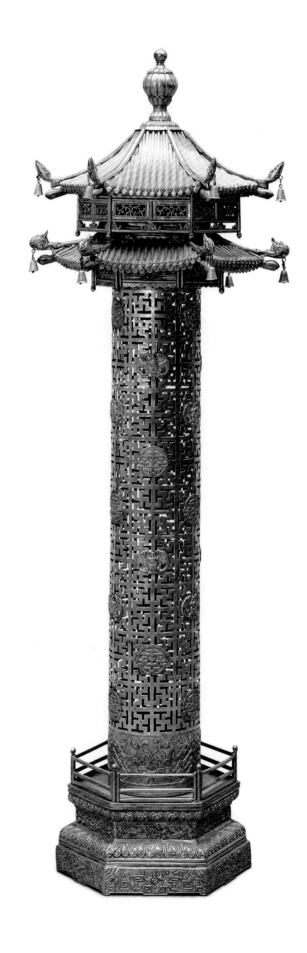

金八卦紋象足提爐

清同治
高23厘米　口徑15厘米　重4176克
清宮舊藏

Gold portable censer in the shape of a pavilion
Tongzhi Period, Qing Dynasty
Height: 23cm　Diameter of mouth: 15cm
Weight: 4176g
Qing Court collection

提爐由爐桿、爐鏈和爐組成。爐身圓筒形，上部鏤空八卦紋，蓋頂有盤龍鈕，鑴陽文楷書"同治十一年八成金二兩平黃金重一百十二兩八錢七分"，刻"聚華"、"義和"戳記，三象首足。爐體鏨刻龍紋，三面突起啣環獸面，連接提鏈。提鏈上部有鏈盤，與爐桿連接。爐桿紫檀製，雕纏枝葫蘆紋及八個"喜"字，首鑲金龍頭，尾嵌金如意。

清朝典章規定，帝后儀仗有金器八件，即提爐二、瓶二、洗一、水盂一、香盒二。國有大典，從太和殿至天安門都陳放儀仗，而金八件則陳列在皇帝御座兩側。此金提爐即為金八件之一，是同治皇帝大婚時，由宮中造辦處畫樣，北京聚華、義和金銀首飾店打造。

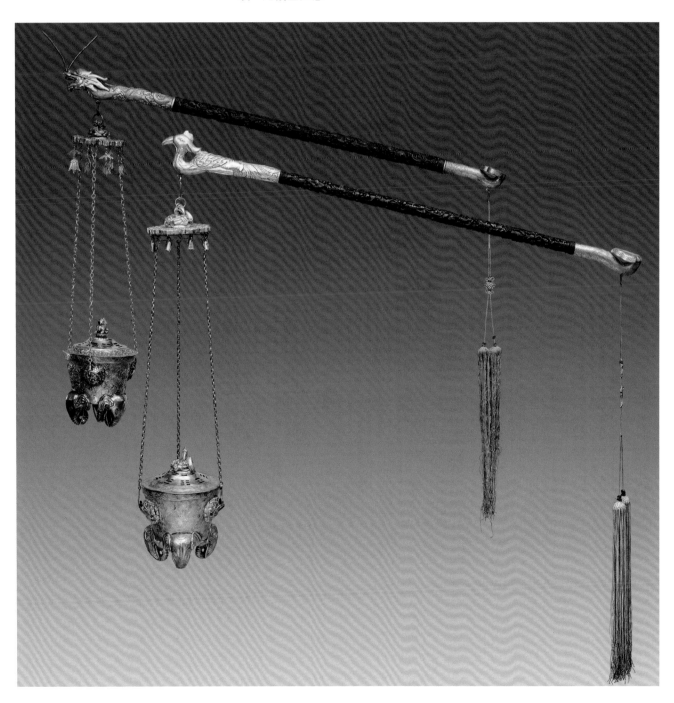

10

金鏨花八寶雙鳳洗
清
高9厘米 徑95.5厘米 重4800克
清宮舊藏

Gold basin decorated with Eight
Treasures, lotuses and double phoenix
Qing Dynasty
Height: 9cm   Diameter: 95.5cm
Weight: 4800g
Qing Court collection

洗圓脣口，折沿，深腹，平底。沿上
錘鍱凸起的八寶等吉祥圖案，間隔鑲
嵌紅珊瑚、綠松石小珠。底模壓出凸
起的蓮花圖案，正中蓮花兩側飾展翅
飛翔的一對鳳凰，鳳頭凸起成圓雕。

此洗是清代皇后儀仗中使用的金八件
之一。

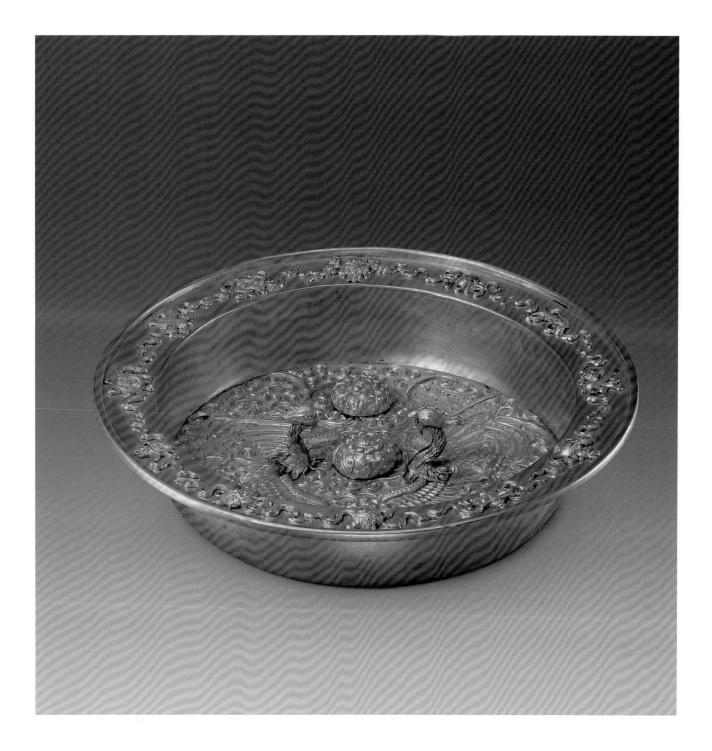

11

金鶴式香薰
清
通高95厘米　重12300克
清宮舊藏

Gold crane-shaped perfumer
Qing Dynasty
Overall height: 95cm　Weight: 12300g
Qing Court collection

鶴昂首鳴叫，遍身鏨刻羽紋。腹空，內貯香料，上覆羽翅為蓋，香氣通過張開的鶴嘴飄出。底為橢圓形鉛座，鶴雙足底出榫，插於座上。

香薰為清代宮廷陳設用品，置於寶座兩側。

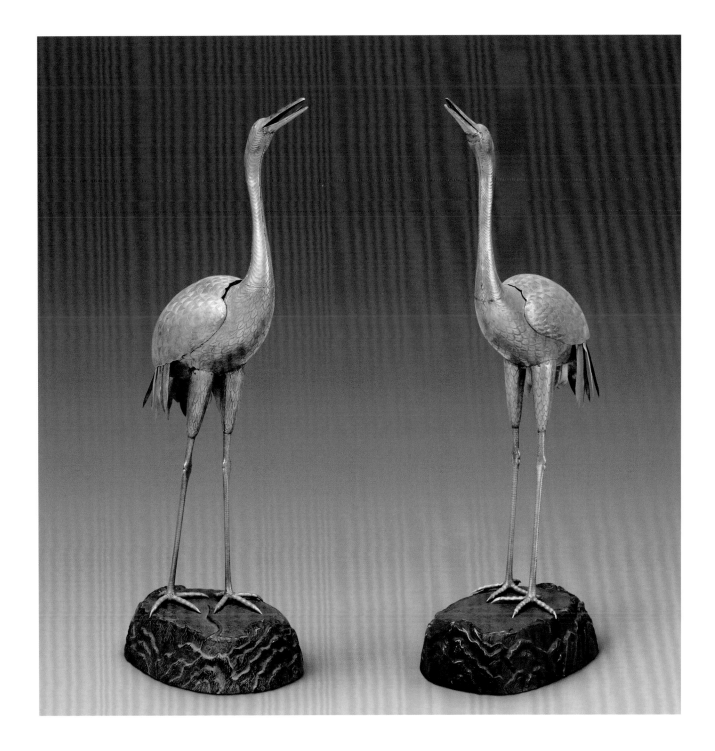

12

金嵌珠寶金甌永固杯
清嘉慶
高12.5厘米　口徑8厘米
清宮舊藏

Gold cup with characters Jin Ou Yong Gu inlaid with pearls and gems
Jiaqing Period, Qing Dynasty
Height: 12.5cm
Diameter of mouth: 8cm
Qing Court collection

杯直口，兩側各有一夔龍耳，龍頭頂嵌東珠；杯足為三捲鼻象首。杯身點翠地，鏨寶相花及纏枝蓮花葉，用東珠11顆、紅寶石九塊、藍寶石12塊、碧璽四塊嵌作花蕊；口沿鏨迴紋，一面鐫陽文篆書"金甌永固"，另一面鐫"乾隆年製"款。

金甌，表示國家，"金甌永固"，寓意政權永固。是清代皇帝每年元旦舉行開筆儀式時的專用酒杯。屆時，皇帝御清宮養心殿東暖閣明窗，陳屠蘇酒於杯中，和"玉燭長調"蠟台，"書吉語數字，以祈一歲之政和事理"。清嘉慶二年（1797）清宮造辦處製造，此時乾隆為太上皇帝，宮中仍用乾隆年號。

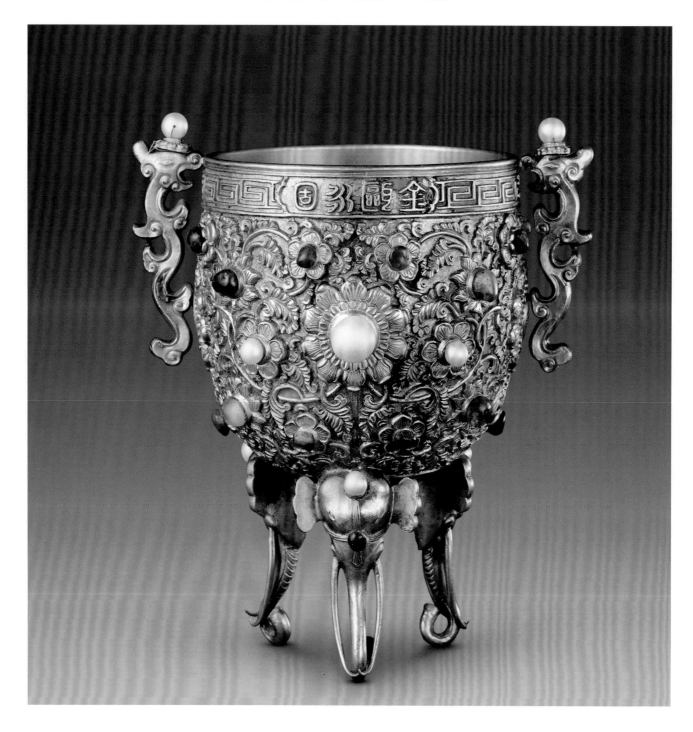

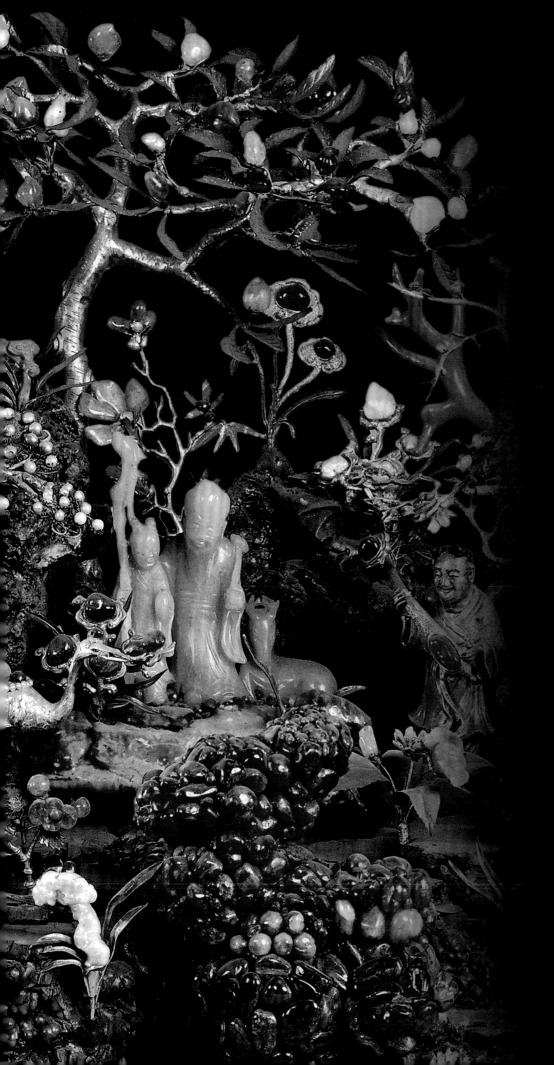

陳設用品

*Articles
for
Display*

13

金嵌珍珠天球儀
清乾隆
通高82厘米　球徑30厘米
底徑43.5厘米
清宮舊藏

Gold celestial globe inlaid with pearls
Qianlong Period, Qing Dynasty
Overall height: 82cm
Diameter of globe: 30cm
Diameter of pedestal: 43.5cm
Qing Court collection

天球儀由底座、支架、子午圈、地平圈、赤道圈和球體組成。底座為金胎嵌琺瑯製，座面凸起海水紋，四獸首形足。座上立支架，呈九龍盤繞式，龍身側由金片組成。球體為兩半球對接而成，球面嵌珍珠為星，計3242顆，星側標有名稱，星間有陰綫相連，以示星座。球外環有地平圈和子

午圈，球頂有干支圈。

天球儀又名渾天儀、天體儀，是古代測量天體運行的儀器。此器為觀賞模型。天球儀以金為之，以珍珠為星，材料之珍貴，製作之精細，造型之繁複，堪稱為稀世珍寶。乾隆時期清宮造辦處製造。

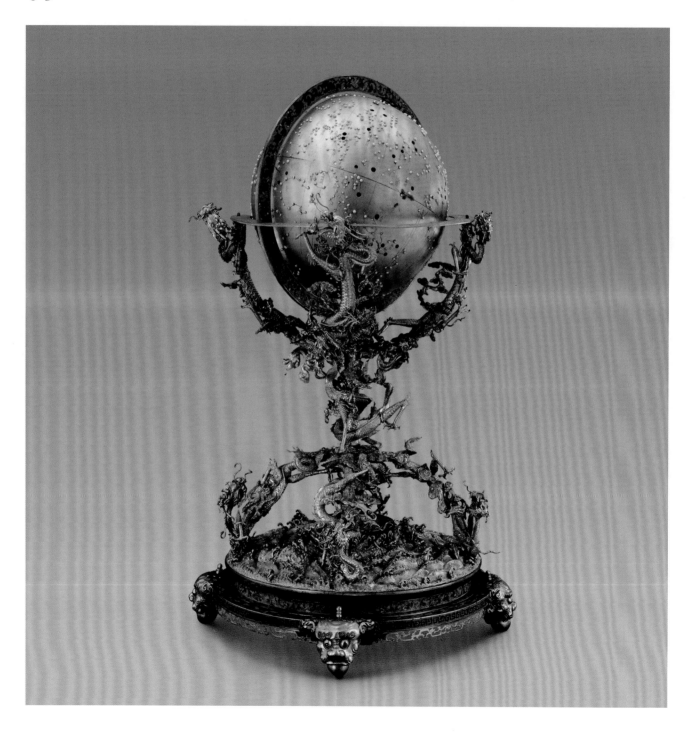

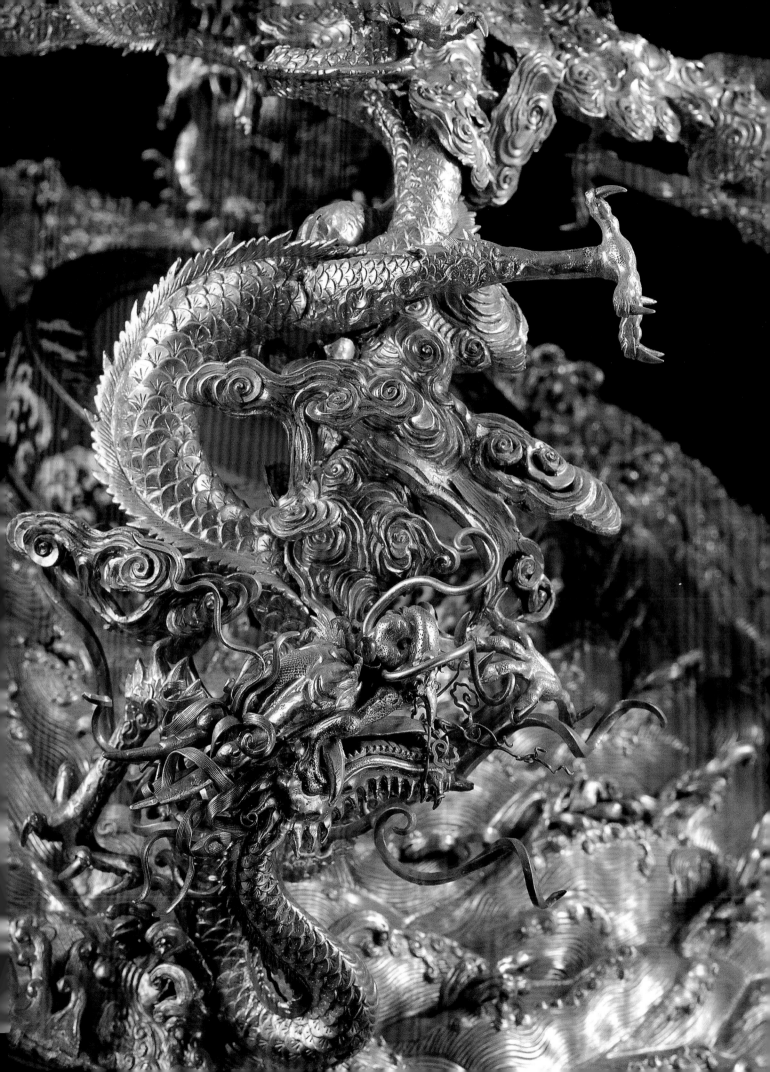

14

翡翠太平有象磬
清乾隆
通高56厘米　磬高26厘米　寬25厘米
清宮舊藏

Jadeite elephant-shaped Qing (sonorous stone) with characters Tai Ping You Xiang
Qianlong Period, Qing Dynasty
Overall height: 56cm
Height of Qing: 26cm
Width of Qing: 25cm
Qing Court collection

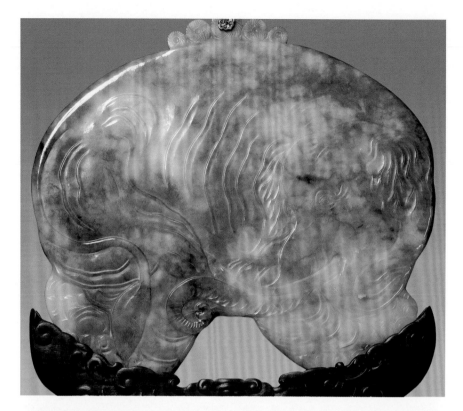

磬回首象形，象牙前突，鼻捲曲，腿短矮，全身雕雲紋。中部開光篆書"太平有象"四字。磬上部飾松球紋，中間鑿圓孔與銅鍍金小磬連結。磬架為紫檀木透雕花葉紋和如意紋。

太平有象是清代宮廷器物中常見題材。磬諧音"慶"，寓意吉慶。翡翠屬硬玉，主要產自中國雲南和緬甸北部，故又稱"雲玉"，為玉中最珍貴的品種。此磬用翡翠較大，光澤瑩潤。

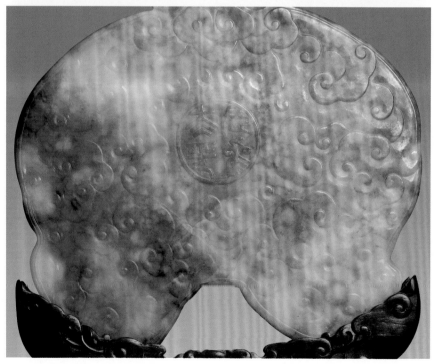

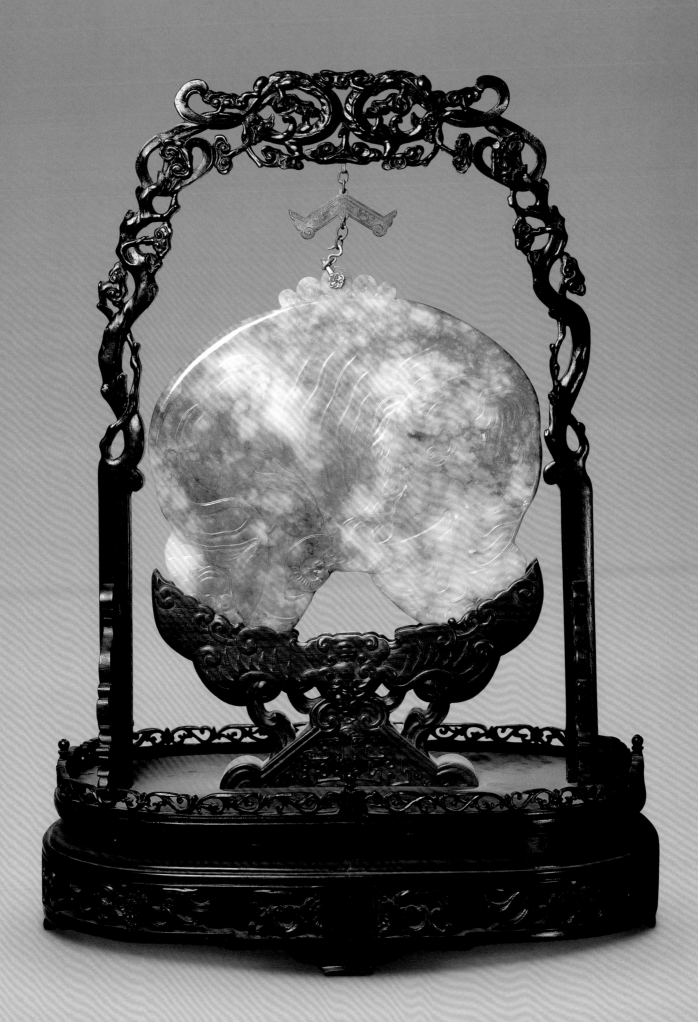

15

翡翠白菜式花插
清
高24.3厘米　徑12.8厘米
清宮舊藏

Jadeite cabbage-shaped receptacle
Qing Dynasty
Height: 24.3cm　Diameter: 12.8cm
Qing Court collection

白菜形，中空，用以插花。根據白菜的特徵和色彩變化，利用翠的外皮、色斑和色彩的差異，雕刻成茁壯有力的菜梗，肥碩捲曲的菜葉，層次分明的葉脈。特別是葉梗採用鏤雕手法，層層可辨，形象逼真，是件巧作的陳設佳品。

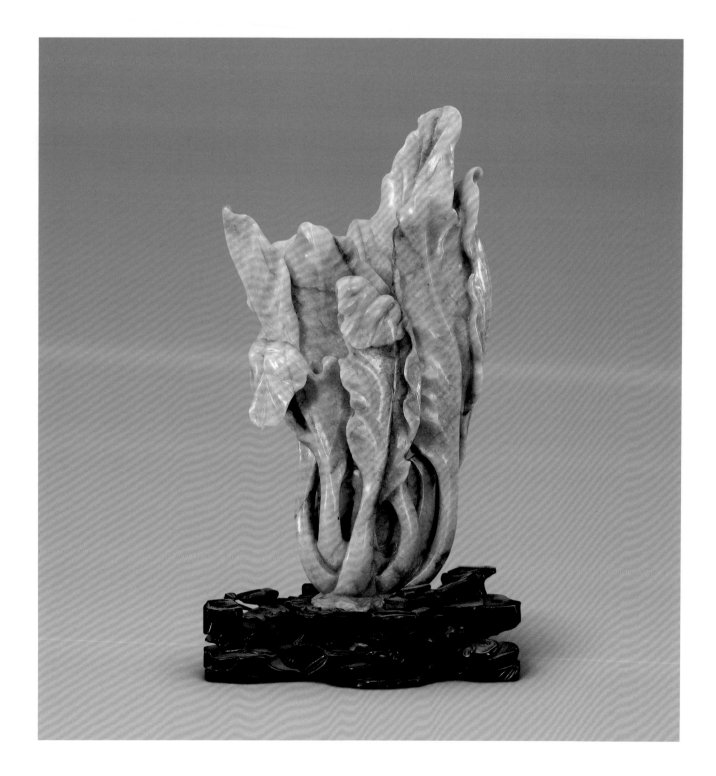

翡翠臥牛
清
高6.6厘米　長15.1厘米　寬7.7厘米
清宮舊藏

Jadeite crouching ox
Qing Dynasty
Height: 6.6cm　Length: 15.1cm
Width: 7.7cm
Qing Court collection

圓雕臥牛，有皮色，以翡翠的自然顏
色，巧妙地運用在牛體的不同部位，
既顯出牛的形態動作，又突出翠的特
色，加之紫檀木座，成為一件完美的
藝術品。

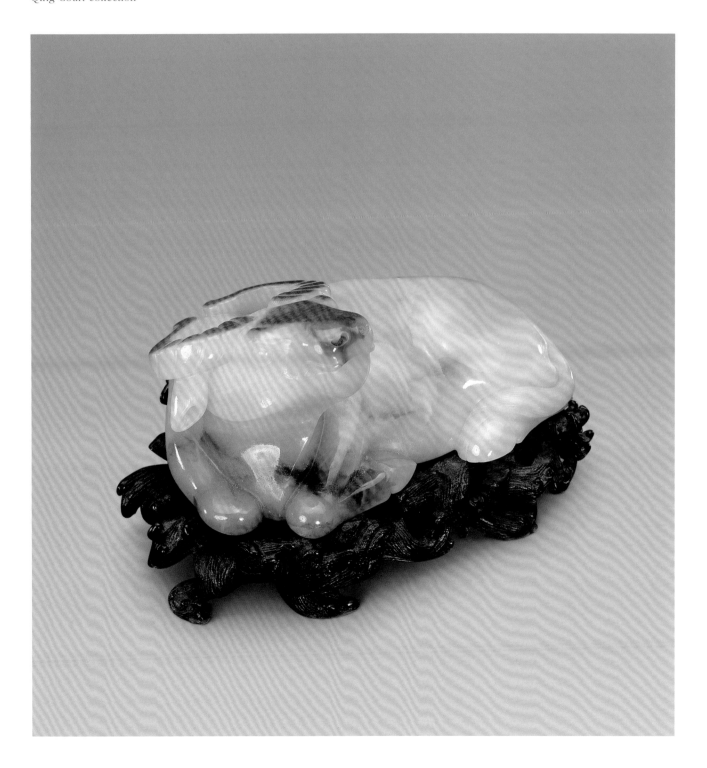

17

翡翠三桃洗
清乾隆
長19.3厘米　寬24.9厘米
清宮舊藏

Jadeite peach-shaped washer
Qianlong Period, Qing Dynasty
Length: 19.3cm　Width: 24.9cm
Qing Court collection

洗桃形，淺敞口。外部凸雕兩桃與枝葉相連，底以鏤雕桃枝為足。

洗為文房用具，以洗筆之用，質地以瓷、玉為多，翠製少見。此洗造型與紋飾渾然天成，刀工精練流暢，紋飾清新明朗，可稱翠雕精品。

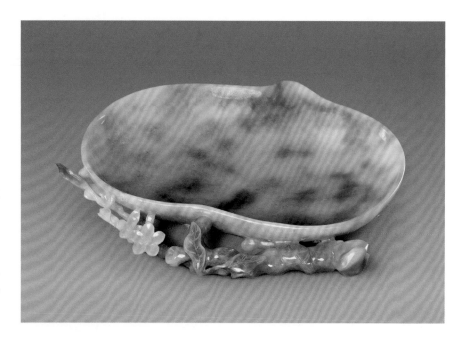

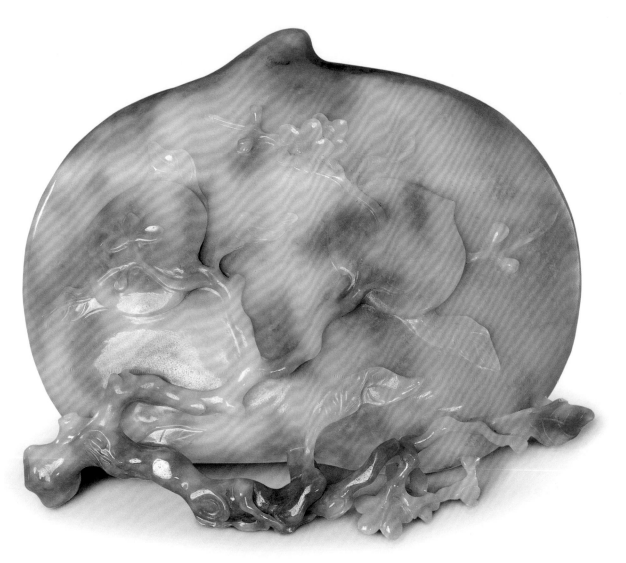

18

翡翠雙獸耳活環蓋瓶
清
通高23厘米　口徑5.9×3.75厘米
足徑4.5×2.95厘米　一對
清宮舊藏

A pair of jadeite covered vases with two
handles in the shape of animal head
holding a mobile ring (a pair)
Qing Dynasty
Overall height: 23cm
Diameter of mouth: 5.9×3.75cm
Diameter of foot: 4.5×2.95cm
Qing Court collection

瓶身橢圓形，頸兩側透雕龍首啣活環
雙耳，蓋頂為几式鈕套兩活環。器表
主體紋飾為獸面紋，附以蕉葉紋、迴
紋。

此器整體規整對稱，造型典雅，雕工
講究，綫條流暢。

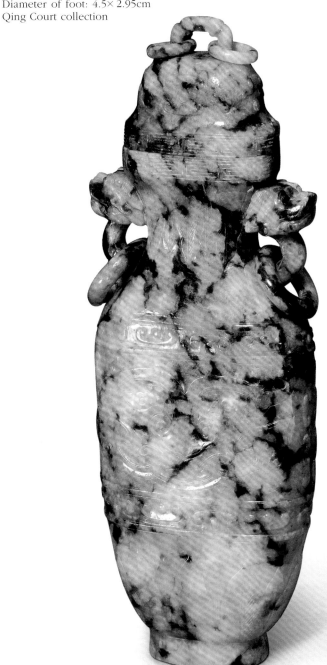
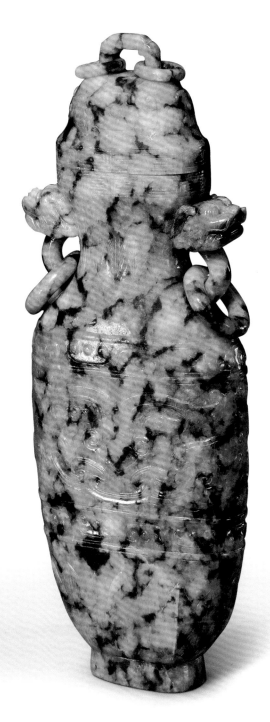

19

翡翠鶴鹿同春山子

清
高29.5厘米　長57.8厘米　寬19.5厘米
清宮舊藏

**Jadeite hill carved with crane, deer, trees
and stream**
Qing Dynasty
Height: 29.5cm　Length: 57.8cm
Width: 19.5cm
Qing Court collection

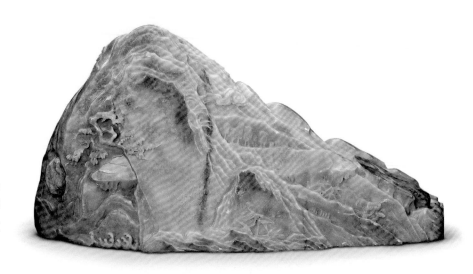

山子兩面紋飾，一面雕有山石、松
樹、雙鹿、雙鶴、小橋流水、花草等
圖案，寓意"鶴鹿同春"。一面留有皮
色，雕梧桐、翠竹、靈芝等。

此器利用天然翠色和赭紅色翠皮，使
崇山顯出層次感，再配以蒼松、鶴、
鹿，體現了大自然的勃勃生機。

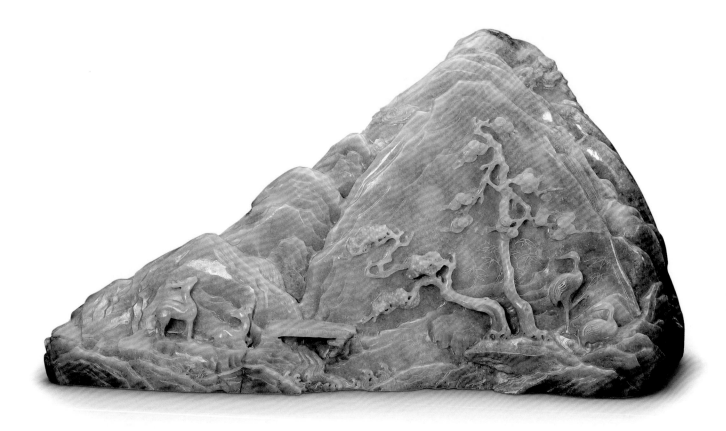

20

翡翠松鶴延年山子
清
高16.1厘米　長24.7厘米　寬10.5厘米
清宮舊藏

Jadeite hill carved with figures and landscape
Qing Dynasty
Height: 16.1cm　Length: 24.7cm
Width: 10.5cm
Qing Court collection

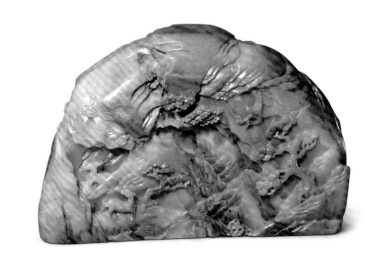

山子兩面雕刻紋飾，一面為山間野趣，有松、石、鶴、鹿等，寓意"松鶴延年"、"鶴鹿同春"；另一面凸雕兩個壽星、採藥童子，背景是樓台殿宇，山頂有從另一面蔓延過來的紅褐色翠皮，營造了一幅旭日東升、霞光流彩的景象。

此山子色彩運用巧妙，綫條簡繁有致。

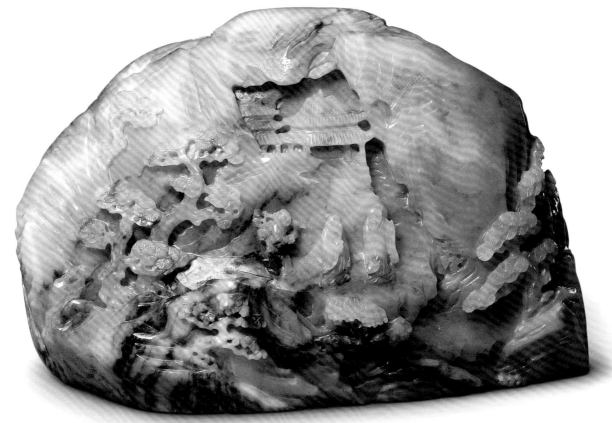

21

白玉錯金嵌寶石碗
清乾隆
高4.8厘米　口徑14.1厘米　足徑7厘米
清宮舊藏

White jade bowl inlaid with gold and gems marked with Qianlong's reign
Qianlong Period, Qing Dynasty
Height: 4.8cm
Diameter of mouth: 14.1cm
Diameter of foot: 7cm
Qing Court collection

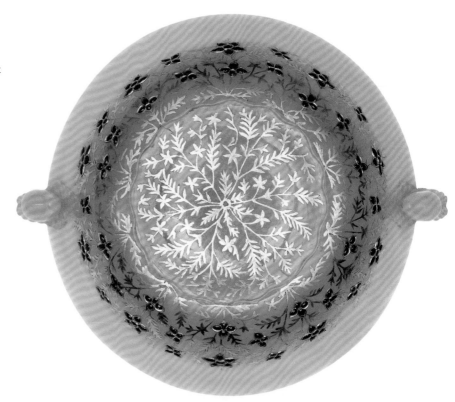

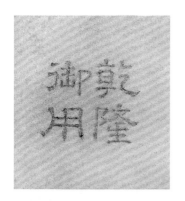

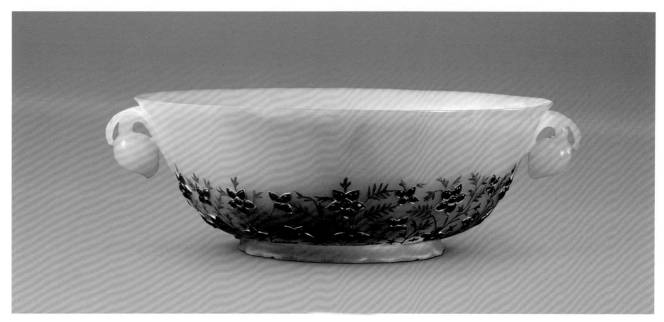

碗敞口，腹斜收，薄壁，桃形雙耳，花瓣式圈足。腹外飾花草紋，錯金枝葉，花朵用108塊精琢的紅寶石組成。腹內壁有楷書陰文乾隆御製詩："酪漿煮牛乳，玉碗擬羊脂。御殿威儀贊，賜榮恩惠施。子雍曾有譽，鴻漸未容知。論彼雖清矣，方斯不中之。

巨材實艱致，良匠命精追。讀史浮大白，戒甘我弗為。"後為"乾隆丙午新正月御題"款及"比德"印。內底正中刻"乾隆御用"隸書款。

此碗具有典型的痕都斯坦玉器風格。痕都斯坦，位於印度北部，包括克什

米爾、巴基斯坦部分地區。清代將印度、土耳其及中亞地區所產玉器通稱痕都斯坦玉器，其特點是造型多為花瓣形，器身講究鑲嵌，色彩豔麗。

製於乾隆五十一年（1786），為乾隆皇帝珍愛之物。

22

水晶雙耳十角杯
清乾隆
高6.5厘米　寬15厘米　口徑9.8厘米
清宮舊藏

Crystal cup with ten edges and two handles
Qianlong Period, Qing Dynasty
Height: 6.5cm　Width: 15cm
Diameter of mouth: 9.8cm
Qing Court collection

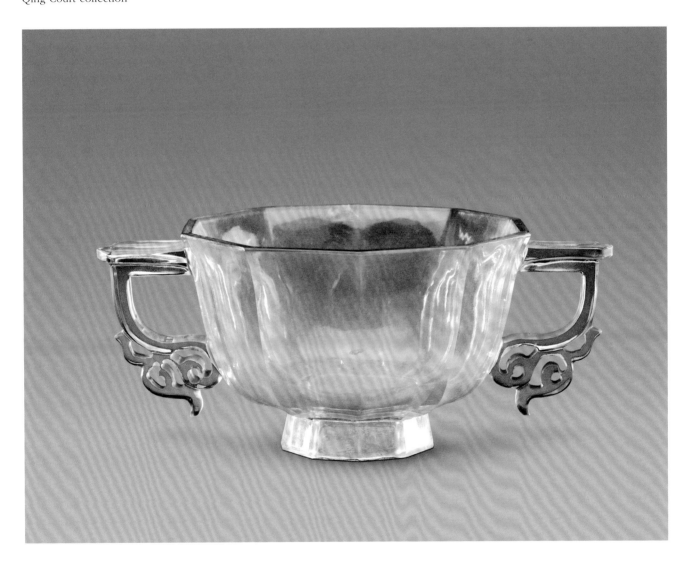

杯呈十棱形，敞口，收腹，底足外撇。杯兩側各有一耳，上部平直，下部半圓形，鏤空成捲草紋裝飾。杯底鐫"乾隆年製"款。

水晶，為石英的一種，無色透明晶體，古代稱為"水玉"，言其透明如水。此杯質地純淨，杯身棱綫與口沿、底足花邊上下呼應，和諧美觀。杯體不加雕琢，以體現水晶的通透澄澈之美。

23

水晶雙魚花插
清
高14.8厘米　最寬11厘米
清宮舊藏

Crystal flower container in the shape of double fish
Qing Dynasty
Height: 14.8cm
Maximum width: 11cm
Qing Court collection

花插圓雕雙鯉躍起，張口向上，身體直立，滿飾鱗紋，尾部交叉相搭作為支撐點，腹空，用以插花。配以紫檀木座，雕成水波狀，似雙魚在波濤中嬉水而上。

此花插質地純淨，造型生動，雕刻精美，為難得佳作。

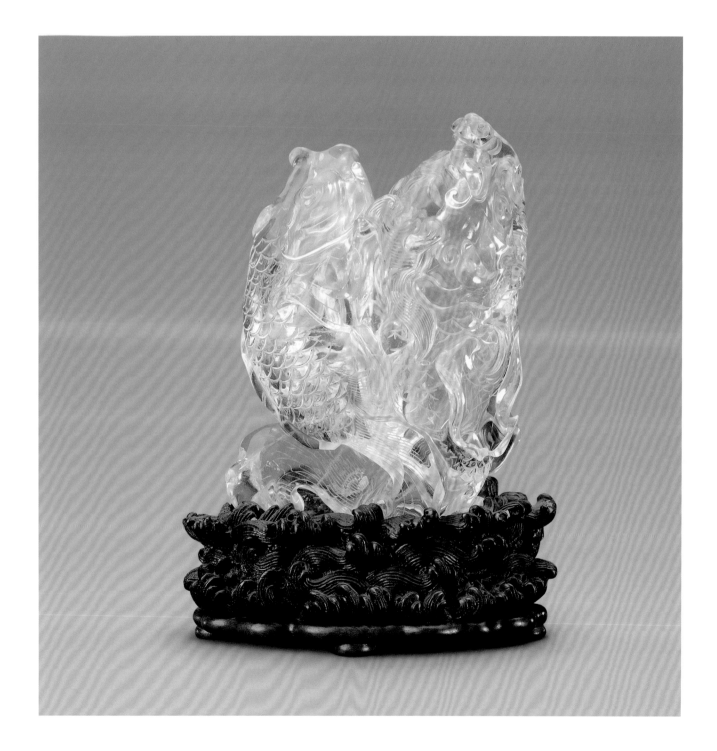

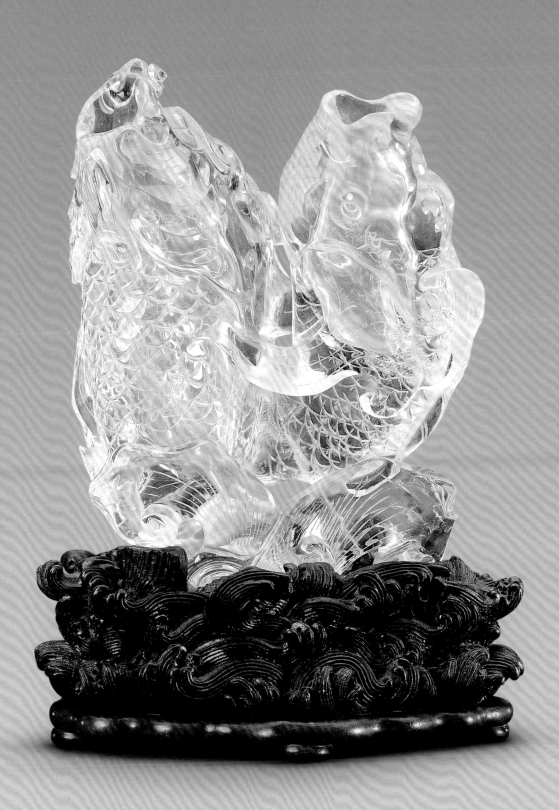

24

金胎珊瑚雕雲龍福壽紋桃式盒
清雍正
高19厘米　長24.5厘米　寬20.5厘米
清宮舊藏

Coral gold-bodied box in the shape of a peach carved with design of clouds, dragon, bats and character Shou (longevity)
Yongzheng Period, Qing Dynasty
Height: 19cm　Length: 24.5cm
Width: 20.5cm
Qing Court collection

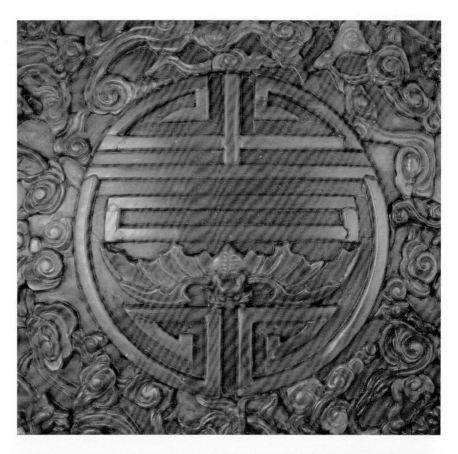

盒金胎，外包紅珊瑚。桃形，盒身帶子口，可與盒蓋扣合。盒蓋金質口沿，滿雕凸起的雲龍紋，中間雕福壽紋。盒身滿雕雲水紋。

盒表面所包為上等珊瑚，無雜色，係由多塊珊瑚片拼接而成。雕工精細，打磨光亮，具有很高的工藝水平。據清宮檔案記載，此盒製作於清雍正時期，為皇帝萬壽節而特製。

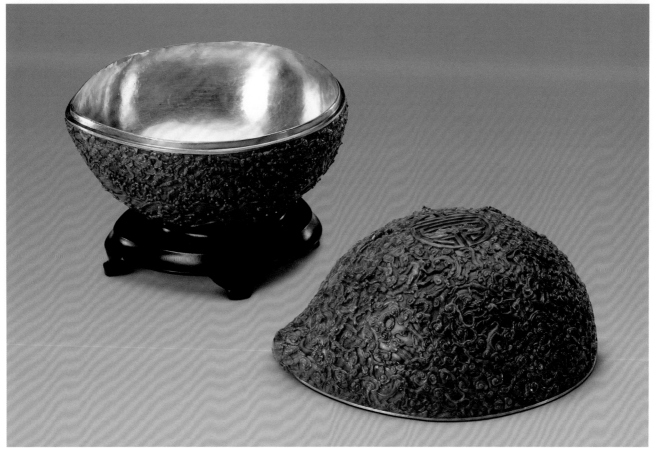

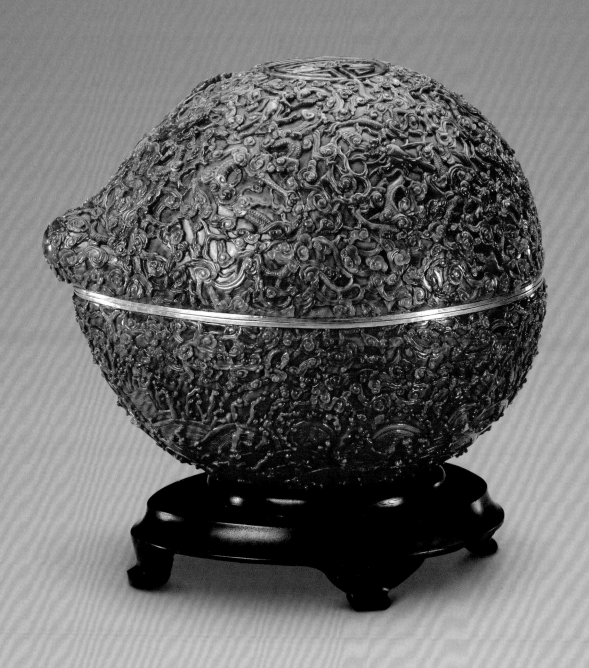

25

青金石嵌珠寶象
清
通高63厘米　長25.5厘米　一對
清宮舊藏

**Elephant of lapis lazuli inlaid with pearls
and gems (a pair)**
Qing Dynasty
Overall height: 63cm　Length: 25.5cm
Qing Court collection

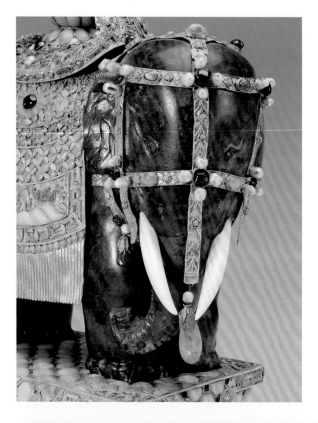

象站立式,牙前伸,鼻捲曲,身披金
質鞍韉,鏨刻纏枝蓮紋、方格紋、海
水江崖紋、絲穗紋,紋飾均用綠松石
鑲嵌,蓮花瓣蕊鑲嵌貓眼石、寶石和
珍珠。象馱金質寶瓶,蓮花座嵌白
玉,瓶身纏枝蓮花心嵌紅寶石。瓶上
插蓋,六角出挑,每挑桿垂珍珠流蘇
一串,紅寶石墜角;蓋下為珍珠瓔
珞,紅寶石墜角。象前後披金質瓔
珞,嵌貓眼石、珍珠和寶石。下承須
彌座,鑲嵌松石和玉石紋飾。

象馱寶瓶,寓意"太平有象"。青金石
為方臘石礦物質,顏色深藍,濃而不
黑,以金綫纏綿者為最佳,主要產於
阿富汗等地。此器用青金石料及黃金
製成,並鑲嵌有貓眼石、珍珠、寶
石、松石等,為珍貴的陳設品。

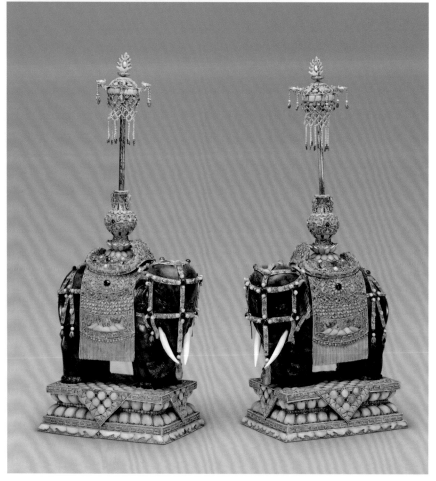

26

青玉嵌紅寶石爐瓶盒三式
清
爐高10.5厘米　足徑6.5×8.9厘米
瓶高11.8厘米　口徑2.6×1.9厘米
盒高3.2厘米　口徑6.7厘米
足徑3.8厘米
清宮舊藏

Sapphire censer, vase and box inlaid with rubies

Qing Dynasty
Censer: Height: 10.5cm
Diameter of foot: 6.5×8.9cm
Vase: Height: 11.8cm
Diameter of mouth: 2.6×1.9cm
Box: Height: 3.2cm
Diameter of mouth: 6.7cm
Diameter of foot: 3.8cm
Qing Court collection

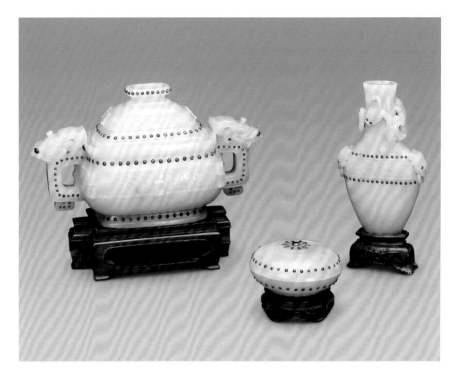

爐仿青銅器，長方形口，有蓋，橢圓形環式鈕。腹部及蓋面凸雕戟紋和夔鳳紋，兩側雙龍耳，龍眼嵌翠及紅寶石。爐口沿、底足上沿及龍耳兩側、蓋頂均鑲嵌紅寶石一圈。瓶扁形，直口，平底。肩部凸雕兩獸啣環，頸部鏤雕一螭，雙眼嵌紅寶石。腹部鑲嵌兩周紅寶石，間雕夔龍紋。盒圓形，蓋頂凸雕蓮瓣紋，嵌紅寶石，盒蓋、盒身各嵌紅寶石一周。

爐、瓶、盒三式為清宮陳設品，亦可實用，爐可以燃香，瓶可插入銅鏟、箸，盒可貯存香料。

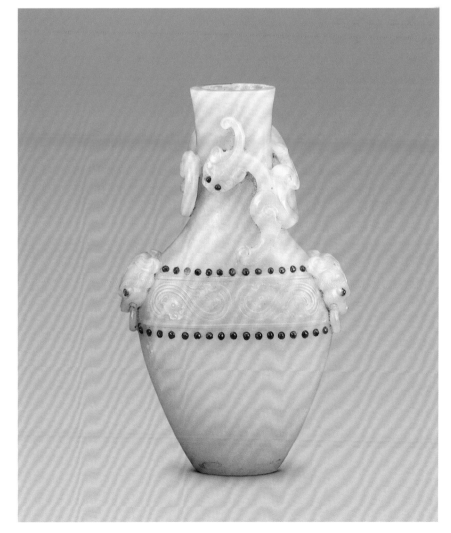

翠竹盆景
清
通高25厘米　盆高6厘米
清宮舊藏

Potted landscape of green bamboos
Qing Dynasty
Overall height: 25cm
Height of pot: 6cm
Qing Court collection

由盆和景兩部分組成。盆為四瓣式銅胎掐絲琺瑯，飾冰裂梅花紋，下有四雲頭足。景由四塊白玉為山石，上植三桿翠竹，竹桿削剪後又綻新芽。

巧妙運用翠、玉的顏色對比，色潤清新，造型生動，為盆景之上乘佳品。

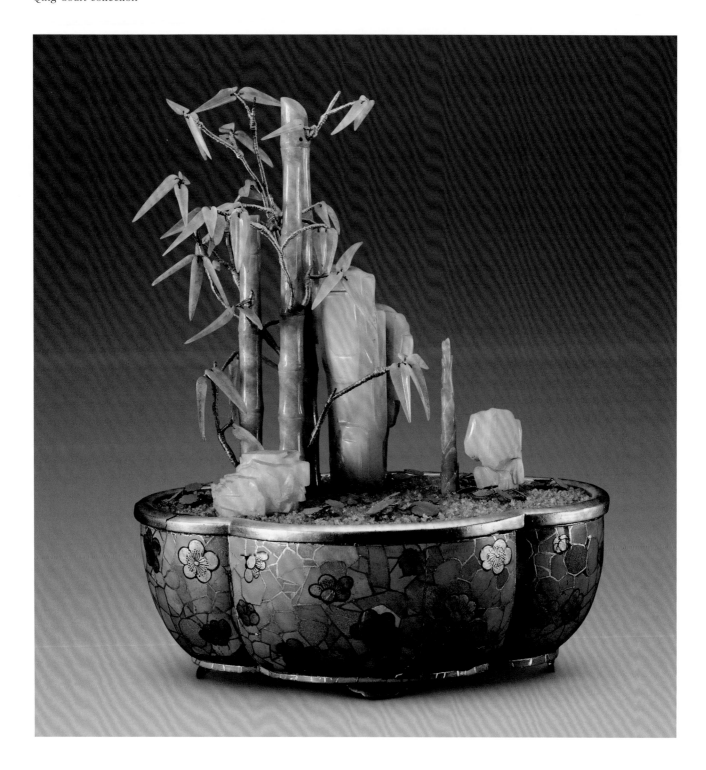

28

金瓶珍珠梅花盆景
清乾隆
通高55厘米　瓶高15.5厘米
瓶寬7.5厘米
清宮舊藏

**Gold vase with miniature landscape of
pearl-made plum blossom**
Qianlong Period, Qing Dynasty
Overall height: 55cm
Height of vase: 15.5cm
Width of vase: 7.5cm
Qing Court collection

瓶扁方形，口與底足長方形，肩口平
齊，雙獅耳提環。瓶身鏨菱格紋，內
飾花卉。瓶中插兩枝以黃金做枝、碧
玉為葉的梅花，每五顆珍珠組成一花
朵，共80朵，用珍珠400顆，梅花心
為金絲花蕊。

梅花有五瓣，象徵快樂、幸福、長
壽、順利、和平，故有"梅開五福"之
說。清宮造辦處製造。

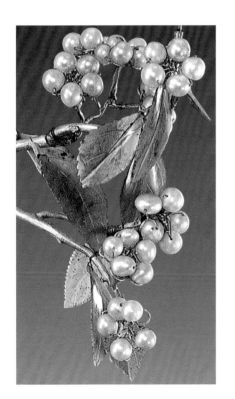

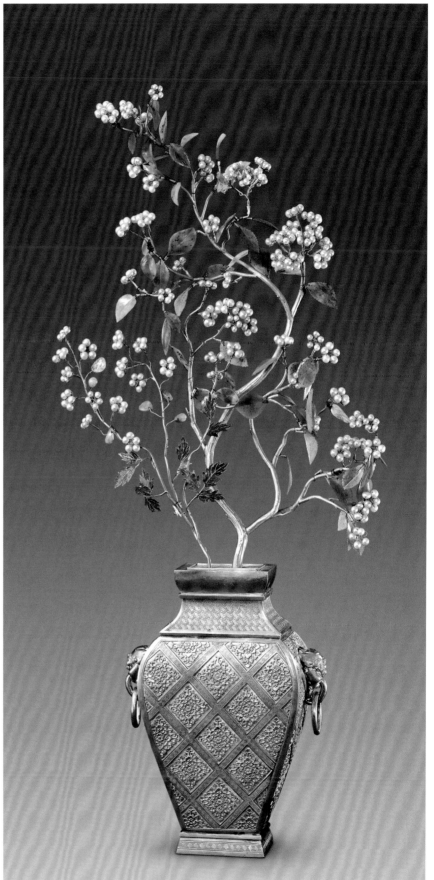

銅鍍金累絲嵌珠寶盆三星獻瑞盆景

清

通高69厘米　盆高16.5厘米

盆長51.5厘米　盆寬28.6厘米

清宮舊藏

Potted landscape of the three auspicious stars symbolizing Fu (well-being), Lu (official position) and Shou (longevity) with a gilt-copper basin inlaid with pearls and gems

Qing Dynasty

Overall height: 69cm

Height of basin: 16.5cm

Length of basin: 51.5cm

Width of basin: 28.6cm

Qing Court collection

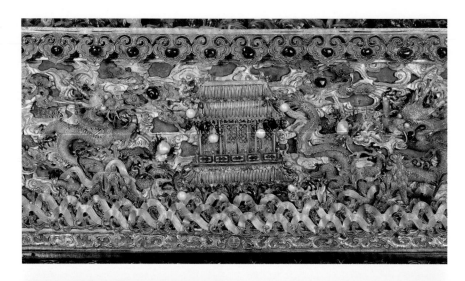

盆通體金累絲雲龍紋飾，盆沿鏨刻二龍戲珠及雜寶紋，每“珠”為一壽字，如意形沿邊嵌一周紅寶石。盆正面飾一閣，上以珍珠寶石點綴。盆上景物，珍珠松樹、碧璽桃實、紅珊瑚樹幹，其間點綴紅珊瑚壽星、銅鍍金侍童、仙鹿等。配須彌式紫檀座，如意式托板上鑲染色象牙纏枝蓮紋、壽字紋。

鹿諧“祿”，侍童為“福”，福、祿、壽三星合聚，表達富貴、長壽之意。此盆景做工精美，用料珍貴，為清宮祝壽用品。

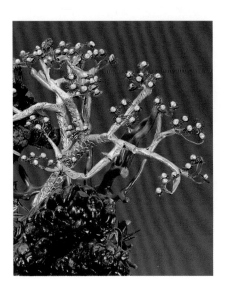

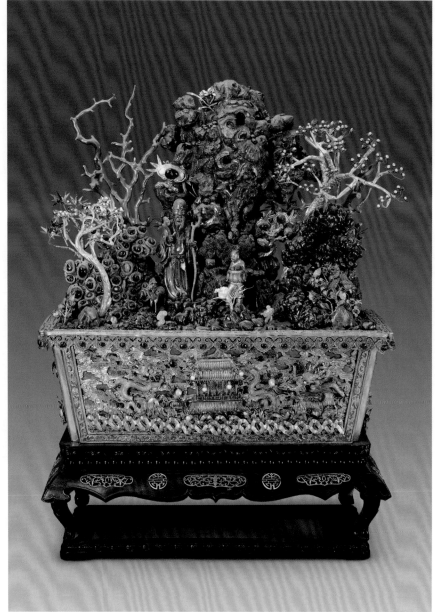

30

孔雀石嵌珠寶蓬萊仙境盆景
清
通高41.5厘米　長33厘米　前寬38厘米
後寬43厘米
清宮舊藏

**Miniature landscape of the Penglai
Fairyland made of malachite inlaid with
pearls and gems**
Qing Dynasty
Overall height: 41.5cm　Length: 33cm
Front width: 38cm　Back width: 43cm
Qing Court collection

盆景以松柏、山石、桃樹、仙草等組
成傳說中的蓬萊仙境。山石用孔雀石
及紅、藍寶石砌成，銅鍍金樹枝上結
滿了以珍珠製成的松果和以紅寶石、
白玉、珍珠、碧璽製成的鮮桃。中立
玉雕壽星，左為手持如意的童子，右
為仙鶴。下配紫檀座。

此盆景共用珍珠1136顆，紅寶石679
塊，藍寶石183塊，碧璽332塊，珊瑚
六枝。用料珍貴，製作講究。以蓬萊
仙境寓意長壽吉祥，為清宮祝壽用
品。

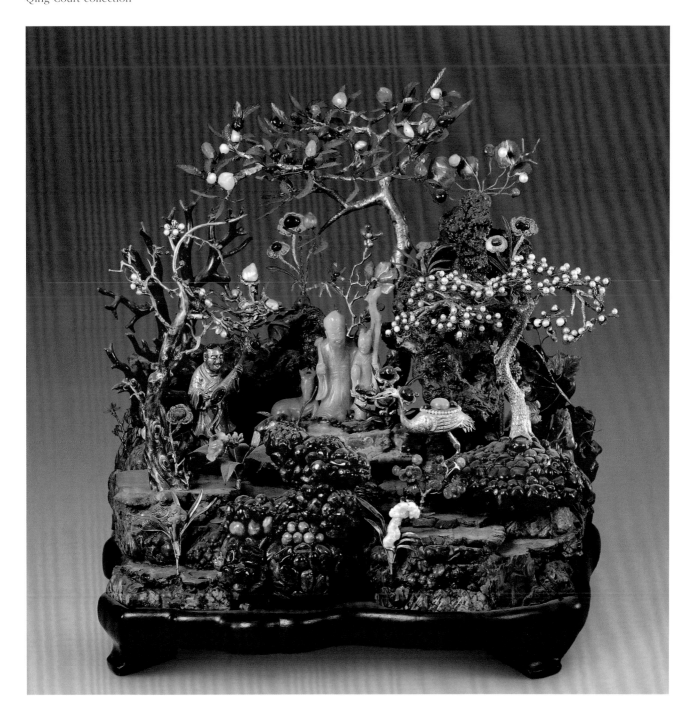

31

孔雀石嵌珠寶蓬萊仙境盆景
清
通高43厘米　長41.5厘米
寬30厘米
清宮舊藏

Miniature landscape of the
Penglai Fairyland made of
malachite inlaid with pearls and
gems
Qing Dynasty
Overall height: 43cm
Length: 41.5cm　Width: 30cm
Qing Court collection

孔雀石山基，山上奇石玲瓏剔透，花果爭豔，枝繁葉茂，生氣盎然。山前樹下，玉製壽星站立中央，手持拐杖和牙板，玉鹿及銅鍍金侍童、仙鶴分侍兩旁，組成一幅洞天福地的蓬萊仙境。景下置銅鍍金底托，飾海水紋，間嵌紅寶石。托下配紫檀雕花座。

此景用料有珍珠、黃金、紅藍寶石、紅珊瑚、碧璽等，構思精巧，製作精美，為清宮盆景工藝中的珍品。

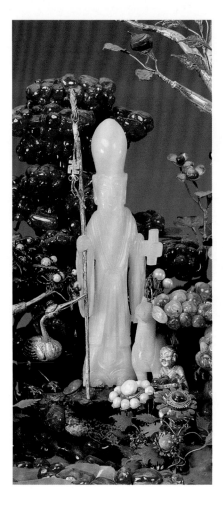

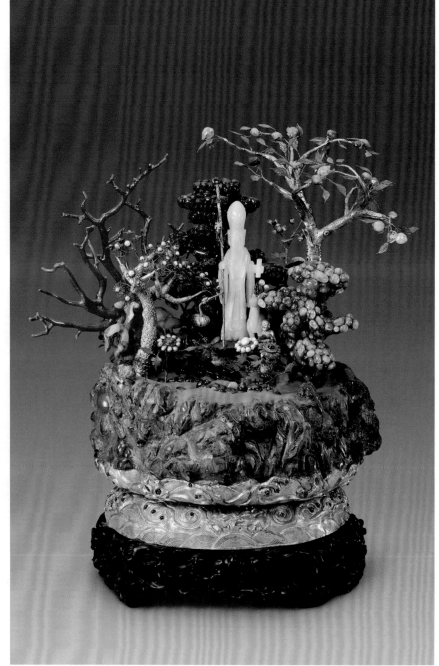

32

銀鍍金累絲長方盆穿珠梅花珊瑚盆
景
清
通高43.3厘米　盆高19.3厘米
盆長24厘米　盆寬18.5厘米　一對
清宮舊藏

**Miniature landscape of plum blossom
made of pearls and gems with a gilt-silver
filigree pot (a pair)**
Qing Dynasty
Overall height: 43.3cm
Height of pot: 19.3cm
Length of pot: 24cm
Width of pot: 18.5cm
Qing Court collection

盆通體滿佈金累絲雙環錦地。口沿填
藍以米珠穿成如意形，內嵌紅寶石。
盆身四面嵌由翡翠、碧璽、紅寶石組
成的"子孫萬代，福壽綿長"圖案。盆
中以山石、天竺，梅花等構成"齊眉
祝壽"景。山石為銀累絲點翠，上嵌
紅、藍、黃等各色寶石，紅色珊瑚
樹，珍珠、紅、藍寶石穿成梅花，珊
瑚珠製成天竺果。

此盆景用珍珠、寶石300餘顆，做工
精細，工藝上乘。

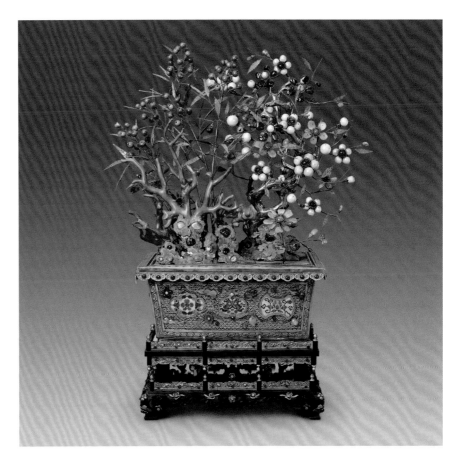

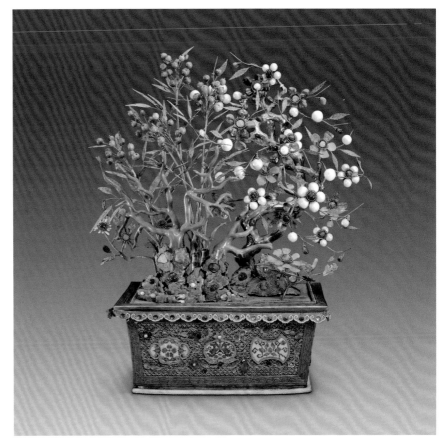

33

銀累絲琺瑯盆珊瑚桃樹盆景
清
通高69厘米　盆高21厘米　盆徑27厘米
清宮舊藏

**Miniature landscape of coral peach tree
with an enamel pot inlaid with silver
filigrees**
Qing Dynasty
Overall height: 69cm
Height of pot: 21cm
Diameter of pot: 27cm
Qing Court collection

海棠式盆，口沿鏨銅鍍金蕉葉紋和蝠
壽紋，盆外壁以銀累絲點藍桃花枝葉
錦地，每面正中隨形開光內分別飾桃
樹麒麟紋、鳳凰展翅紋。盆內滿鋪珊
瑚米珠，綠色染石山上，插製一株珊
瑚桃樹，翠葉叢中，掛滿由蜜臘、碧
璽、翡翠、硨磲及異形大珍珠鑲嵌而
成的桃果，紅、粉、黃、藍、綠、白
相間，五彩繽紛。

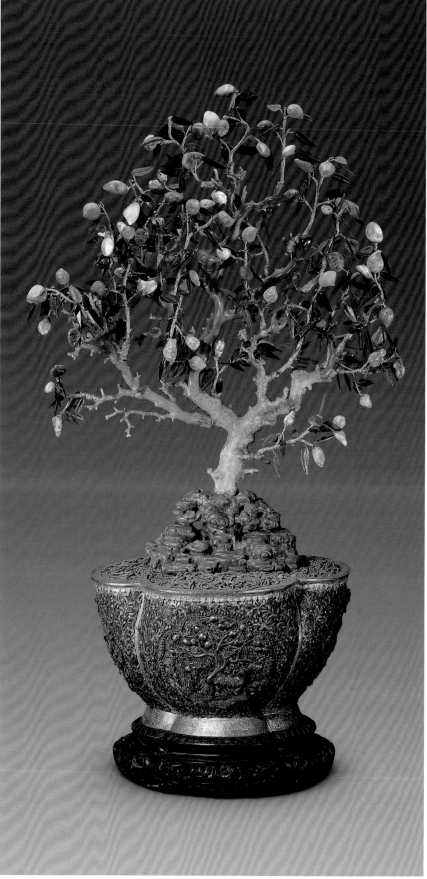

34

銀累絲琺瑯盆珊瑚牡丹盆景
清
通高69厘米　盆高21厘米　盆徑27厘米
清宮舊藏

**Miniature landscape of peony and coral
with an enamel pot covered with silver
filigrees**
Qing Dynasty
Overall height: 69cm
Height of pot: 21cm
Diameter of pot: 27cm
Qing Court collection

盆的大小形制、紋飾與前器相同。景
為盛開的牡丹花，紅珊瑚枝幹，深綠
色的翠葉叢中，簇擁着九朵白玉、芙
蓉石和蜜臘雕成的花朵，雍容，富
麗，華貴。

此盆景與銀累絲琺瑯盆珊瑚桃樹盆景
為一對，寓意"福壽綿長，富貴滿
堂"。

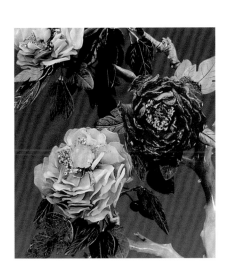

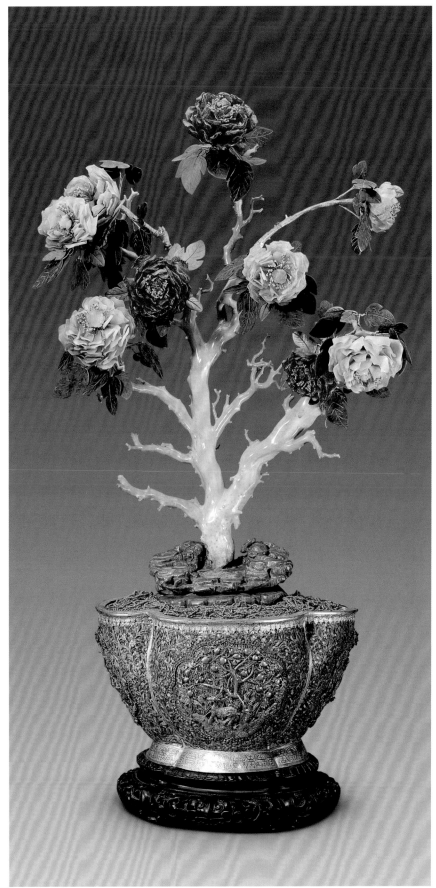

金委角長方盆紅寶石梅花盆景
清
通高38.5厘米　盆長22厘米
盆寬14.5厘米
清宮舊藏

**Potted landscape of ruby plum blossom
with a gold rectangular pot**
Qing Dynasty
Overall height: 38.5cm
Length of pot: 22cm
Width of pot: 14.5cm
Qing Court collection

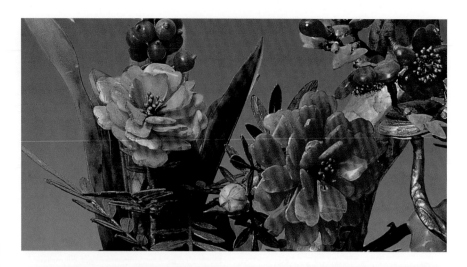

盆委角長方形，腹呈斗形，上敞下
縮。口沿鏨如意紋，通體以萬字、雷
紋錦為地，凸雕如意紋、"壽"字一
周。主景為梅花樹，銅鍍金樹幹，翡
翠為葉，紅寶石為花，姿態生動。周
圍襯青金石、瑪瑙製的湖石，嵌寶石
的靈芝、玉葉珊瑚珠的萬年青及點翠
的葉，瑪瑙茶花、小草等，生氣盎
然，錯落有致。

此盆景以金為盆，每朵梅花都是金
托，穿製梅花的紅寶石共達284塊。
為清宮祝壽用品。

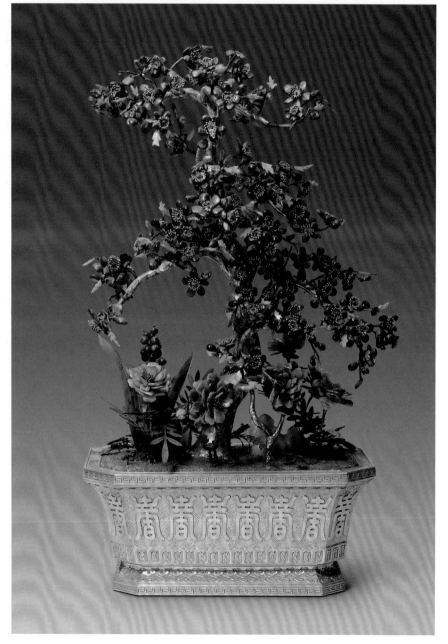

36

琺瑯座珊瑚翡翠吉慶有餘盆景
清
通高38.5厘米　座高6.8厘米
座徑9厘米　一對
清宮舊藏

Miniature landscape of coral and jadeite tree, gilt-copper Qing, and gold fish with a cloisonné enamel pedestal (a pair)
Qing Dynasty
Overall height: 38.5cm
Height of pedestal: 6.8cm
Diameter of pedestal: 9cm
Qing Court collection

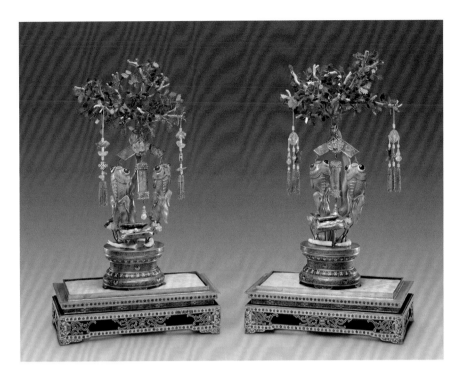

束腰墩形掐絲琺瑯座，座面鍍金，口沿飾迴紋，座身為仰覆蓮瓣紋，勾蓮寶相花紋為襯。座面立樹為主景，珊瑚幹翠葉。樹懸銅鍍金嵌水晶磬，正中鑲粉色碧璽蝙蝠，口中啣碧璽蓮花牌，牌卜連綴珍珠墜。磬兩端掛嵌深紅色蜜臘眼的珊瑚金魚，寓意"吉慶有餘"。樹枝掛一對"福壽雙全"掛墜，黃碧璽古錢外周刻有凸耳，掛翠壽字、珍珠米珠盤腸、碧璽葫蘆和珊瑚米珠穗等。樹下為兩片翡翠荷葉，葉中鑲珍珠。點綴其間的還有碧璽蓮花五朵，翡翠蓮蓬兩個，三隻象牙蓮藕。

此盆景用料豐富，精美華麗，是清宮吉祥擺件。

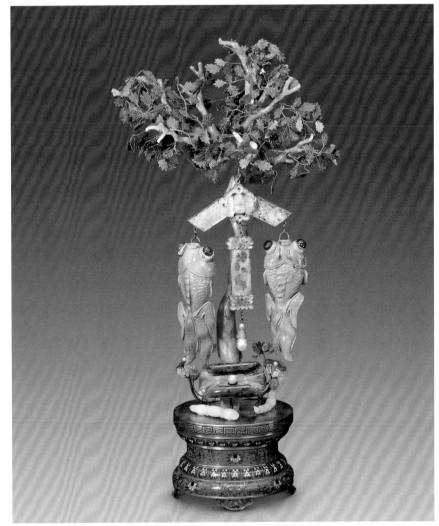

37

銀六方盆金桃樹盆景

清
通高29厘米　盆高7.8厘米
盆徑12.6厘米
清宮舊藏

Miniature landscape of gold peach tree with a silver hexagonal pot
Qing Dynasty
Overall height: 29cm
Height of pot: 7.8cm
Diameter of pot: 12.6cm
Qing Court collection

盆中空，折沿，斂腹，撇足。口沿上以魚子紋為地捶出纏枝桃花及獨窠蓮花紋，盆身每面勾雲紋拐角開光，分別飾王母仙駕、老子乘牛、仙女摘桃、老君煉丹、童子獻壽、曼倩偷桃等吉祥祝壽圖。桃樹金質，枝幹為分製銲接。桃花以金皮為托，嵌入紅寶石成花瓣，珍珠花蕊。葉片均鏨刻葉筋。桃實表面鏨刻魚子紋及團壽紋。枝幹頂端四隻蝴蝶，以金絲圈固定，搖曳多姿。

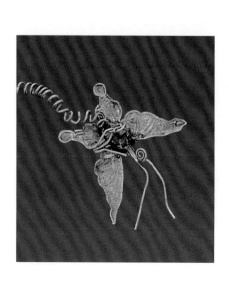

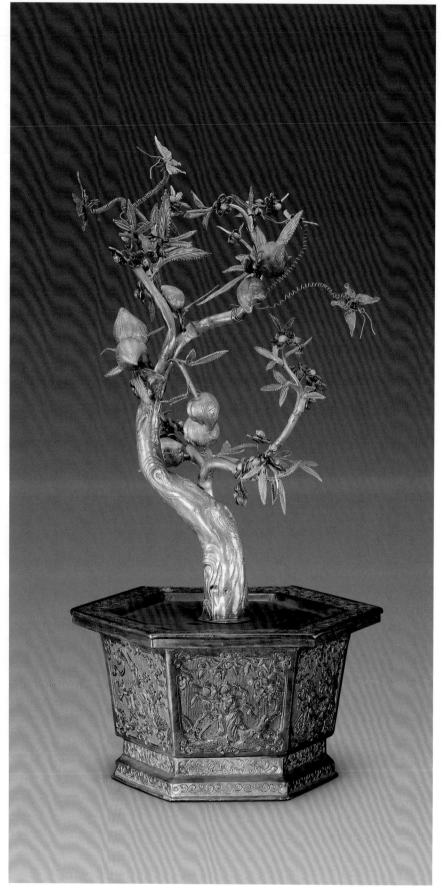

38

銀六方盆金鐵樹盆景
清
通高27.8厘米　盆高7.8厘米
盆徑12.6厘米
清宮舊藏

**Miniature landscape of golden peach-tree
with a silver hexagonal pot**
Qing Dynasty
Overall height: 27.8cm
Height of pot: 7.8cm
Diameter of pot: 12.6cm
Qing Court collection

盆正中有一凸榫，螺口，與金樹插
接。樹以金皮捶成樹幹，樹身中空，
表皮如鱗，近根處生大球莖，紋理奇
異，吐出三枝葉片。樹頂覆一盔式圓
片，鏤空12個孔洞，兩兩呈“之”形
排列，葉片均插入其中。居中三枝葉
片翻捲，同中有異。樹頂五隻金蝠，
有金絲圈固定在葉端，狀如翻飛。

鐵樹金蝠為傳統祝壽題材。此盆景與
銀六方盆金桃樹盆景為一對，盆大小
形制、紋飾相同。

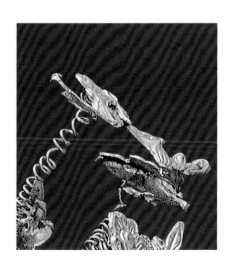

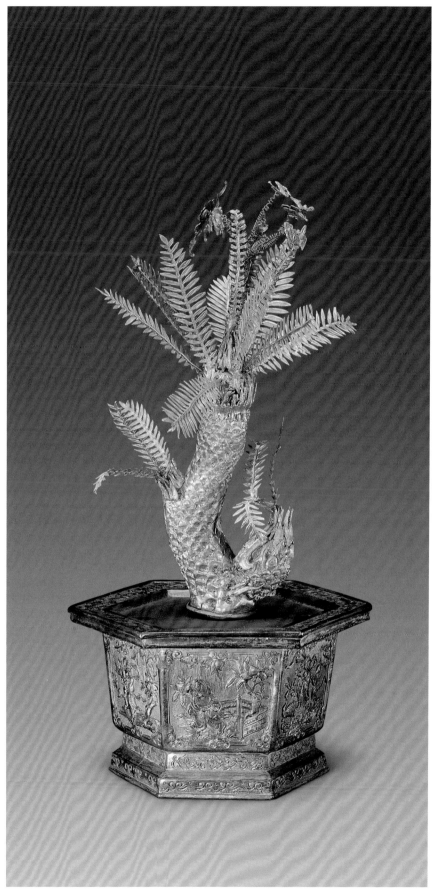

39

瑪瑙桃實盆料石花卉盆景
清
通高31厘米　盆高6厘米
盆徑10×6.5厘米
清宮舊藏

**Miniature landscape of flowers with an
agate peach-shaped pot**
Qing Dynasty
Overall height: 31cm
Height of pot: 6cm
Diameter of pot: 10×6.5cm
Qing Court collection

盆外壁浮雕桃葉紋，下有染牙桃枝
座。景以天竺為主，襯以水仙、石
竹、桃花。天竺花為珊瑚珠製，水仙
花由白玉製成，石竹為染牙，桃花瓣
為料石製，枝葉均為青玉雕成。

此盆景構圖疏朗開放，形成明顯的層
次，花葉綫條複雜多變，富有動感。

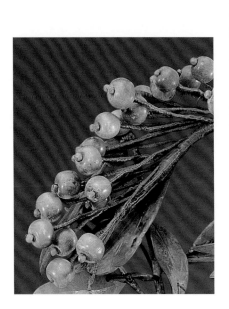

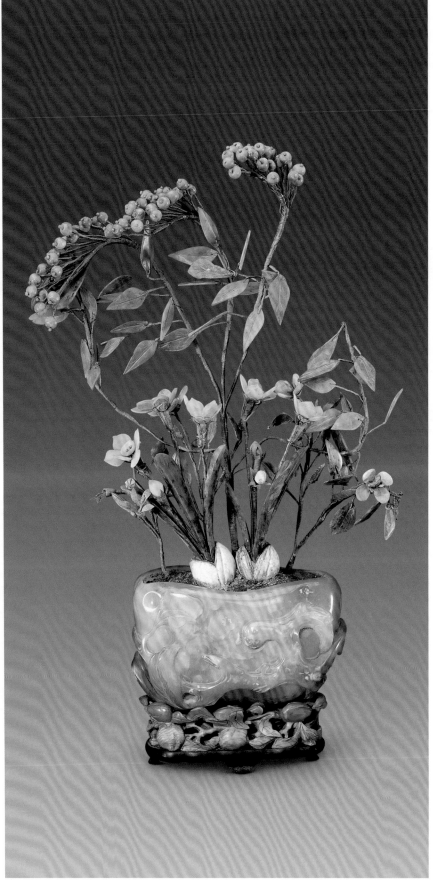

40

瑪瑙佛手盆料石梅花盆景
清
通高30.5厘米　盆高16.8厘米
盆徑8×6.5厘米
清宮舊藏

Miniature landscape of flowers and
stones with an agate fingered-citron-
shaped pot in openwork
Qing Dynasty
Overall height: 30.5cm
Height of pot: 16.8cm
Diameter of pot: 8×6.5cm
Qing Court collection

盆圓雕佛手形，中空。景以綠絲緶包
纏銅絲作梅枝，上結白玉製梅花，紅
緶包裹銅絲花蕊，銀萼上鑲嵌芙蓉石
和白玉石為花蕾。梅枝間點綴數朵菊
花，以染牙雕成。下承鏤空雕花紫檀
座。

此盆景色彩明快，清新雅致，尤其細
節處理，一絲不苟，為盆景佳品。

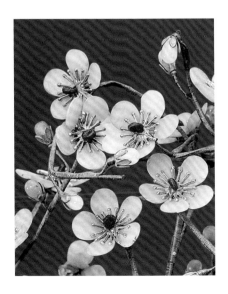

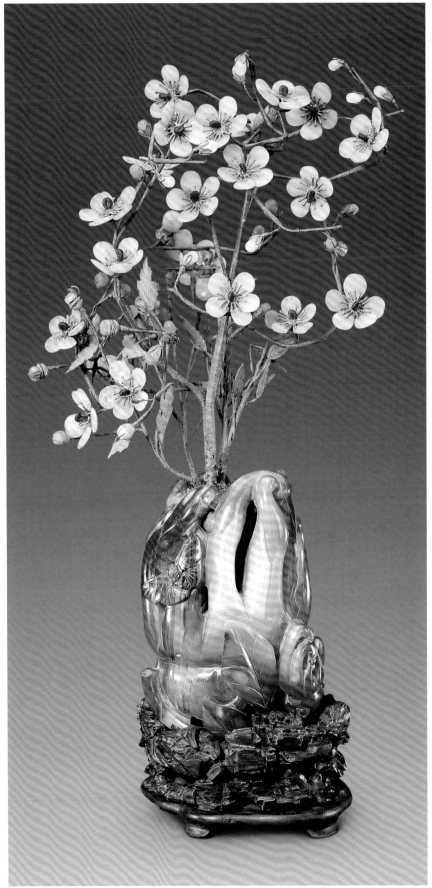

41

青玉洗式盆水仙盆景
清乾隆
通高30厘米　盆高6.5厘米
盆長18厘米　盆寬13厘米
清宮舊藏

**Miniature landscape of narcissus with a
sapphire washer-shaped pot**
Qianlong Period, Qing Dynasty
Overall height: 30cm
Height of pot: 6.5cm
Length of pot: 18cm
Width of pot: 13cm
Qing Court collection

盆方形，菊瓣紋，壁薄透明，四角雕成雙葉菊花形，每花均以12塊紅寶石為瓣，綠料為蕊。盆下腹的葉紋間，以十根綠料為脈，八塊紅寶石為蕾。盆中以青金石製成湖石，周圍植有五株水仙，象牙為根，染牙為葉，白玉為花，黃玉為蕊，株株葉挺花秀，形態逼真。

水仙，取意"芝仙祝壽"，宮廷壽誕節日時，地方官多有呈進。據《宮中進單》載："乾隆五十六年十月二十七日，福康安來京呈進碧玉水仙盆景成對。"此件盆景即為其一。

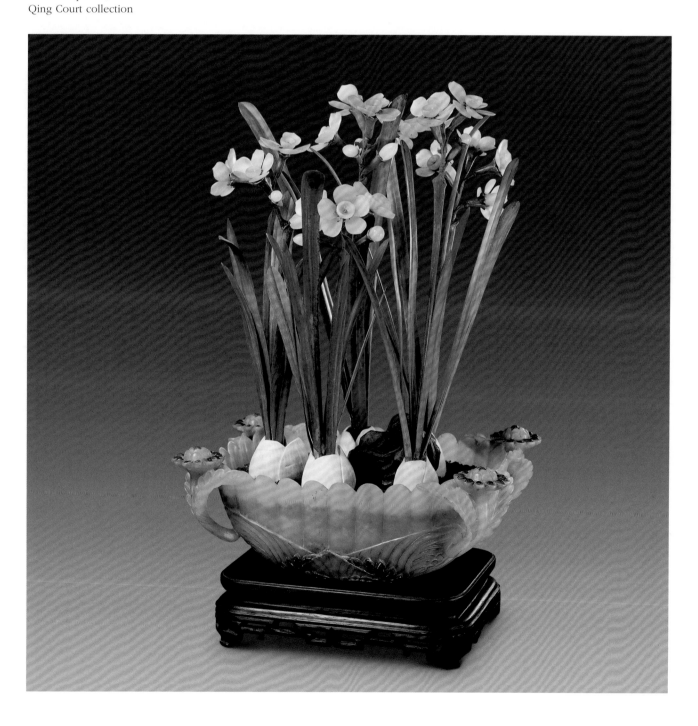

42

青玉碗式盆玉石靈芝盆景
清
通高14.5厘米　盆高4.6厘米
盆徑9.2厘米
清宮舊藏

Miniature landscape of Lingzhi made of gems in a sapphire bowl-shaped pot
Qing Dynasty
Overall height: 14.5cm
Height of pot: 4.6cm
Diameter of pot: 9.2cm
Qing Court collection

盆薄壁，直口，收腹，圈足。盆內嵌木擱板，染綠如茵圃式。擱板上插嵌靈芝樹、湖石、花葉。靈芝兩株，一高一低，主輔相依。靈芝枝杈頂端均做圓托，靈芝以瑪瑙、蜜臘、珊瑚、碧璽、黃玉、青金石、翡翠、紫晶、白玉製成。

此盆景整體形態生動，又突出顯示各色寶石之美。

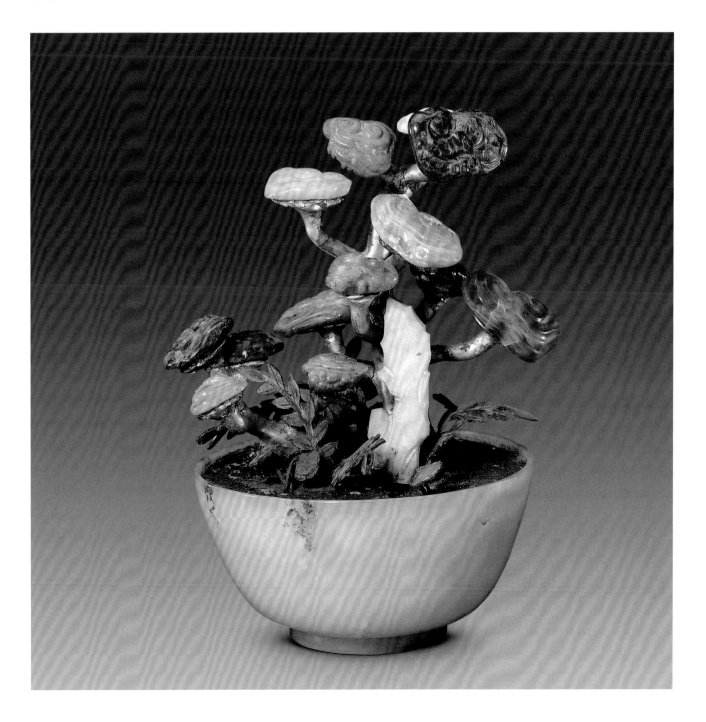

43

紫檀座珊瑚麻姑獻壽盆景
清雍正
通高37厘米　盆高13.5厘米
盆長24厘米　寬21厘米
清宮舊藏

Potted landscape of Magu offering birthday gift made of coral with a red sandalwood pedestal

Yongzheng Period, Qing Dynasty
Overall height: 37cm
Height of pot: 13.5cm
Length of pot: 24cm
Width of pot: 21cm
Qing Court collection

紫檀方座，座面上沿嵌燒藍、紅寶石、珍珠花葉紋，正面束腰嵌白玉雕龍紋和福壽祿紋。主景為一昂首延頸、展翅欲飛的紅珊瑚鳳凰立於孔雀石上，鳳翅上為蜜臘製麻姑，肩披點翠嵌紅寶石綵帶，手持碧璽桃實。後部以金累絲嵌珍珠松樹和嵌大紅寶石的靈芝、壽石為襯。

此盆景取材"麻姑獻壽"，為清宮帝后萬壽千秋節日的陳設品。

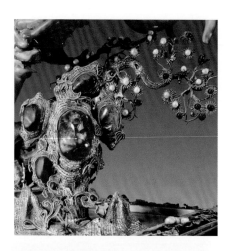

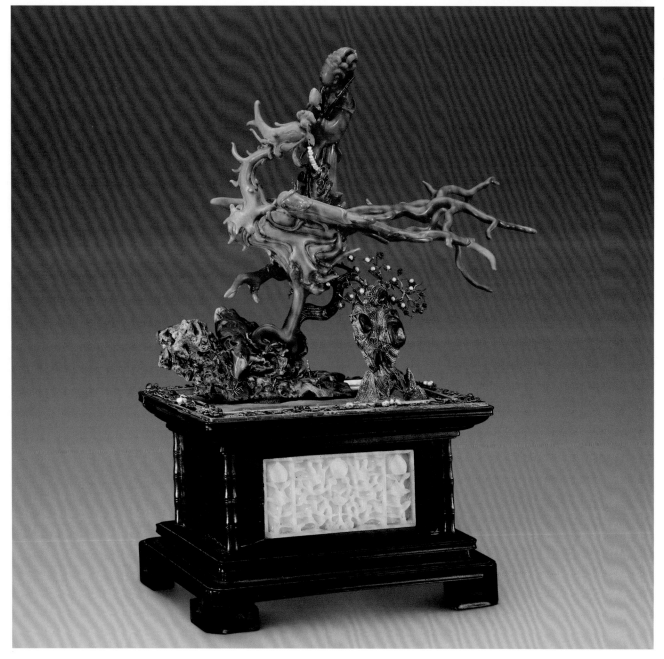

44

琺瑯桃式盆珊瑚盆景
清中期
通高108.5厘米　盆長65厘米
盆寬32厘米
清宮舊藏

Miniature landscape of red coral with a cloisonné enamel pot in the shape of a peach
Middle Qing Dynasty
Overall height: 108.5cm
Length of pot: 65cm
Width of pot: 32cm
Qing Court collection

三層疊桃式盆，由鏨金、掐絲、畫琺瑯等多種琺瑯工藝合製。桃間有枝葉延綫，七隻銅鍍金小蝙蝠飛翔，前後正中各有一隻展翅的大紅蝙蝠托着團壽字。桃盆中插一枝形體碩大的紅色珊瑚樹。盆下承紫檀雕雲紋座。

珊瑚主要生長在熱帶海洋中，為腸腔動物"珊瑚蟲"分泌的石灰質堆積而成，主要成分為碳酸鈣。其經過萬年演化，堅硬密實，骨骼相連，形如樹枝，故又被稱為珊瑚樹。珊瑚常被用作裝飾品，寓意吉祥、長壽和堅實。

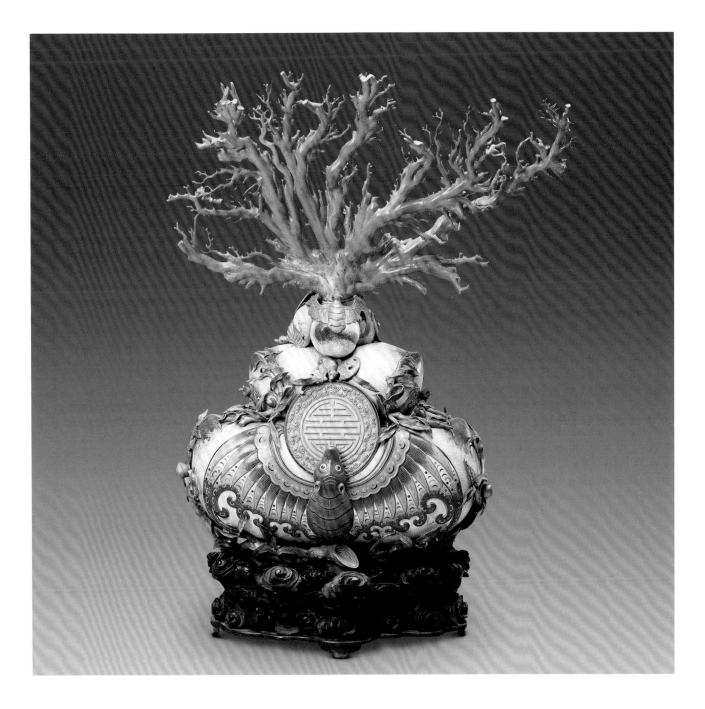

45

天然木山子嵌玉石人物花卉盆景
清
通高73厘米　長90厘米　寬37厘米
清宮舊藏

**Potted landscape of natural-wood hill
inlaid with jade, figures and flowers**
Qing Dynasty
Overall height: 73cm
Length: 90cm　Width: 37cm
Qing Court collection

紫檀垂雲紋八足隨形盆，盆邊鑲銅鍍
金卍字紋欄杆。景為天然木山石，其
間點綴由白玉、碧玉、瑪瑙、翡翠、
碧璽、松石等製作的人物、鹿、鶴、
亭以及松柏、靈芝、仙桃、花卉等。

此盆景五色玉石與棕色的木山相互輝
映，古意盎然，是中大型盆景中的佳
作。

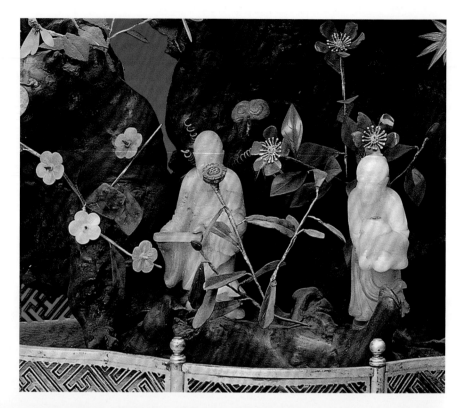

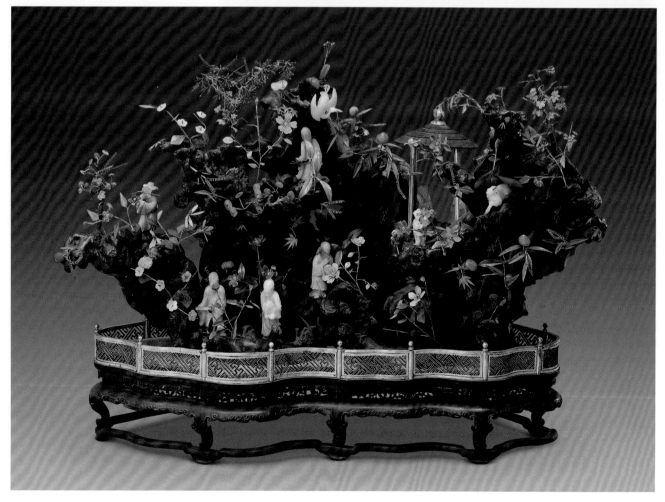

46

金鏤空大吉葫蘆式香薰
清
高42厘米　口徑7.3厘米
底徑13.5厘米　重2340克
清宮舊藏

Gold gourd-shaped perfumer carved with
characters Da (great) and Ji (auspicious)
in openwork
Qing Dynasty
Height: 42cm
Diameter of mouth: 7.3cm
Diameter of bottom: 13.5cm
Weight: 2340g
Qing Court collection

香薰葫蘆形。器身鏤空"喜"、"壽"、
"卍"字紋,中部在錦地上雕出"大"、
"吉"兩字。口沿凸雕蝙蝠及如意紋,
上有金鏈相連,底為花瓣紋圓足。器
下配紫檀雕花座。

香薰是古代用來薰香衣被的器具,質
地各異,多鏤空雕刻,內貯香料,香
氣自鏤孔中溢出。此器工藝精緻細
膩,造型優美,紋飾華麗。

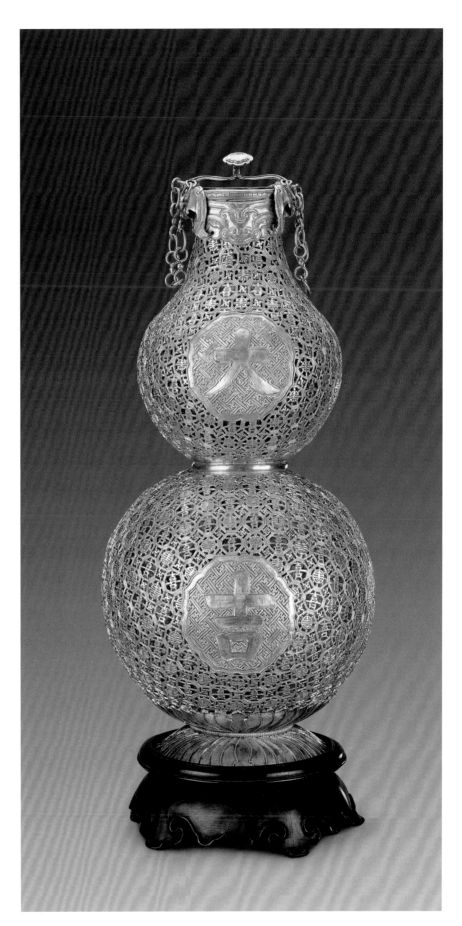

47

金鑲翠碧璽四孔花插
清
高34.6厘米　寬15.6厘米　一對
清宮舊藏

Gold flower receptacle with four holes
inlaid with jadeite and tourmalines (a pair)
Qing Dynasty
Height: 34.6cm　Width: 15.6cm
Qing Court collection

花插底盤為荷葉形，邊緣呈波狀，下
有三個蝶形足。底盤中部豎插筒，鏨
花葉紋，嵌翡翠、寶石組成的花葉。
插筒四周附有三個形狀、紋飾相同的
小插筒。器底部有"足赤"、"寶華"
等戳記。

此花插製作精緻，鑲嵌有多種寶石及
珠、翠，具有很強的裝飾效果。為民
間珠寶店製造。

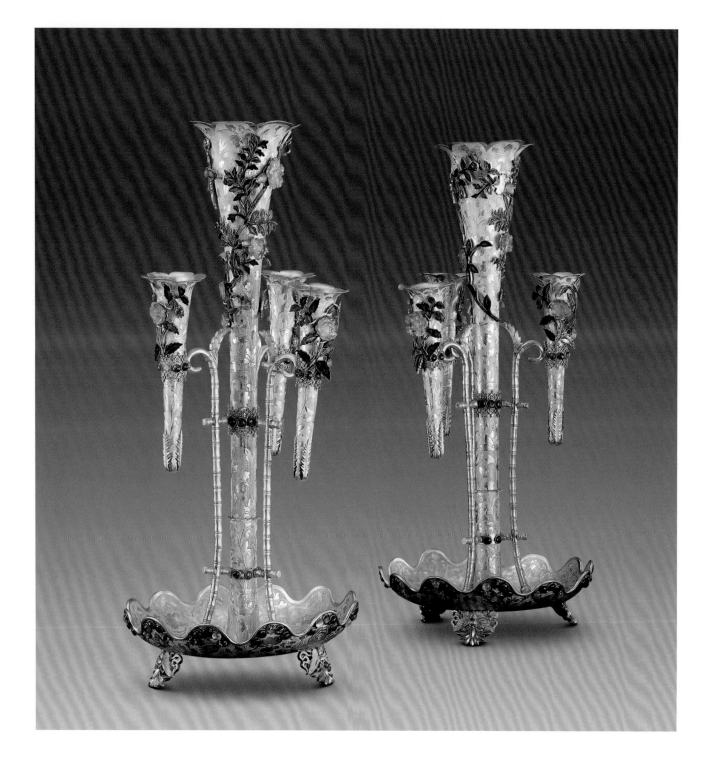

48

珊瑚獅子
清
高14.3厘米　長23厘米
清宮舊藏

Red coral lion
Qing Dynasty
Height: 14.3cm　Length: 23cm
Qing Court collection

獅子由整塊紅珊瑚圓雕而成，搖頭擺尾，一爪抬起，造型生動活潑。獅尾另用一塊未經加工的隨形珊瑚做就。下配紫檀鏤空山石紋座。

珊瑚在清宮陳設品中常見，但多為自然形態的珊瑚樹或鑲嵌用料，圓雕作品則不多見。

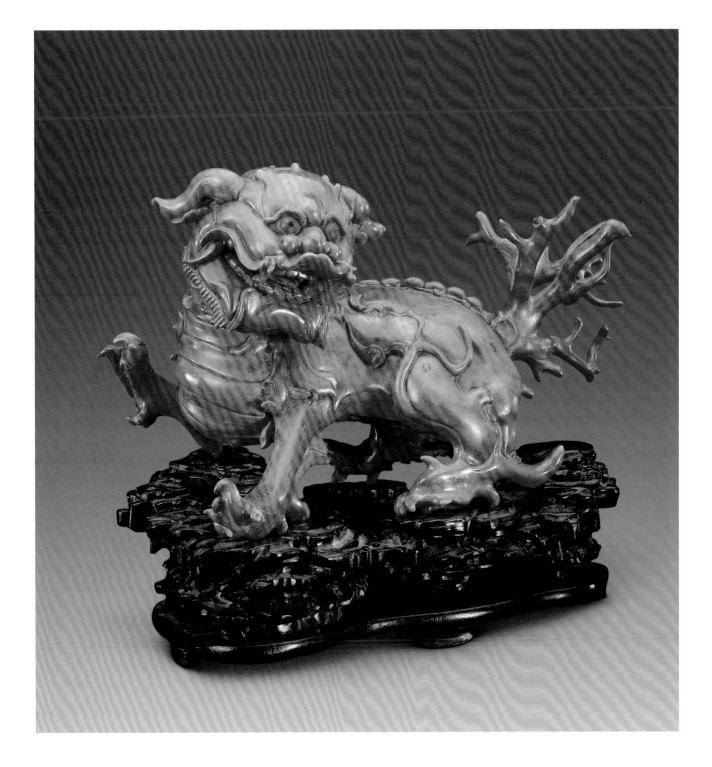

49

木柄赤金瓦嵌珠寶如意
清乾隆
通長52厘米
清宮舊藏

Wooden Ruyi scepter with gold tiles inlaid with pearls and gems
Qianlong Period, Qing Dynasty
Full length: 52cm
Qing Court collection

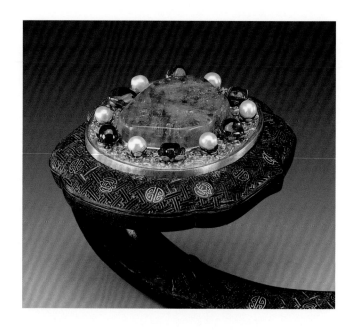

如意木胎，通體刻卍字紋地，上嵌金絲團壽、蝙蝠紋相間的
圖案，柄側刻迴紋，寓意"萬年福壽"。首、中、尾三塊赤
金瓦上皆鑲橢圓形碧璽，金瓦周圍鑲金花托，內嵌紅寶石
11塊、藍寶石六塊、珍珠17顆。尾端飾白玉環，繫黃絲
穗。

如意為宮中陳設品，多放在寶座和寢室的几案上，供皇帝和
后妃玩賞。遇皇帝即位或宮中重大節日，王公大臣多要向帝
后敬獻如意，表示祝福。也可用作皇帝賞賜大臣。此如意為
清宮造辦處製作。

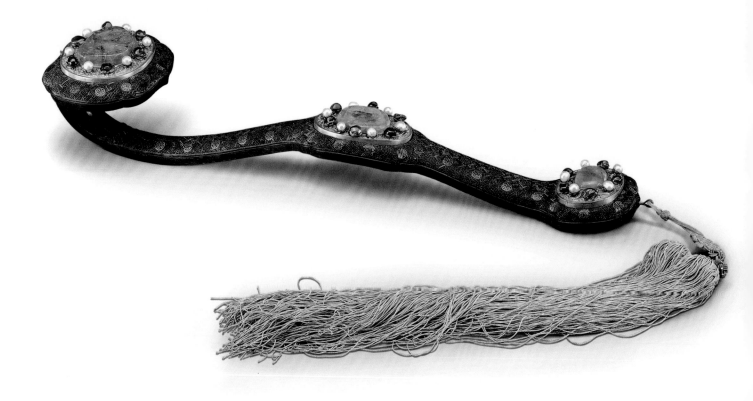

50

金鏨花如意香薰
清乾隆
長56厘米　高15厘米
清宮舊藏

Gold Ruyi scepter carved with flowers used as a perfumer
Qianlong Period, Qing Dynasty
Length: 56cm　Height: 15cm
Qing Court collection

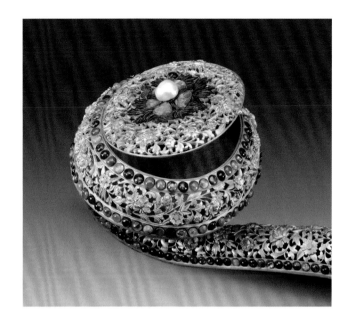

香薰通體鏤空牡丹、菊花等紋飾。首、中、尾及柄側皆鑲嵌
紅、藍寶石和翠玉、碧璽等。首、中、尾凸起的牡丹紋，以
翠為葉，碧璽為花朵，各嵌珍珠一顆。尾端繫黃絲穗。

此器既可作如意陳設，又是一香薰，首、中、尾均有活蓋，
內空，可置香料。

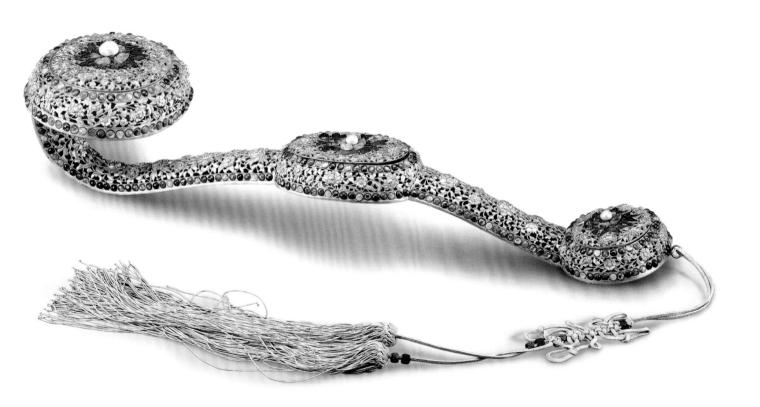

51

松石嵌寶石三鑲如意
清道光
長38.5厘米　高6.8厘米　最寬8.8厘米
清宮舊藏

Turquoise Ruyi scepter inlaid with gems
Daoguang Period, Qing Dynasty
Length: 38.5cm　Height: 6.8cm
Maximum width: 8.8cm
Qing Court collection

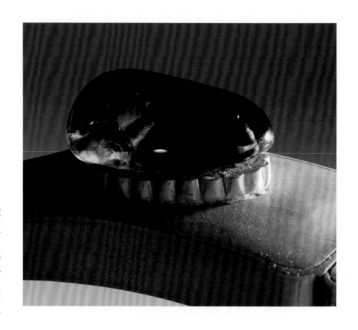

柄上、下兩面刻卍字紋，兩側刻迴紋。如意頭早雲頭式，鏨
刻蝙蝠、壽桃等吉祥圖案，上嵌碧璽一塊，東珠一顆。柄身
嵌有藍寶石一塊，紅寶石兩塊。柄末端嵌貓眼石一塊。末尾
處接萬壽盤長結，墜絲穗，穿紅珊瑚四粒。盤長處繫有黃
簽，上書："道光十八年初一日收，寧壽宮交松石鑲嵌如意
一柄，嵌三等正珠一顆，紅寶石二塊，藍寶石一塊，碟子一
塊，碧玡硒一塊。"

綠松石，簡稱松石，為名貴玉石，色綠，硬度大，質地細
膩，中國多地出產。此如意以整塊松石製，鑲嵌有多種珍貴
寶石，為皇帝萬壽節時使用。

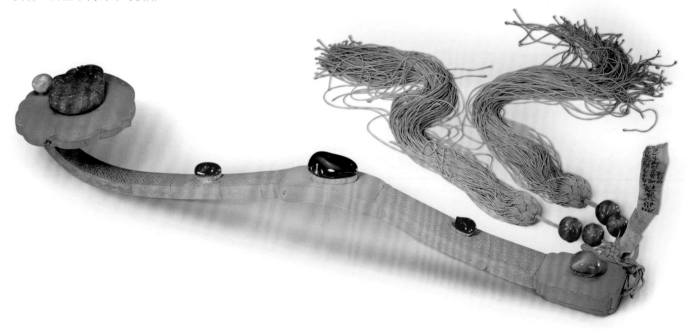

52

銅鍍金累絲嵌翠三鑲如意
清光緒
長62厘米　寬15.5厘米
清宮舊藏

Ruyi scepter of gilt-copper filigrees with jadeite inlays
Guangxu Period, Qing Dynasty
Length: 62cm　Width: 15.5cm
Qing Court collection

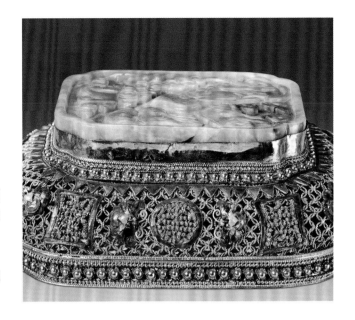

如意以銅鍍金累絲編織而成，呈三鑲式，嵌翡翠三塊，雕刻龍、松竹和太平有象紋。柄身方格紋地，鑲嵌暗八仙、蝴蝶及壽字紋。柄端繫黃絲帶，帶編壽字下綴絲穗。

此如意是光緒二十三年 (1897) 四月十三日，恭親王奕訢進獻給光緒皇帝的。

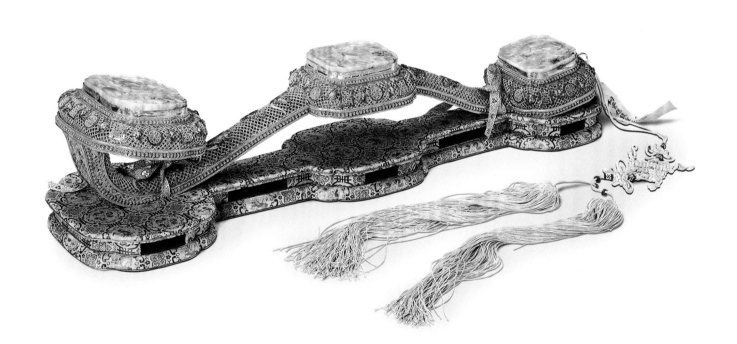

53

鑽石
清
(1) 直徑1.434厘米　厚0.822厘米　重10.3克拉
(2) 直徑1.624厘米　厚0.976厘米　重16.3克拉

Diamonds
Qing Dynasty
(1) Diameter: 1.434cm　Thickness: 0.822cm
　　Weight: 10.3carat
(2) Diameter: 1.624cm　Thickness: 0.976cm
　　Weight: 16.3carat

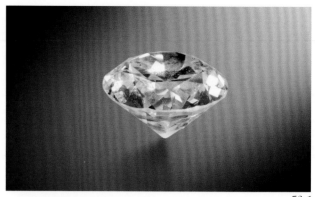

53.1

經切割加工，呈圓錐形，造型標致，晶瑩純淨，為飾物鑲嵌上品。

鑽石，礦物名稱金剛石，屬等軸晶系，摩氏硬度10，透明金剛光澤，在光映下給人以繽紛絢麗之感，是珍貴寶石中唯一以明亮展現其魅力者，被譽為"寶石之王"。主要產於非洲。

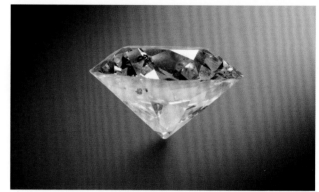

53.2

54

貓眼石
清
(1) 長1.438厘米　寬1.06厘米　高0.69厘米　重11.77克拉
(2) 長1.746厘米　寬1.568厘米　高1.184厘米　重25.61克拉

Cat's eye stones
Qing Dynasty
(1) Length: 1.438cm　Width: 1.06cm　Height: 0.69cm
　　Weight: 11.77carat
(2) Length: 1.746cm　Width: 1.568cm　Height: 1.184cm
　　Weight: 25.61carat

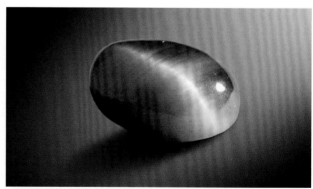

54.1

橢圓形，瑩潔透明。

圖(1) 在光源下可清晰看到光帶閃動，成色上佳。

圖(2) 雖貓眼效果不十分明顯，惟體形較大，亦為難得。

貓眼石，礦物名稱金綠寶石，由於內部含有細如毫髮的纖維狀物質，當光綫經過其拋光面反射，即會產生一條明亮的光帶，並可隨光綫的移動而發生變化，似貓的眼睛，故名。是世上最珍貴的寶石之一，它象徵着健康長壽和好運，常被加工成裝飾品。產於斯里蘭卡。

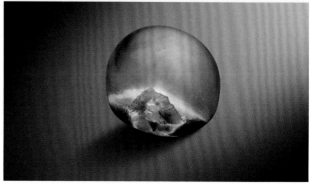

54.2

55

祖母綠寶石
清
長1.9厘米　寬1.4厘米　高1.26厘米　重26.48克拉

Emerald
Qing Dynasty
Length: 1.9cm　Width: 1.4cm
Height: 1.26cm　Weight: 26.48carat

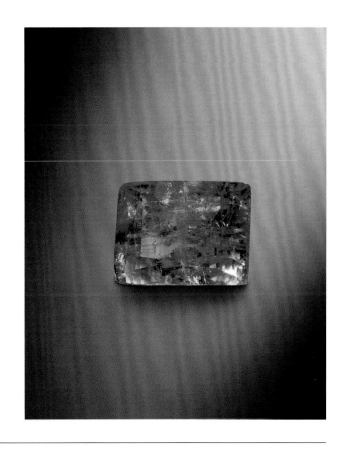

體呈斗形，翠綠色，玻璃光澤。經切割後仍有如此之重，
可謂稀世之珍寶。

祖母綠，礦物名稱為綠柱石，呈六方柱狀，由於晶體結構
中含有鉻元素而呈現純正美麗的綠色，被視為寶石中最珍
貴者之一，產於南美洲、非洲。祖母綠以青翠悅目的色調
倍受世人喜愛，被譽為五月生辰石，象徵仁慈、信心、善
良和永恆。

56

藍寶石
清
(1) 長2.628厘米　寬2.084厘米　高1.368厘米　重13.68克拉
(2) 長1.21厘米　寬1.098厘米　高0.658厘米　重8.64克拉
清宮舊藏

Sapphire
Qing Dynasty
(1) Length: 2.628cm　Width: 2.084cm
　　Height: 1.368cm　Weight: 13.68carat
(2) Length: 1.21cm　Width: 1.098cm
　　Height: 0.658cm　Weight: 8.64carat
Qing Court collection

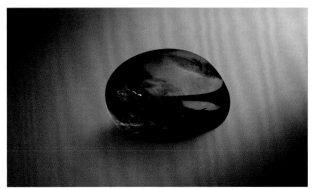

56.1

橢圓形，為經過磨製加工尚未鑲嵌的裸石。寶石品質多以
顏色定高下，圖 (1) 寶石色被稱為"洋青藍"，或稱"克
什米藍"，晶瑩潤澤，品質純正，為藍寶石佳品。

藍寶石礦物名稱剛玉，晶質體，摩氏硬度9，為寶石珍
品，主要產於泰國、緬甸、斯里蘭卡等地。清宮常用其做
鑲嵌裝飾品。

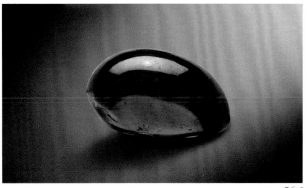

56.2

57

藍寶石佛手
清
長7.436厘米　寬4.966厘米
高9.674厘米　重2606.2克拉

Sapphire fingered citron
Qing Dynasty
Length: 7.436cm　Width: 4.966cm
Height: 9.674cm　Weight: 2606.2carat

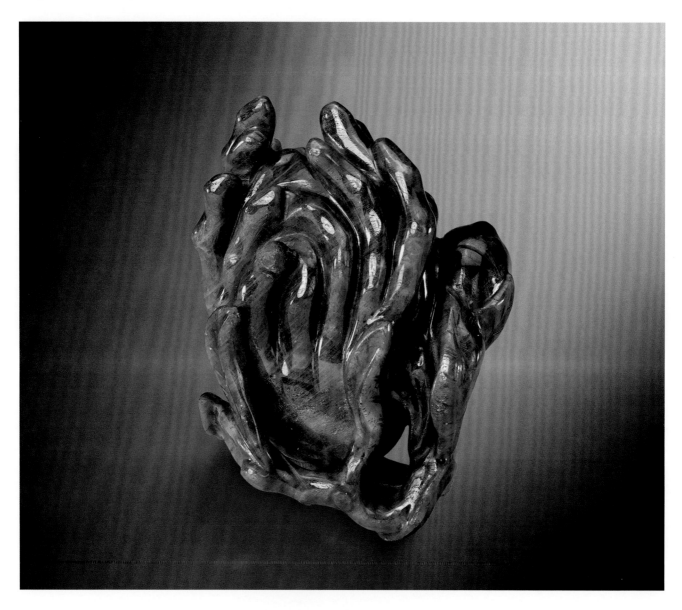

以整塊藍寶石雕琢成佛手形，形態自　此塊藍寶石重達兩千餘克拉，世間罕
然，色澤灰藍，瑩潤光滑。　　　　　見。為清宮珍貴陳設品。

58

紅寶石
清
(1)長5.5厘米　寬4.71厘米
　　高3.854厘米　重941.13克拉
(2)長1.158厘米　寬0.696厘米
　　高0.516厘米　重4.3克拉
(3)長1.438厘米　寬1.128厘米
　　高0.62厘米　重9.08克拉
清宮舊藏

Ruby

Qing Dynasty
(1) Length: 5.5cm　Width: 4.71cm
　　Height: 3.854cm
　　Weight: 941.13carat
(2) Length: 1.158cm　Width: 0.696cm
　　Height: 0.516cm　Weight: 4.3carat
(3) Length: 1.438cm　Width: 1.128cm
　　Height: 0.62cm　Weight: 9.08carat
Qing Court collection

不規則形裸石，晶瑩光潤，有雍容華
貴的光彩。紅寶石為珍貴寶石，大者
不多見，而似圖（1）寶石之體積、重
量者更為罕見之物。

紅寶石，礦物名稱剛玉，晶體質，摩
氏硬度9，色紅晶瑩，為珍貴寶石，
主要產於緬甸、泰國、柬埔寨等地。
清宮多用其作鑲嵌裝飾品。

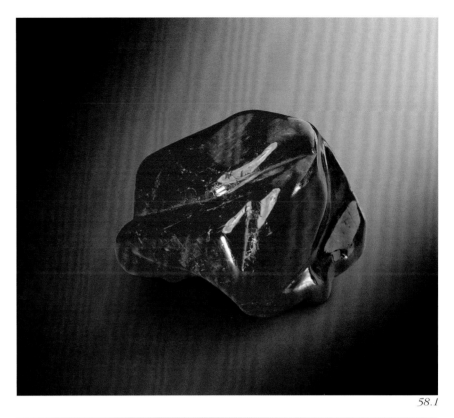

58.1

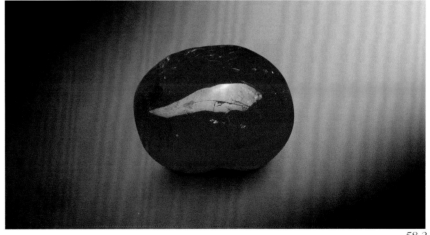

58.2

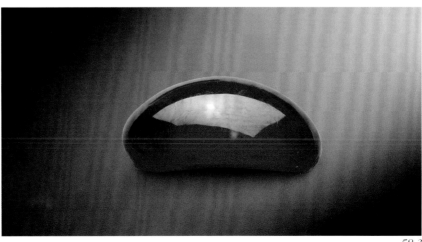

58.3

59

紅寶石佛手
清
長5.952厘米　寬3.648厘米
高5.918厘米　重667.69克拉
清宮舊藏

Ruby fingered citron
Qing Dynasty
Length: 5.952cm　Width: 3.648cm
Height: 5.918cm
Weight: 667.69carat
Qing Court collection

以整塊紅寶石雕琢成佛手形，狀如拳指，形態自然。色深紅，晶瑩光潤。

此件紅寶石重達六百餘克拉，世間罕見。為清宮珍貴陳設品。

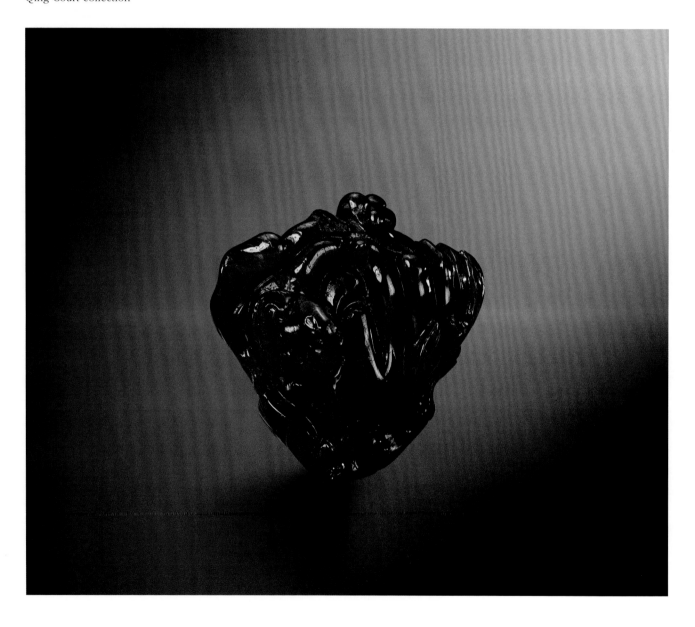

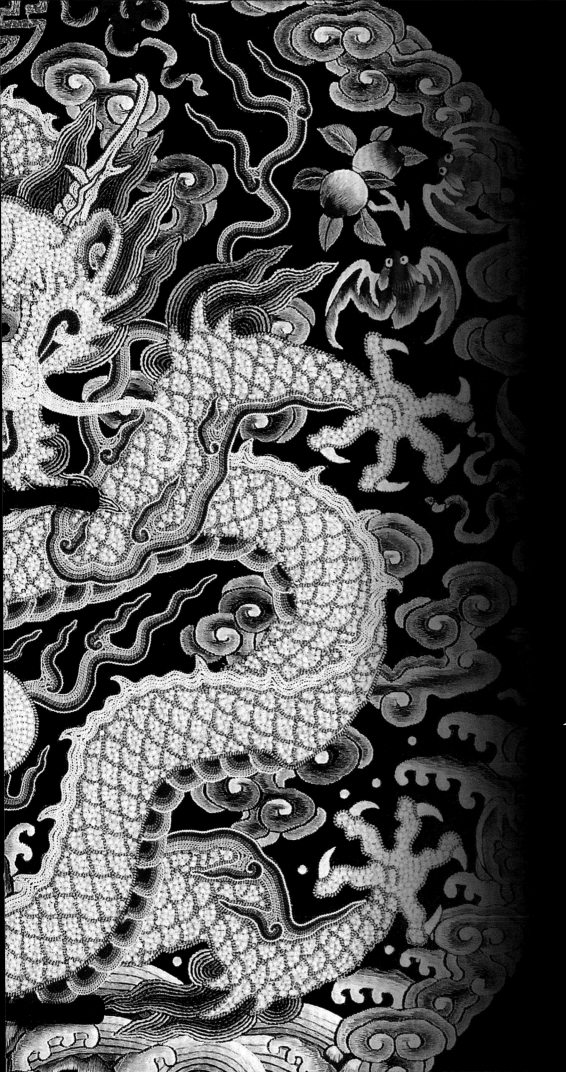

服飾、首飾

*Costumes
and
Accessories,
Jewels and
Ornaments*

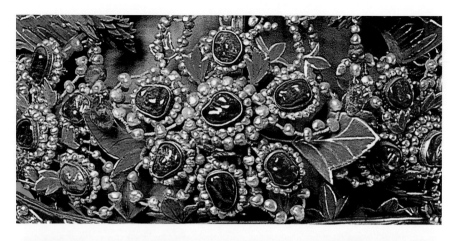

60

孝端皇后鳳冠
明萬曆
高26.5厘米　口徑23厘米

Empress Xiaoduan's phoenix coronet
Wanli Period, Ming Dynasty
Height: 26.5cm
Diameter of mouth: 23cm

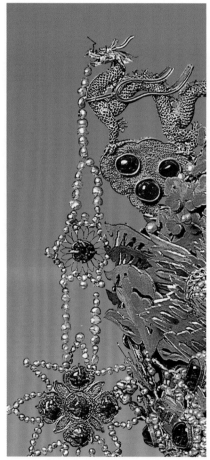

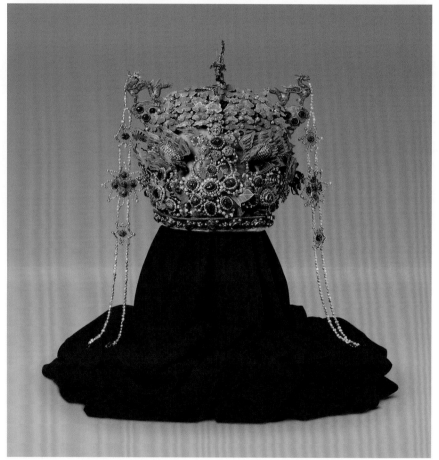

冠體以髹漆細竹絲編製，通體飾翠鳥羽毛點翠的如意雲片，18朵以珍珠、寶石製的梅花環繞其間。冠前部飾有一對翠藍色的展翅飛鳳，烘托着金絲編織的三條口啣珠寶流蘇金龍。冠後部飾六扇珍珠、寶石製成的"博鬢"，呈扇形左右分開。冠口沿部鑲嵌一圈紅寶石組成的花朵。

鳳冠共用紅、藍寶石一百多塊，大小珍珠五千餘顆，色澤鮮豔，富麗堂皇，堪稱珍寶之冠。為皇后在大典時戴的禮帽。1958年北京明定陵出土。孝端為明神宗朱翊鈞（萬曆）皇后，生前為妃，其子朱常洛即位後追封為皇后，葬於定陵。

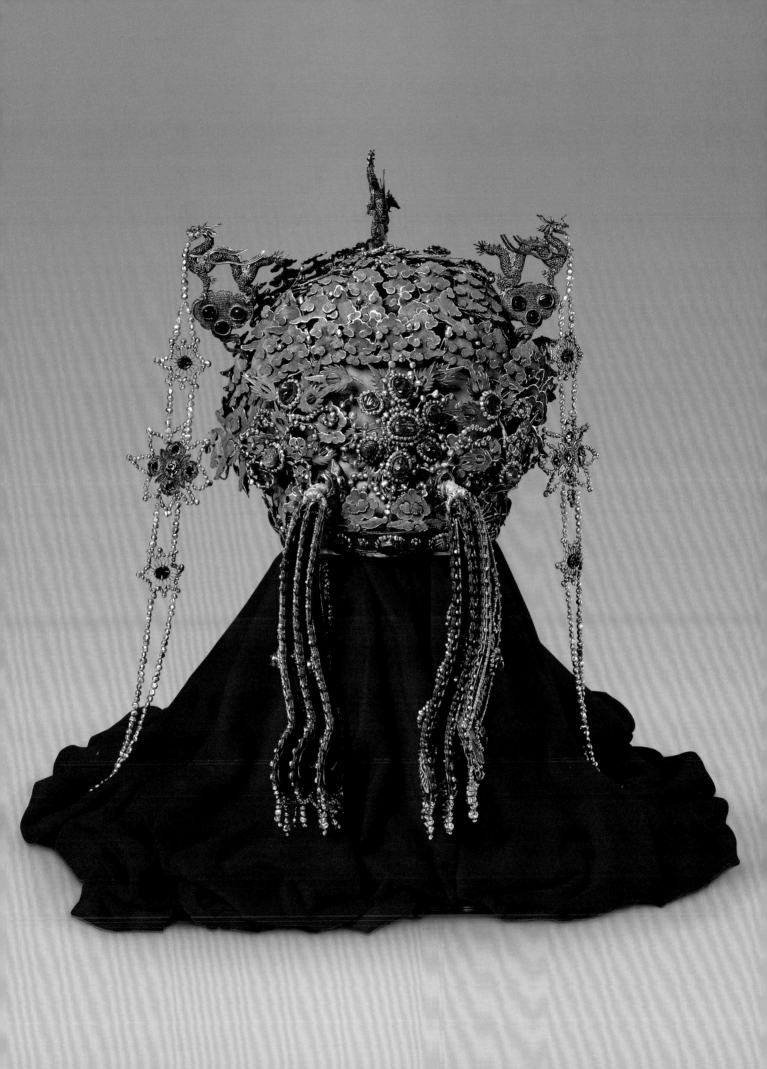

皇后冬朝冠

清
高30厘米　口徑23厘米
清宮舊藏

Court hat worn by the Qing empress in winter

Qing Dynasty
Height: 30cm
Diameter of mouth: 23cm
Qing Court collection

冠熏貂製，帽檐上仰，覆以朱緯。冠正中飾三層金鑲樺樹皮鳳頂，每層間以一等大東珠一顆，金鳳的頭部、翅膀各飾二等東珠三顆、三等東珠一顆，金鳳的尾部各飾小珍珠16顆，背部各嵌一塊貓眼石。三隻金鳳各口啣三等東珠一顆。朝冠的檐部綴七隻金鳳，每隻金鳳飾二等東珠九顆、小珍珠21顆、貓眼石一塊。冠後部飾金翟一隻、貓眼石一塊、小珍珠16顆。翟尾垂珠穗五排二就（橫二排豎五列）嵌

302顆四等東珠，中貫兩面金累絲圓形結，中間嵌青金石，下垂珍珠六結，青金石結，珊瑚墜角五。冠後護領，垂明黃絛二，中貫青金石結，金累絲帽，珊瑚墜角四。

因清朝發源於東北，因此，家鄉盛產的樺樹、東珠成為皇后朝冠的重要標誌和主要材料。清代皇后朝冠，冬為熏貂，夏用黑絨。這件朝冠為冬天所戴，是皇后大典時的禮帽。

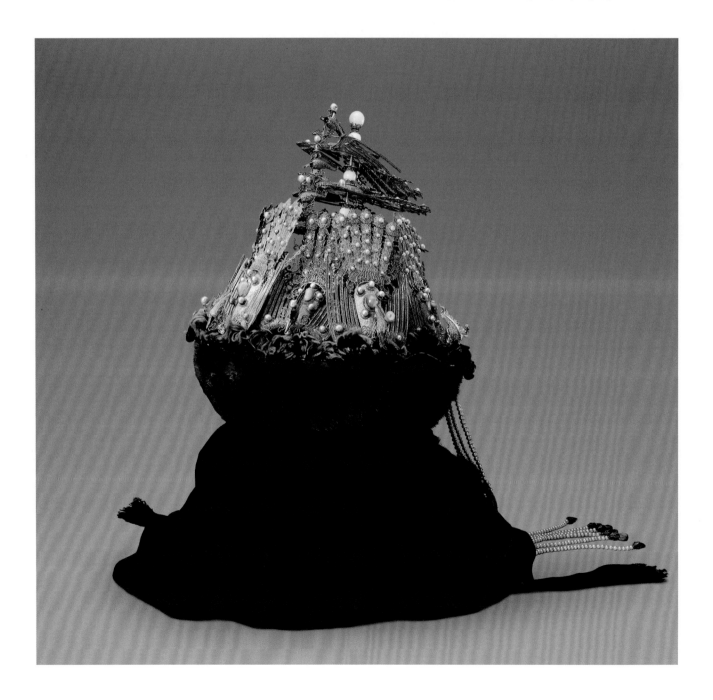

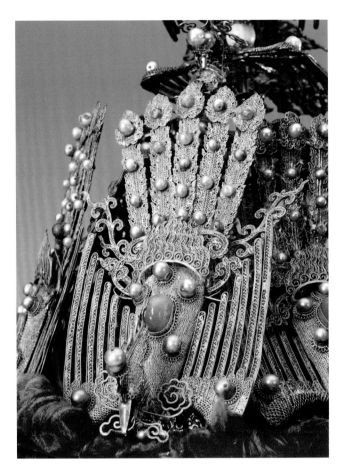

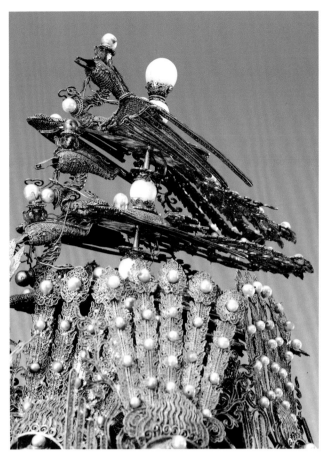

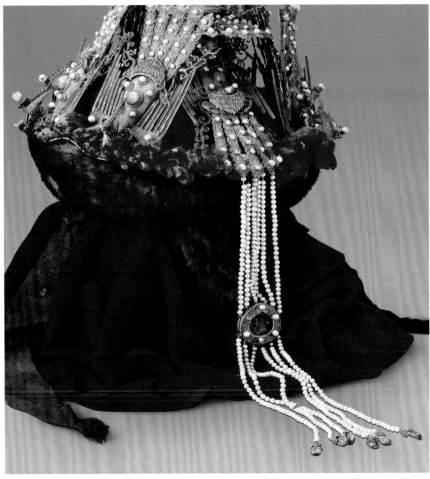

62

金嵌珠寶朝冠頂
清
高14厘米　底徑4厘米
清宮舊藏

Crown with gold finial inlaid with pearls
and gems
Qing Dynasty
Height: 14cm
Diameter of bottom: 4cm
Qing Court collection

冠頂共分三層，間以兩顆東珠為結。
底層為圓盤，四條昂首累絲金龍，間
嵌東珠。中層飾四條俯首累絲金龍，
間嵌東珠。上層以金質蓮花為托，上
嵌大紅寶石一塊，寶石呈紫紅色，圓
潤晶瑩。

冠頂是清代皇帝朝冠上的頂飾。此冠
頂所嵌東珠個大光圓，皆為一等東
珠，金累絲工藝精湛，完全按照《大
清會典》的規定製作。

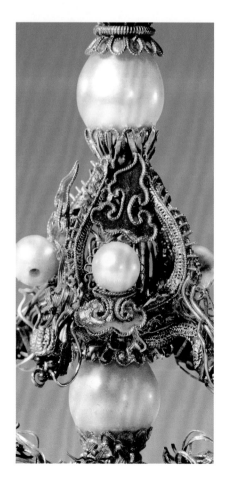

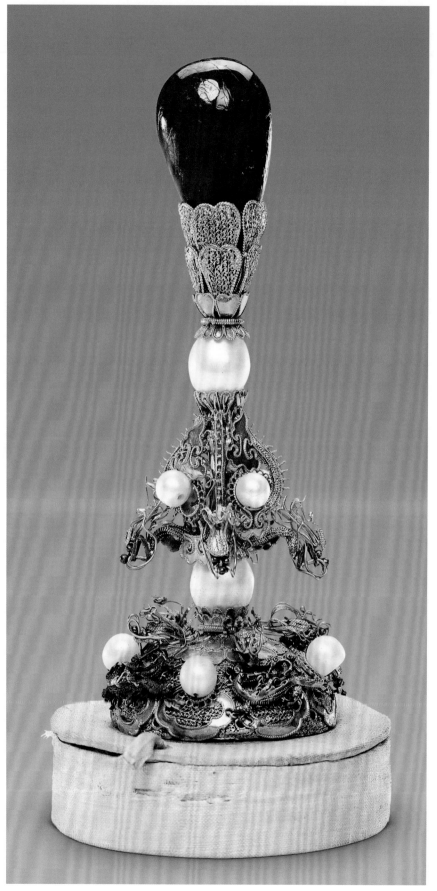

63

金嵌束珠龍形帽飾
清
高4厘米　長6.8厘米
清宮舊藏

**Gold dragon-shaped ornament on the
imperial crown inlaid with pearls**
Qing Dynasty
Height: 4cm　Length: 6.8cm
Qing Court collection

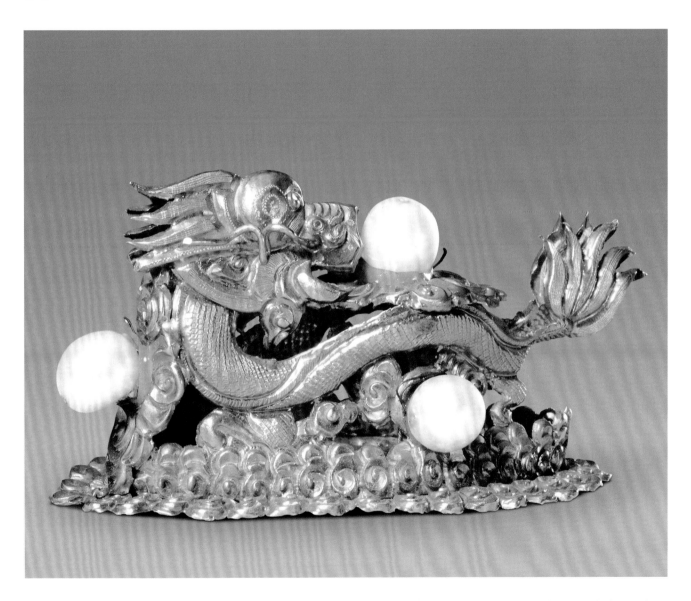

帽飾圓雕龍形，底為蓮瓣紋盤邊，盤
上一條回首遊龍，身下是海水江崖
紋。龍身前後左右均嵌有大束珠。

帽飾是清代皇帝冠上的飾件。此帽飾
運用錘鍱、鏨刻等工藝手法，精巧別
致，生動活潑，具有很高的觀賞性。

銅鍍金累絲點翠嵌珠寶鳳鈿子
清光緒
高20厘米　寬30厘米
清宮舊藏

Headdress decorated with gilt-copper filigrees and kingfisher feather, and inlaid with pearls and gems
Guangxu Period, Qing Dynasty
Height: 20cm　Width: 30cm
Qing Court collection

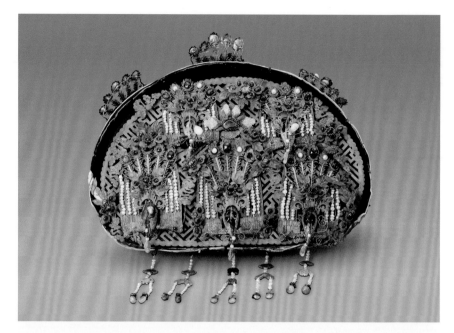

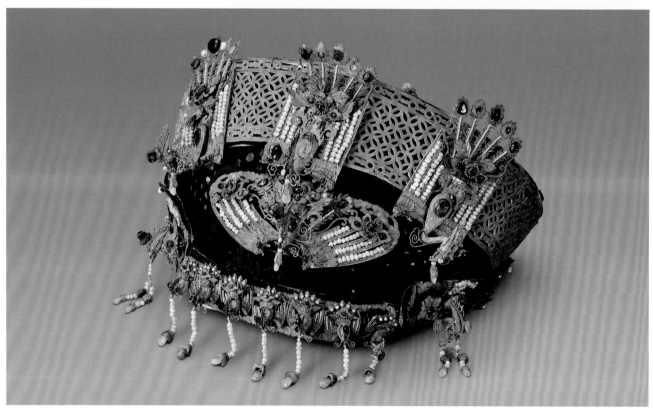

鈿子用藤片做骨架，以青色絲綫纏繞編結成網狀。鈿上部圈以點翠鏤空古錢紋頭面，下襯紅色絲絨。鈿口飾六隻銅鍍金累絲點翠花卉鳳凰，口啣碧璽垂珠。下飾累絲點翠花卉金翟七隻，口啣珠翠珊瑚瓔珞。金鳳和金翟的頭、尾、翅膀處鑲嵌紅、藍寶石，珍珠、翡翠、碧璽等。鈿尾飾累絲點翠花卉祥雲鳳凰五隻，中嵌串米珠玉蘭朵花，鑲飾珠寶。鈿下垂珍珠瓔珞五，銜以雕蝙蝠、雙魚、雙喜和玉磬紋飾的珊瑚、青金石、綠松石和翡翠等，下垂碧璽墜角各二。

65

銀鍍金嵌珠寶五鳳鈿尾
清道光
高17厘米　寬27厘米
清宮舊藏

Gilt-silver tail of headdress decorated
with five phoenixes inlaid with pearls
and gems
Daoguang Period, Qing Dynasty
Height: 17cm　Width: 27cm
Qing Court collection

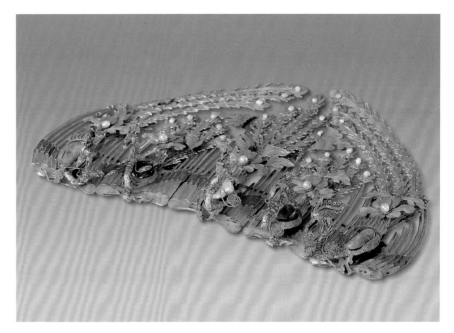

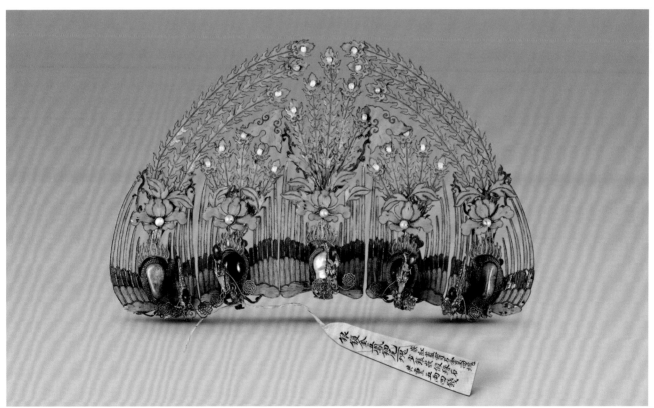

鈿尾半圓形，通體點翠。五隻鳳凰以
銀鍍金累絲盤成，口內含珍珠，紅、
藍寶石及翡翠，頭頂花冠嵌碧璽，尾
部嵌珍珠花蕊的牡丹花，尾羽嵌珍
珠。繫黃籤，一面書：“道光二十一
年閏三月初七日收　可交”，另一面

書：“銀鍍金五鳳鈿尾一塊　嵌紅藍寶
石雲玉四塊　少鑲嵌假珠石共重五兩四
錢”。

五鳳為妃、嬪用物。此鈿尾為清代妃
嬪穿吉服時佩戴。

66

鑲翠珠雙喜鈿子
清
高16厘米　寬27厘米
清宮舊藏

Headdress with the Chinese characters Shuangxi (double happiness) inlaid with jadeite and pearls
Qing Dynasty
Height: 16cm　Width: 27cm
Qing Court collection

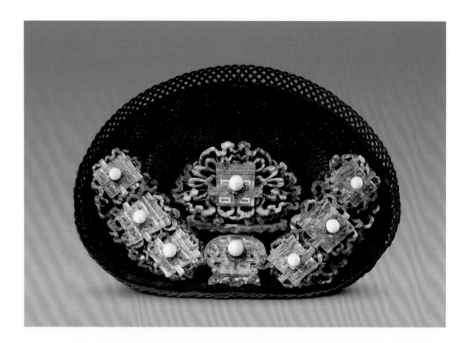

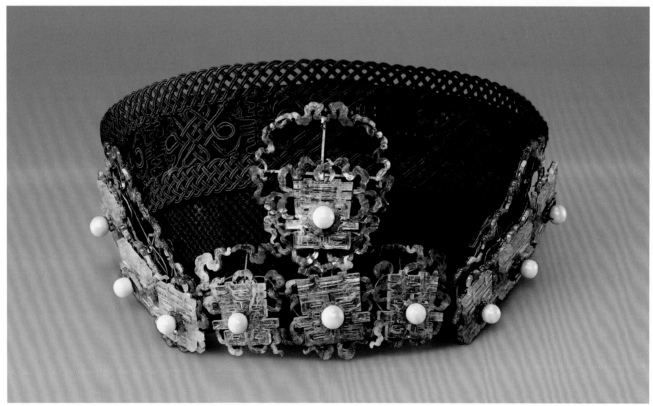

鈿子以雙股鐵絲做骨架，外用青絲緢纏繞。鈿前上部為盤腸紋和壽字紋相間排列，四周為方格紋，寓意"萬壽綿長"；下部和頂部為絲緢編織成方格網狀紋。鈿下沿嵌九個碧璽雙喜字，正中一大碧璽雙喜字，每一喜字正中嵌一顆珍珠，下以翠為托，喜字四周鑲翡翠雲頭紋飾。十個雙喜字，寓意"十全十美"。

此鈿子為清代皇后在大婚及吉慶節日時所戴。

點翠嵌珠寶五鳳鈿子
清
高25厘米　寬31厘米
清宮舊藏

Headdress covered with kingfisher feather, inlaid with pearls and gems and decorated with five phoenixes
Qing Dynasty
Height: 25cm　Width: 31cm
Qing Court collection

鈿子上穹下廣，前部呈扇形，頂部向下傾斜。鐵絲支撐的紙殼為骨架，外纏繞青絲綫編織成的網狀紋飾，表層全部點翠。鈿前部飾五隻金累絲鳳，鳳頭飾二等珍珠一顆，鳳尾飾三等珍珠，翅膀飾珍珠，紅、藍寶石，貓眼石等。金鳳口啣珍珠瓔珞，下垂紅、藍寶石墜角。鈿口處飾九隻短尾翟，頭、翅、尾鑲嵌紅寶石，口啣紅、藍寶石、碧璽、翡翠、珊瑚、珍珠瓔珞。鈿子後部垂11串寶石墜角的珍珠瓔珞。

鈿子是清代后妃戴用的冠帽，分鳳鈿和花鈿，吉服戴鳳鈿，常服戴花鈿。鳳鈿主要用於吉慶場合，如上元、端午等傳統節日御彩服時。此鈿子用大珍珠50顆，二等珍珠一百餘顆，三等珍珠三百餘顆，各種寶石二百餘塊。可謂珠光寶氣，珍貴豪華。

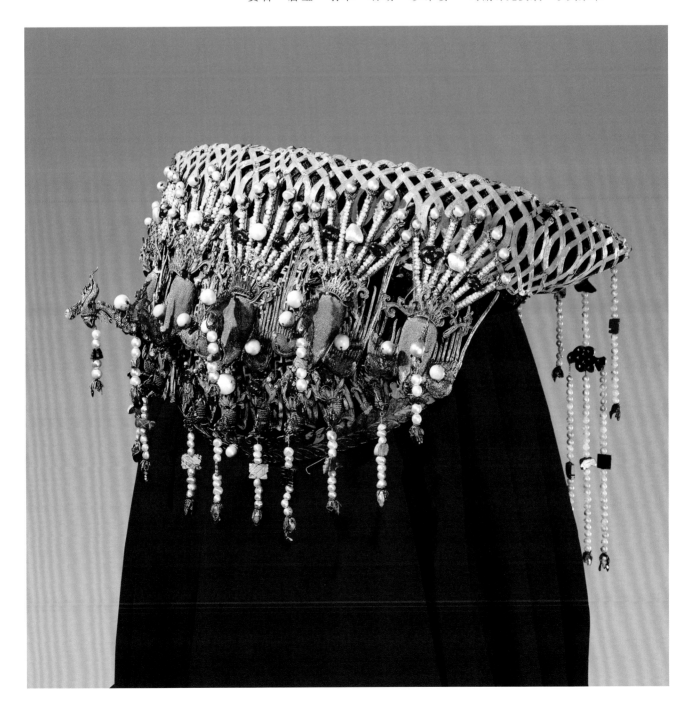

68

鑲珠寶鈿子
清
高16厘米　寬28.5厘米
清宮舊藏

Headdress inlaid with pearls and gems
Qing Dynasty
Height: 16cm　Width: 28.5cm
Qing Court collection

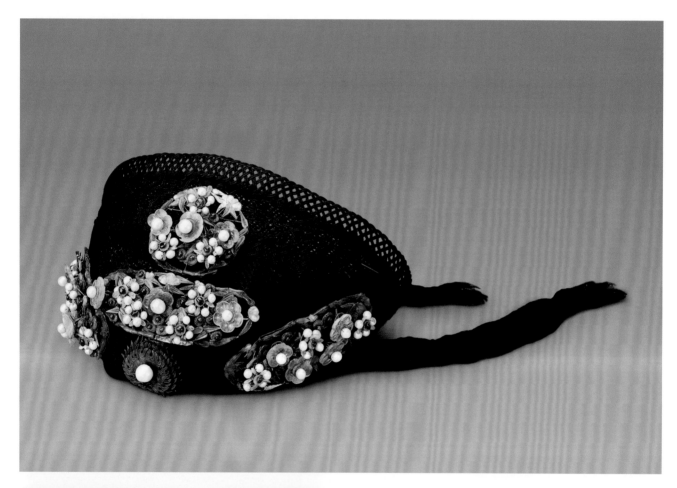

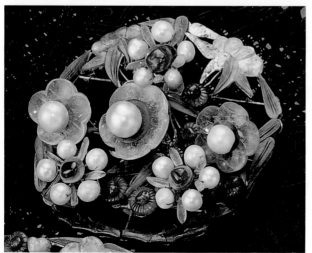

鈿子為鐵絲骨架，外以青絲綫纏繞，編成盤腸紋、壽字紋及方格紋。鈿前鑲四組珍寶花卉，以翡翠為葉，碧璽為梅花瓣，瓣上嵌珍珠，中間嵌紅寶石為蕊；萬壽菊以翡翠為瓣，紅寶石為蕊。鈿前沿止中為火珠式鈒飾，止中嵌珍珠一顆。

此鈿子屬花鈿，為清代皇太后、皇后節日時所戴。

69

銀鍍金累絲點翠嵌珠寶花籃鈿子
清光緒
高18厘米　寬27厘米
清宮舊藏

Headdress with flowers of gilt-silver filigrees inlaid with jadeite, pearls and gems
Guangxu Period, Qing Dynasty
Height: 18cm　Width: 27cm
Qing Court collection

鈿子以鐵絲纏繞青絲綫做骨架，編結
成卍地壽字盤腸紋。鈿前端飾銀鍍金
累絲花卉四朵，作上下、左右對稱排
列，花上鑲嵌珍珠、碧璽、翡翠、紅
寶石並雜以各色料石，周圍襯點翠纏
枝花葉及蝴蝶。鈿後上飾花籃狀花，
下簇橢圓形花二，亦嵌珠寶料石。

此鈿子是清代后妃穿常服佩戴的花
鈿。

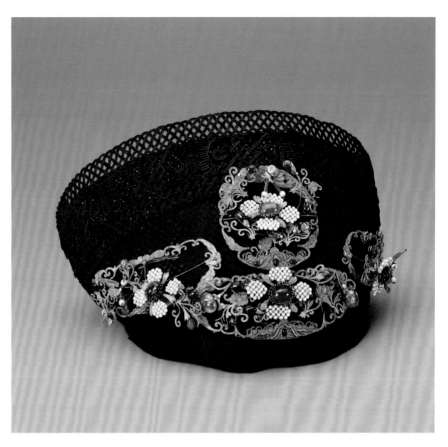

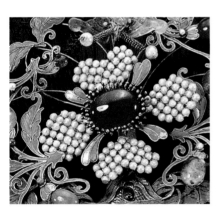

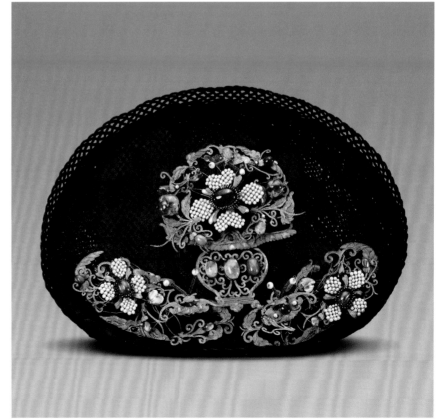

70

銀鍍金翡翠碧璽花卉鈿子
清光緒
高16厘米　寬26厘米
清宮舊藏

**Gilt-silver headdress inlaid with flowers
of jadeite and tourmaline**
Guangxu Period, Qing Dynasty
Height: 16cm　Width: 26cm
Qing Court collection

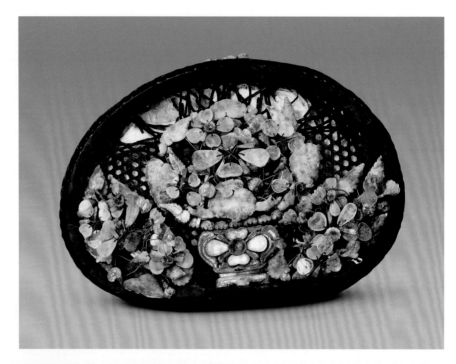

鈿子以鐵絲上纏繞青絲綫編成骨架。
鈿子前端飾四朵銀鍍金累絲花卉，以
碧璽為花瓣，翡翠為葉。鈿後飾銀鍍
金累絲嵌翡翠、碧璽花籃。

此鈿子為常服冠，反映了清代晚期珠
寶鑲飾藝術的水平。

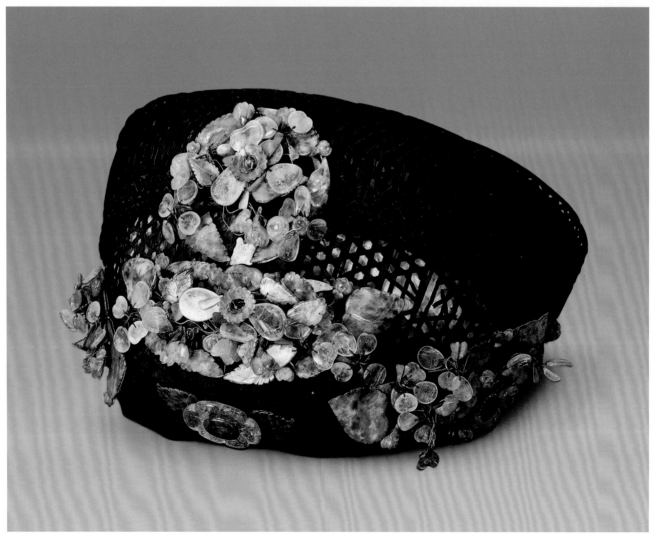

71

銀鍍金嵌珠寶鈿花
清
長15厘米　寬14厘米
清宮舊藏

Gilt-silver adornment of headdress inlaid with pearls and precious stones
Qing Dynasty
Length: 15cm　Width: 14cm
Qing Court collection

鈿花呈花束形，由數朵靈芝組成，其間點綴桃形花朵。通體銀鍍金點翠，花朵、靈芝鑲嵌珍珠、紅寶石、藍寶石、藍晶石、綠晶石、黃晶石、碧璽等。

靈芝古稱"仙草"，與桃形花朵組合，寓意"羣仙祝壽"。鈿花是插戴在鈿子上的飾物，此為清代后妃用品。

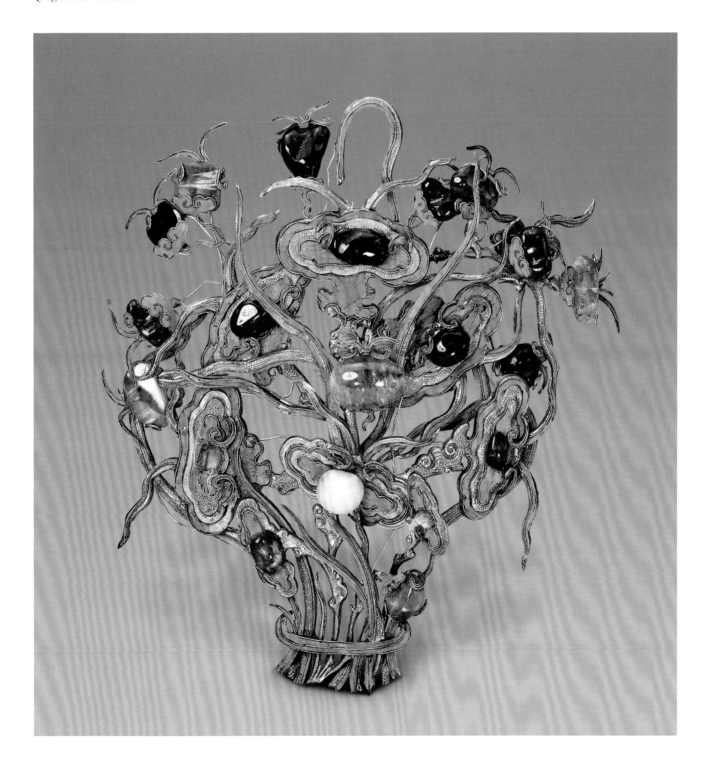

72

金累絲嵌珠寶九鳳鈿口
清
長15厘米
清宮舊藏

Gold-filigree ornament of headdress decorated with nine-phoenix pearls and gems
Qing Dynasty
Length: 15cm
Qing Court collection

鈿口弓形，正面飾九鳳珠花，鳳口各啣珍珠流蘇，流蘇中間有結，下垂墜角，分別為翡翠、寶石、青金石、玉、珊瑚。

鈿口是組裝在鈿子口檐上的裝飾物，其紋飾多樣。后妃多用鳳紋鈿口，有九鳳、七鳳、五鳳等，九鳳鈿口為皇太后、皇后戴用。

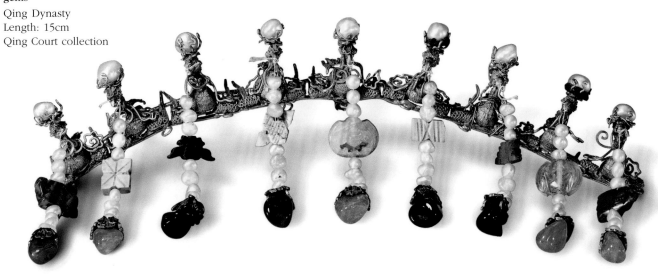

73

金嵌珠寶二龍戲珠鈿口
清
長17厘米
清宮舊藏

Gold ornament of headdress in the shape of two dragons playing with a pearl decorated with gems
Qing Dynasty
Length: 17cm
Qing Court collection

鈿口主體為金累絲二龍戲珠紋，二龍中為金托上嵌紅寶石火珠，四周為金點翠雲紋。鈿口下垂11串珍珠流蘇，墜角為金托嵌紅、藍寶石。

鈿口紋飾有雙龍、雙鳳、富貴牡丹、丹鳳朝陽等多種樣式，此為清代皇后戴用。

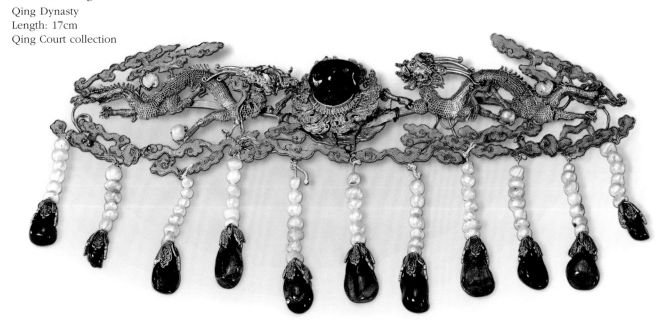

74

金鑲珠翠帽花
清
徑18厘米
清宮舊藏

**Gold ornament at the front of a cap inlaid
with pearls and jadeite**
Qing Dynasty
Diameter: 18cm
Qing Court collection

帽花圓形,內外兩層紋飾,內層由翠
片、碧璽組成六隻蝙蝠,蝙蝠頭頂嵌
珍珠,兩側各有壽桃一個;外層八個
如意頭紋飾,內由翠片、碧璽組成花
朵。內外紋飾邊沿滿綴米珠。桃、蝠
紋寓意"福壽萬年"。

清代后妃冠帽有三種形式,即朝服
冠、吉服冠和便帽,前兩種按禮制成
作,便帽具有隨意性。此帽花是套在
便帽上的裝飾品。

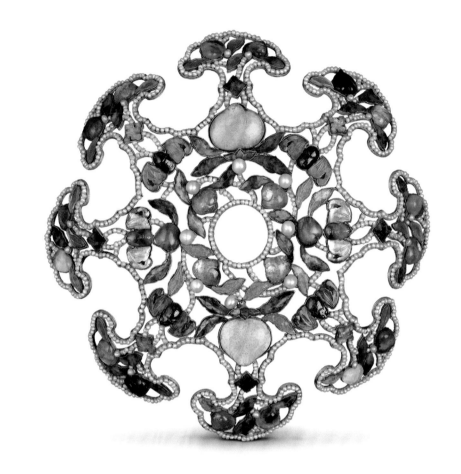

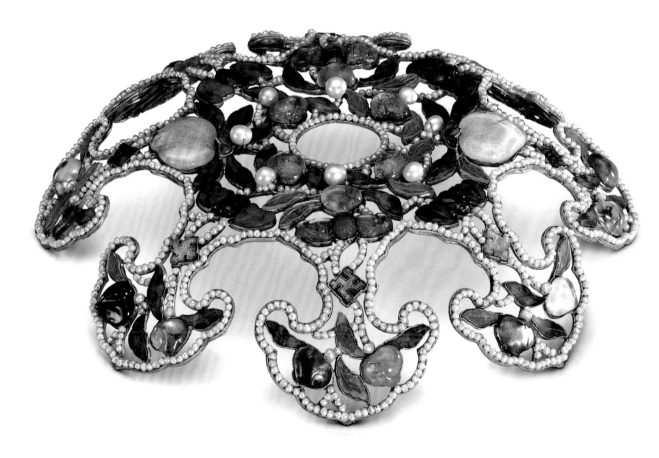

75

石青緞繡緝米珠四團雲龍綿袞服
清乾隆
身長110.7厘米　兩袖通長148厘米
清宮舊藏

Cotton-padded ceremonial dress of azurite blue satin embroidered with design of four dragon-and-cloud medallions of seed pearls
Qianlong Period, Qing Dynasty
Length of dress: 110.7cm
Cuff to cuff: 148cm
Qing Court collection

袞服圓領，對襟，平袖，裾左右及後開，身長及膝，袖長及腕，綴銅鎏金鏨花扣五，內襯月白色纏枝花卉暗花綾裏。在石青色緞地上，用米珠、金綫和彩色絲綫，繡以四團雲龍及海水江崖，間飾蝙蝠、卍字、壽桃和金團壽，寓意"萬福萬壽"；左右兩肩飾日月紋飾，寓意"光明普照"。

袞服亦稱四團龍褂，為清代皇帝禮服。其具有靈活的穿着功能和作用，既可同禮服的朝袍、端罩套穿，又能與吉服的龍袍同穿，因此每逢重大典禮和吉慶節日，皇帝均需御袞服。此袞服為乾隆皇帝御用。清代服飾一般多以刺繡為裝飾，此袞服則將刺繡與緝米珠巧妙結合。緝米珠又稱穿珠繡，是用狀如米粒的珍珠或珊瑚珠在服飾上組成紋樣，具有獨特的裝飾效果。

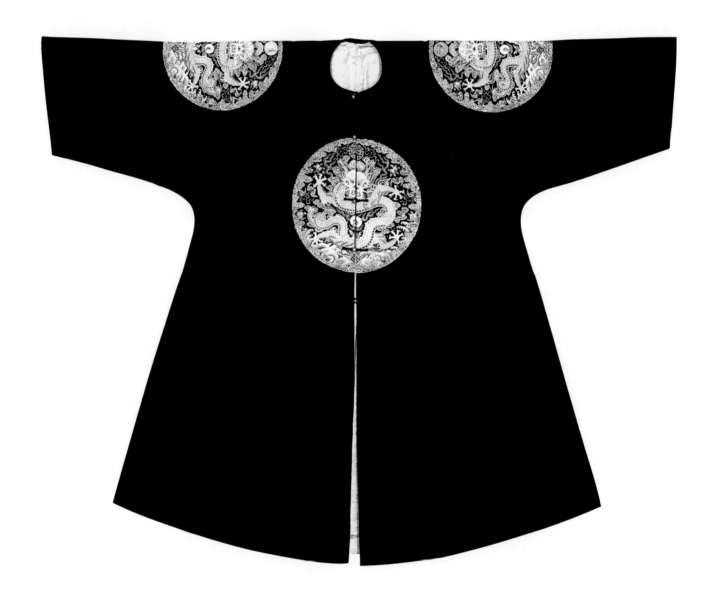

82

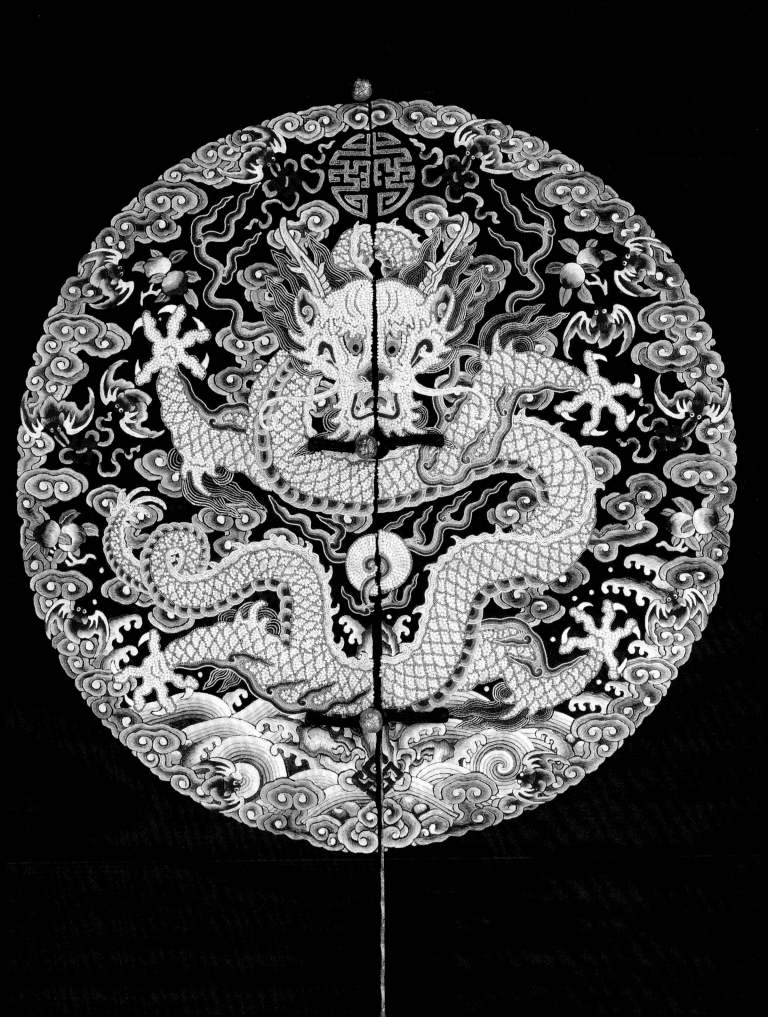

76

石青緞繡緝米珠綴金板珠石雲龍團
壽綿朝褂
清乾隆
身長130厘米　肩寬40厘米
清宮舊藏

**Cotton-padded court vest of azurite blue
satin embroidered with clouds and
dragons, and decorated with round
characters Shou (longevity) of seed pearls**
Qianlong Period, Qing Dynasty
Length of vest: 130cm
Width of shoulder: 40cm
Qing Court collection

朝褂圓領，對襟，無袖，裾左右開，
片金緣，綴銀鎏金鏨龍紋扣九枚，內
襯紅色暗團雲龍紋金壽字織金緞裏，
中間薄施綿絮。石青色緞地上繡兩條
上升的金龍，間飾流雲飛蝠、海水江
崖紋，外環綴捶胎鏨花條狀金板，上

嵌珊瑚和綠松石，金板兩端釘珍珠、
珊瑚珠，間綴緝米珠大小團壽字55
個。

此朝褂為清乾隆孝賢皇后秋冬兩季禮
服，是套在朝袍外面的服裝。

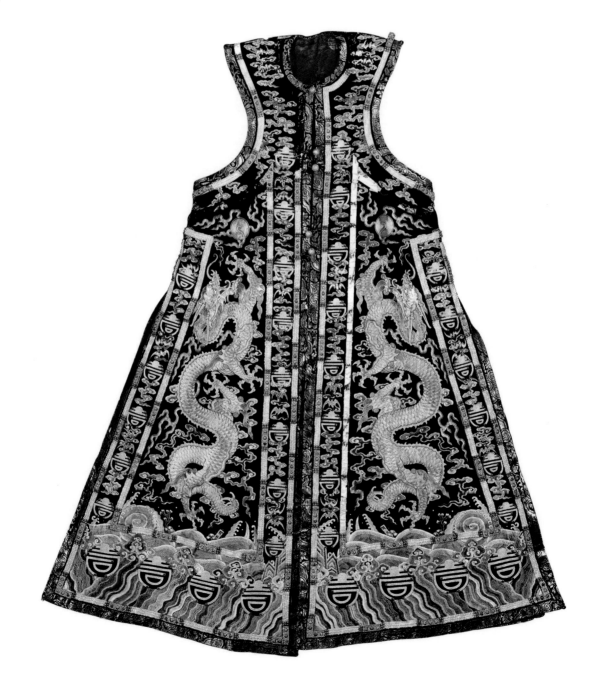

明黃緞繡緝米珠綴金板珠石彩雲金龍團壽皮朝袍

清乾隆
身長134厘米　兩袖通長163厘米
清宮舊藏

Fur-lined court robe of bright yellow satin embroidered with golden dragon and coloured cloud and decorated with round characters Shou (longevity) of seed pearls
Qianlong Period, Qing Dynasty
Length of robe: 134cm
Cuff to cuff: 163cm
Qing Court collection

朝袍直身式，圓領，大襟右衽，馬蹄袖，裾後開，片金鑲貂緣，肩部另附緣。綴銅鎏金鏨花扣三個，銅鎏金光素扣24個，明黃緞盤花扣三個。袍內上為羊皮，下用天馬皮，中施綿絮。袍身繡12條金龍，間飾流雲、飛蝠、雜寶和海水江崖紋。外環綴捶胎鏨花條狀金板，上嵌珊瑚和綠松石，金板兩端釘珍珠、珊瑚珠，間綴緝米珠

大、小團壽字58個。兩石青緞緣亦綴金板排珠，間綴緝米珠小團壽字各三。

此朝袍為清乾隆孝賢皇后秋冬兩季御用之物，與朝褂、朝裙共同構成皇后禮服，主要用於元旦、萬壽、冬至三大聖節及先蠶壇饗祀儀等重大場合。

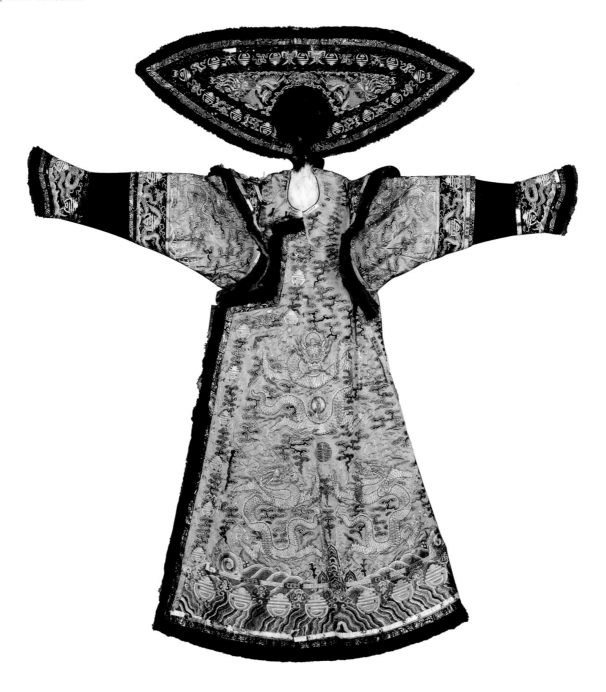

石青蟒緞綴金板綿朝裙
清乾隆
身長145厘米　肩寬35厘米
清宮舊藏

Cotton-padded court skirt of azurite blue satin decorated with gold plaques
Qianlong Period, Qing Dynasty
Length of vest: 145cm
Width of shoulder: 35cm
Qing Court collection

朝裙圓領，大襟右衽，無袖，裙左右開，後身垂帶兩條。片金鑲貂緣，綴銀鎏金扣。裙分上中下三層，上用紅色團壽織金緞，中用同質加襞積（裙褶），下用藍色寸蟒妝花緞；上袷、中單、下綿，內襯月白色素紡絲綢裏。下幅彩織四層行龍，間飾五彩雲紋。沿片金鑲貂緣內側，間距綴捶胎

鏨花條狀金板35塊，上嵌珊瑚、綠松石，兩端緝珍珠、珊瑚米珠。

朝裙、朝袍、朝褂穿着順序是內裙、中袍、外褂。此朝裙為清乾隆孝賢皇后御用，為故宮孤品。

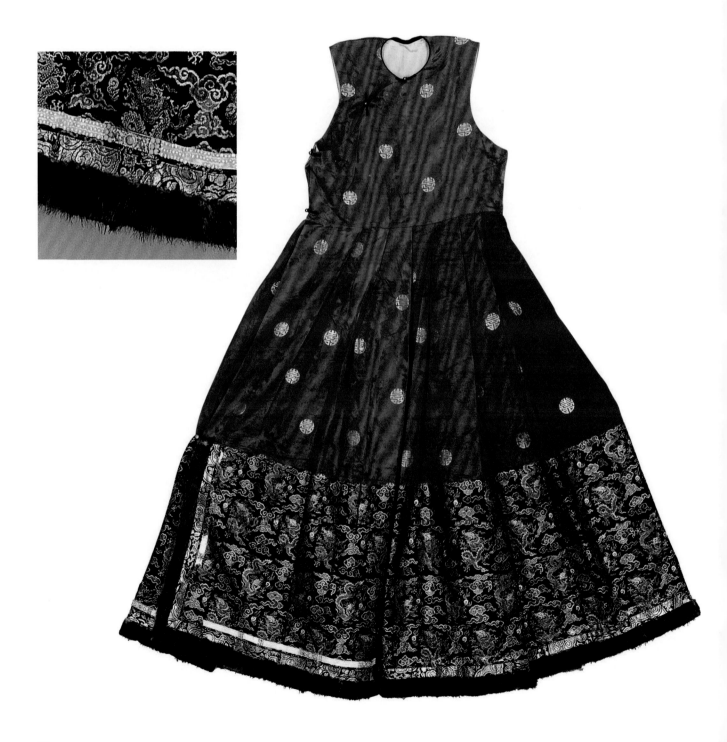

79

石青緙絲加繡緝米珠綴金板龍鳳綿
朝褂

清道光
身長145厘米　肩寬42厘米
清宮舊藏

**Cotton-padded court vest of azurite blue
tapestry embroidered with dragons and
phoenixes, and decorated with seed
pearls and gold plaques**
Daoguang Period, Qing Dynasty
Length of vest: 145cm
Width of shoulder: 42cm
Qing Court collection

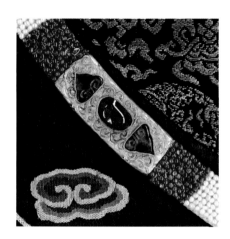

朝褂圓領，對襟，無袖，裾左右開，
附披肩，肩綴繫披肩用明黃色絲條，
後背垂珍珠、珊瑚雕福壽喜字背雲，
綴銅鎏金鏨花扣，內襯紅色暗雲龍金
壽字織金綢裏，薄絮絲綿。褂前後飾
二龍戲珠，環以緝紅珊瑚米珠雙喜字
各十，間飾靈芝雲、飛蝠啣古錢、卍
字、綵帶和盤腸、海水江崖、雜寶等
紋樣，寓意"福到眼前"、"萬代福壽"

和"福壽綿長"。褂緣鑲石青片金邊，
內環鑲嵌翡翠、碧璽和紅寶石金板76
塊，兩端綴緝珍珠、珊瑚米珠。

此朝褂緙、繡、緝、綴等多種工藝並
用，極具特色。特別是使用了大量的
珍珠、珊瑚米珠，達二十萬顆，為清
代服飾緝米珠數量之最。

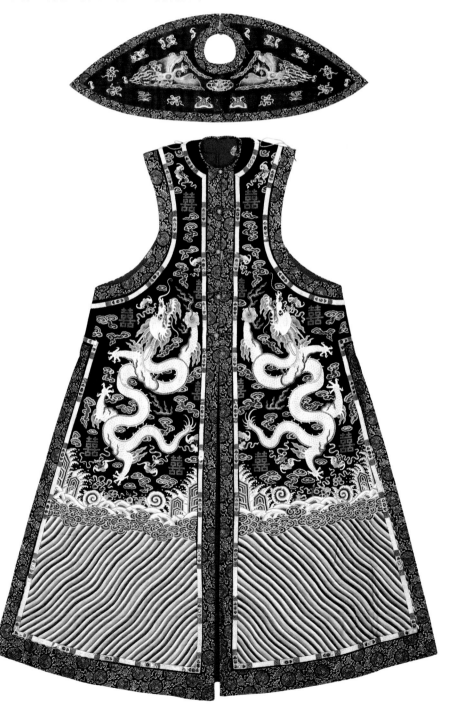

80

明黃緞綴繡緝米珠雲龍女袷龍袍
清道光
身長145厘米　兩袖通長184厘米
清宮舊藏

Silk-lined dragon robe of bright yellow satin decorated with dragons and clouds of seed pearls
Daoguang Period, Qing Dynasty
Length of robe: 145cm
Cuff to cuff: 184cm
Qing Court collection

龍袍直身圓領，大襟右衽，馬蹄袖，裾左右開，綴銅鎏金鏨花扣，內襯湖色雲鳳紋暗花綾裏。袍身飾龍紋九條，間飾流雲飛蝠、綵帶、卍字、花蓋和玉磬，寓意"萬代慶福"。底襟前後飾海水江崖、雜寶紋，寓意"壽山福海"。石青色緞領袖邊上飾小龍紋，外鑲石青色團龍雜寶織金緞及連枝六角小花條邊。龍紋和邊飾單連花

卉，均用米珠串緝而成。領口處繫墨書黃紙簽，正書："繡明黃緞緝碎珠袷蟒袍一件"，背書："道光十三年七月初二日收，沈魁交"。

此龍袍為清代皇后吉服，逢元旦、萬壽、冬至以及吉慶節日時穿着。

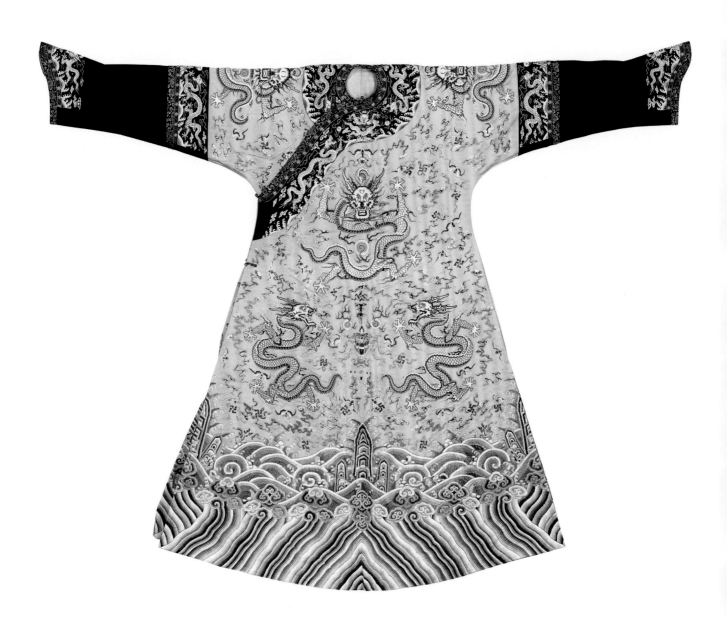

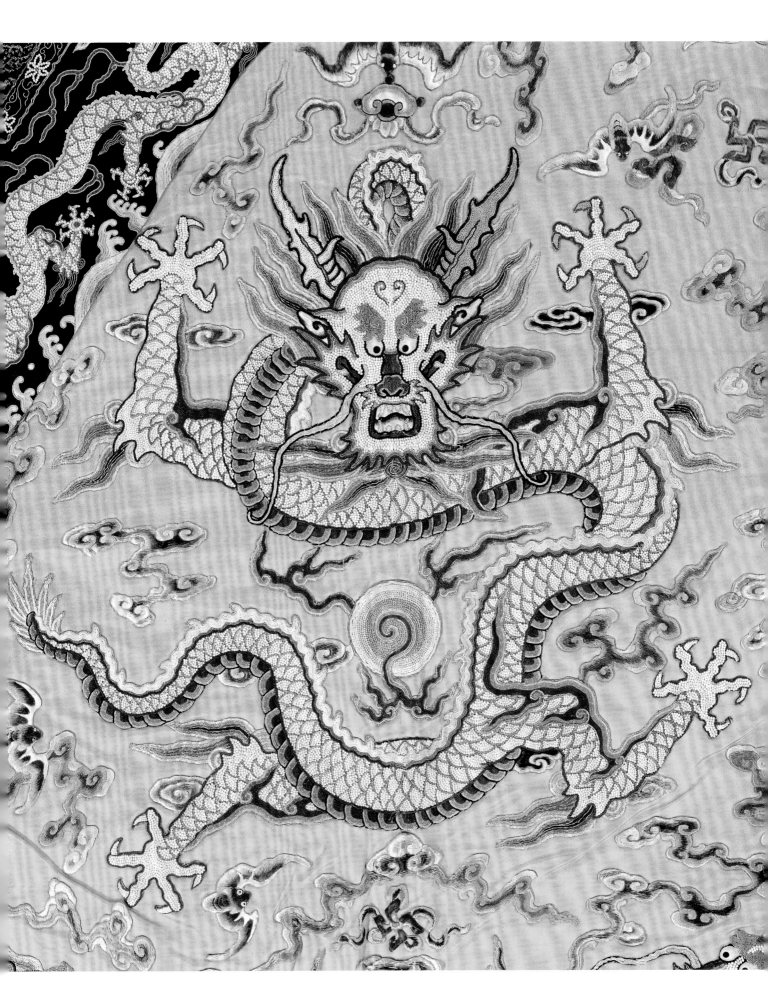

81

藍緞滿繡孔雀羽絨緝米珠綿蟒袍
清乾隆
身長143厘米　兩袖通長216厘米

Cotton-padded official robe of blue satin
embroidered with peacock plumes and
decorated with seed pearls
Qianlong Period, Qing Dynasty
Length of robe: 143cm
Cuff to cuff: 216cm

蟒袍直身圓領，大襟右衽，馬蹄袖，
裾左右開，綴銅鎏金鏨花扣，內襯灰
色雲龍雜寶暗花緞裏，中間薄施綿
絮。袍身龍紋、仙鶴和蝙蝠紋，均以
珍珠、珊瑚米珠串緝而成，四周沿緯
綫（橫向）方向用釘綫法滿繡孔雀羽絨
綫，並將緞地全部遮蓋，裝飾工藝精
細。

蟒袍是清代官員的吉服，此件蟒袍應
是清代親王進貢給皇帝的。

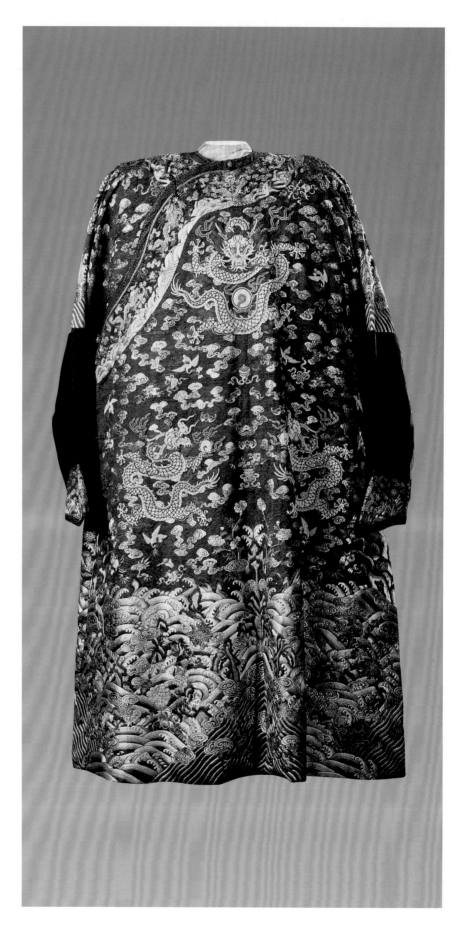

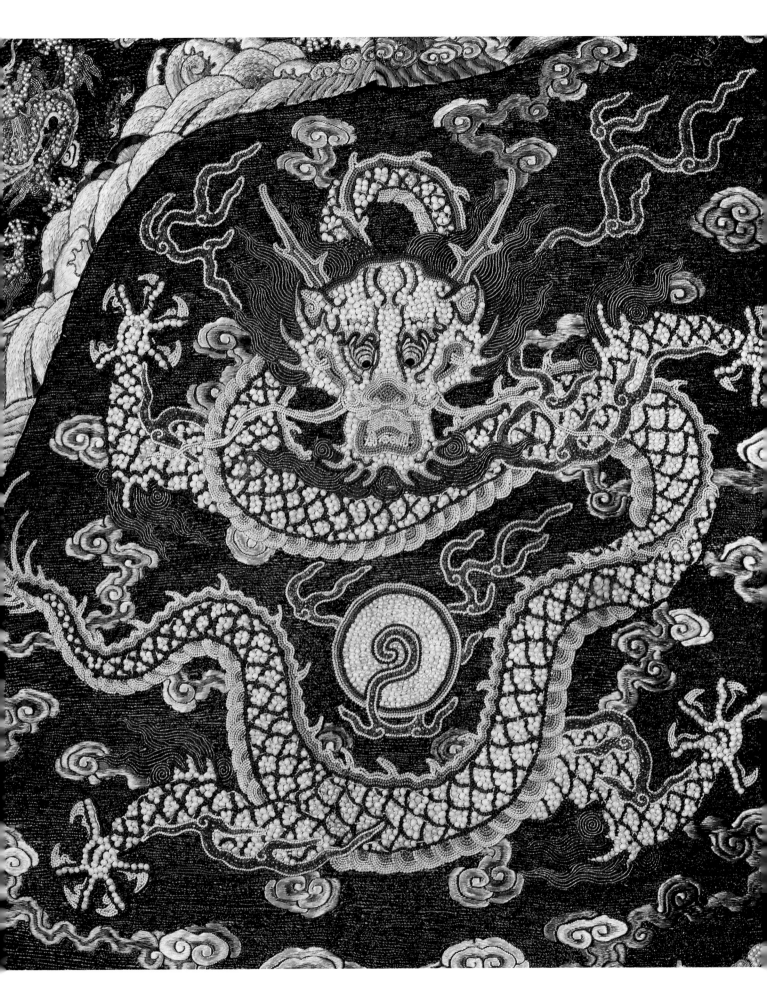

82

東珠朝珠
清咸豐
周長139厘米
清宮舊藏

Court beads of pearls
Xianfeng Period, Qing Dynasty
Girth: 139cm
Qing Court collection

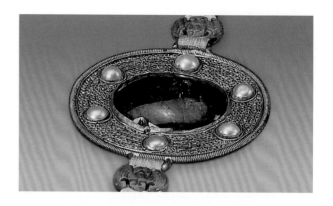

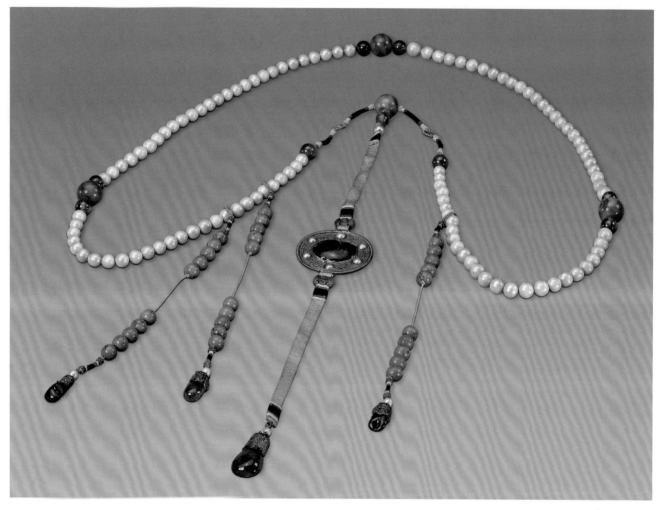

朝珠由108顆東珠穿成，四個結珠（亦稱分鑲）等分之，兩側有藍晶石。中間結珠連佛頭，有孔與背雲相接，相接處穿東珠一顆，中間有結牌，嵌東珠六顆，結牌上下各有珊瑚結，刻蝠蝠，下有翡翠墜角。朝珠兩側有紀念三串，每串穿綠松石十顆，下有嵌紅、藍寶石和碧璽墜角。朝珠附黃簽，墨書："文宗顯皇帝"。

朝珠是清代官服上佩戴的珠串，此為清代咸豐皇帝御用。清代將松花江流域所產的珍珠稱東珠，根據其大小、圓潤成色分為五等，一等東珠只有帝后使用。根據清朝典制規定，東珠朝珠，只有皇帝和皇太后、皇后佩戴，在宮中舉行大典時，穿禮服戴東珠朝珠。

東珠朝珠
清同治
周長139厘米
清宮舊藏

Court bead of pearls
Tongzhi Period, Qing Dynasty
Girth: 139cm
Qing Court collection

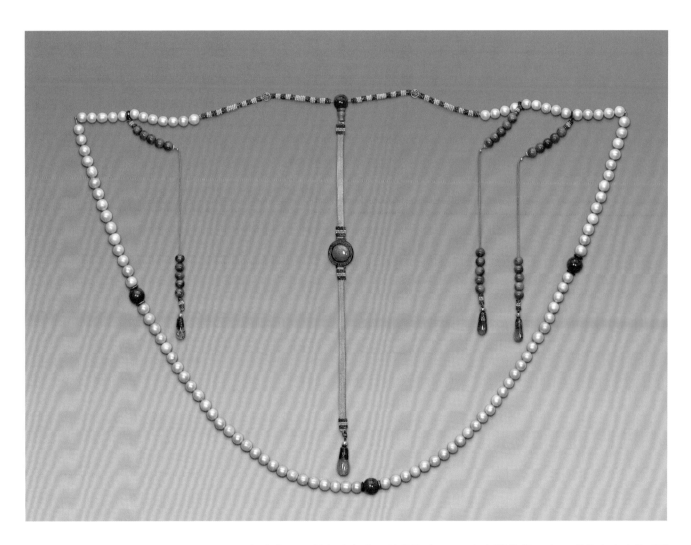

朝珠由 108 顆東珠穿成，珊瑚結珠四個，珊瑚佛頭一個。紀念三串，串珊瑚珠，繫銀累絲為托的碧璽墜角。佛頭穿黃絲帶繫背雲，銀累絲點翠為托，中間嵌翠，背雲下為銀累絲為托的翠質小墜。朝珠共有米珠十四組。

盒中附黃籤，書："穆宗皇帝"（同治）、"上戴現用東珠朝珠一盤"。

此盤朝珠是清代同治皇帝御用。

84

翡翠朝珠
清
周長168厘米
清宮舊藏

Court beads of jadeite
Qing Dynasty
Girth: 168cm
Qing Court collection

朝珠由108顆翠珠穿成，四個紫晶結珠。紀念三串，各由十顆珊瑚珠組成，下有青金石墜角。結牌為銀鍍金點翠托嵌碧璽，碧璽墜角。

此盤朝珠是清代帝后穿常服和吉服時戴用。

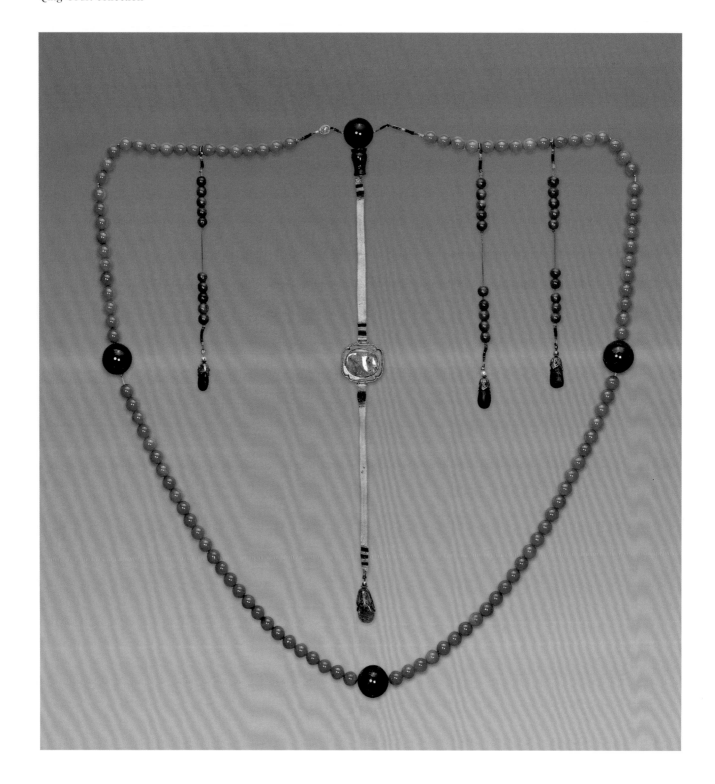

85

碧璽朝珠
清
周長153厘米
清宮舊藏

Court beads of tourmaline
Qing Dynasty
Girth: 153cm
Qing Court collection

朝珠由108顆粉碧璽珠穿成，翡翠結珠。翠佛頭，結牌嵌碧璽，上下有珊瑚珠、米珠數組連結，墜角有銀累絲托嵌翡翠。紀念三串，各由十顆翡翠珠組成，碧璽墜角。

碧璽，亦稱碧硒、碧硒，寶石的一種，有多種顏色，產於中國新疆、內蒙及緬甸等地。碧璽朝珠是清代帝后穿常服時戴用。

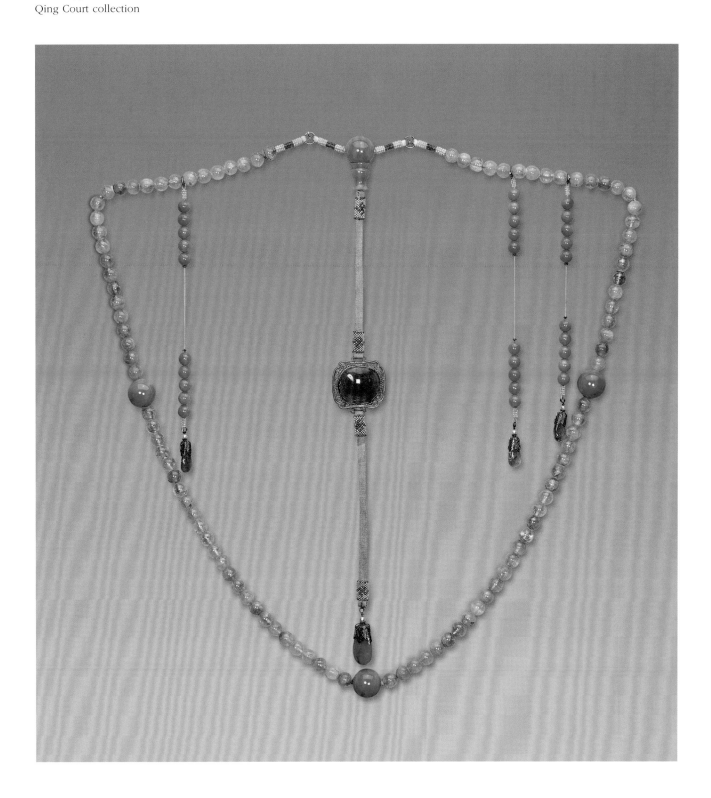

86

紅寶石朝珠
清道光
周長161厘米
清宮舊藏

Court beads of ruby
Daoguang Period, Qing Dynasty
Girth: 161cm
Qing Court collection

朝珠由108顆紅寶石穿製而成，翡翠結珠。翡翠佛頭，銀鍍金累絲托嵌翡翠結牌，下有碧璽墜角。紀念三串，各由十顆翡翠珠結成，下為銀鍍金累絲托嵌翠墜角。附黃籤，兩面書："紅寶石根朝珠一盤，計珠一百七個，內有破珠，雲玉佛頭塔背雲紀念小墜角碧琍大墜角"，"道光十一年七月初九日收王住交"。

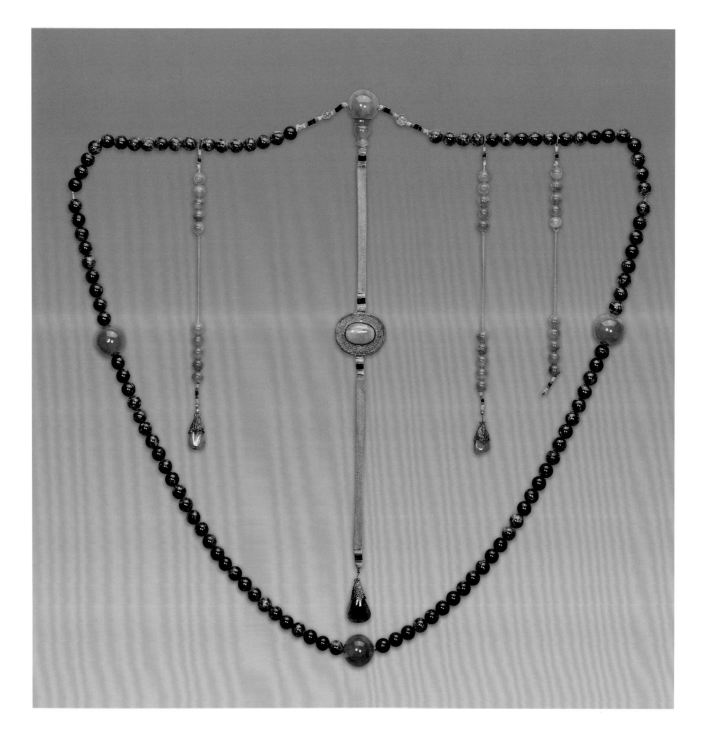

香港筲箕灣
耀興道3號
東滙廣場8樓
商務印書館（香港）有限公司
顧客服務部收

商務印書館 📖 讀者回饋咭

　　請詳細填寫下列各項資料，傳真至2565 1113，以便寄上本館門市優惠券，憑券前往商務印書館本港各大門市購書，可獲折扣優惠。

所購本館出版之書籍：＿＿＿＿＿＿＿＿＿＿＿＿＿＿＿＿＿＿＿＿＿＿＿＿

購書地點：＿＿＿＿＿＿＿＿＿＿＿＿＿　姓名：＿＿＿＿＿＿＿＿＿＿＿＿

通訊地址：＿＿＿＿＿＿＿＿＿＿＿＿＿＿＿＿＿＿＿＿＿＿＿＿＿＿＿＿＿

＿＿＿＿＿＿＿＿＿＿＿＿＿＿＿＿＿＿＿＿＿＿＿＿＿＿＿＿＿＿＿＿＿＿

電話：＿＿＿＿＿＿＿＿＿＿＿＿　傳真：＿＿＿＿＿＿＿＿＿＿＿＿＿＿

電郵：＿＿＿＿＿＿＿＿＿＿＿＿＿＿＿＿＿＿＿＿＿＿＿＿＿＿＿＿＿＿＿

你是否想透過電郵或傳真收到商務新書資訊？ 1□是　2□否

性別：1□男　　2□女

出生年份：＿＿＿＿＿＿年

學歷：1□小學或以下　2□中學　3□預科　4□大專　5□研究院

每月家庭總收入：1□HK$6,000以下　2□HK$6,000-9,999　3□HK$10,000-14,999

　　　　　　　　4□HK$15,000-24,999　5□HK$25,000-34,999　6□HK$35,000或以上

子女人數 (只適用於有子女人士)　1□1-2個　2□3-4個　3□5個或以上

子女年齡 (可多於一個選擇)　1□12歲以下　2□12-17歲　3□18歲或以上

職業：1□僱主　2□經理級　3□專業人士　4□白領　5□藍領　6□教師

　　　7□學生　8□主婦　　9□其他

最常前往的書店：＿＿＿＿＿＿＿＿＿＿＿＿＿＿＿＿＿＿＿＿＿＿＿＿＿

每月往書店次數：1□1次或以下　　2□2-4次　　3□5-7次　　4□8次或以上

每月購書量：1□1本或以下　　2□2-4本　　3□5-7本　　4□8本或以上

每月購書消費：1□HK$50以下　　2□HK$50-199　3□HK$200-499

　　　　　　　4□HK$500-999　5□HK$1,000或以上

您從哪　得知本書：1□書店　2□報章或雜誌廣告　3□電台　4□電視　5□書評/書介

　　　　　　　　　6□親友介紹　7□商務文化網站　8□其他 (請註明：＿＿＿＿＿)

您對本書內容的意見：＿＿＿＿＿＿＿＿＿＿＿＿＿＿＿＿＿＿＿＿＿＿＿

＿＿＿＿＿＿＿＿＿＿＿＿＿＿＿＿＿＿＿＿＿＿＿＿＿＿＿＿＿＿＿＿＿＿

您有否進行過網上買書？　1□有　2□否

您有否瀏覽過商務出版網 (網址：http://www.publish.commercialpress.com.hk)？

　1□有　　2□否

您希望本公司能加強出版的書籍：

1□辭書　2□外語書籍　3□文學/語言　4□歷史文化　5□自然科學　6□社會科學

7□醫學衛生　8□財經書籍　9□管理書籍　10□兒童書籍　11□流行書

12□其他（請註明：＿＿＿＿＿＿＿＿＿＿）

根據個人資料「私隱」條例，讀者有權查閱及更改其個人資料。讀者如須查閱或更改其個人資料，請來函本館，信封上請註明「讀者回饋咭-更改個人資料」

87

帶珠飾鳳眼菩提朝珠
清
周長131厘米
清宮舊藏

Court beads of bodhi seeds decorated with pearls
Qing Dynasty
Girth: 131cm
Qing Court collection

朝珠由108顆菩提子穿成，上有鳳眼紋，四個珍珠結珠。珊瑚佛頭，綠松石結牌，兩面雕刻雲龍和火珠，下垂青金石墜角，連接的絲帶上有米珠三組。珍珠紀念三串，墜角分別為紅寶石、貓眼石和黃水晶，並有主珠三組。盛盒內附有黃籤，上書："東龕"。

相傳釋迦牟尼成佛於菩提樹下，因此，凡菩提子、葉，均成為佛教用物。此朝珠是清宮佛堂貢品。

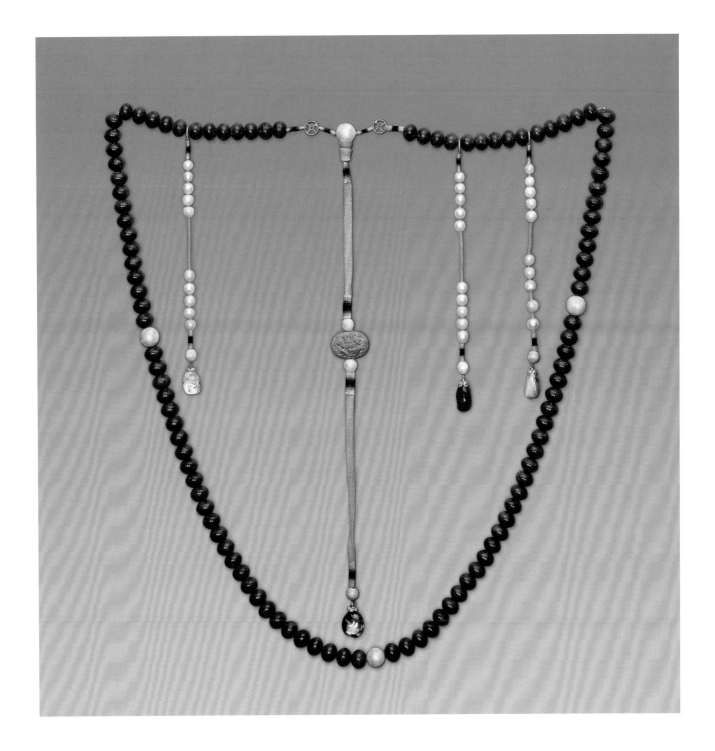

88

青金石朝珠
清
周長150厘米
清宮舊藏

Court beads of lapis lazuli
Qing Dynasty
Girth: 150cm
Qing Court collection

朝珠由108顆青金石珠穿成，四個珊瑚結珠，上端結珠下有小珊瑚佛頭相連，佛頭有孔，與絲帶相接，銀鍍金托嵌碧璽結牌，下有銀鍍金托嵌碧璽墜角。珊瑚珠組成紀念三串，墜角分別嵌紅、藍寶石。

青金石朝珠為清代皇帝祭天時所佩戴。皇帝在不同場合戴不同質地朝珠，祭天時戴青金石朝珠，祭地時戴琥珀或蜜臘朝珠，祭日時戴紅珊瑚朝珠，祭月時戴綠松石朝珠。冬至祭天，皇帝穿青色袞服，頭戴熏貂皮冠，頸佩青金石朝珠，到青色琉璃瓦穹宇祭祀，表示對青天的虔誠。

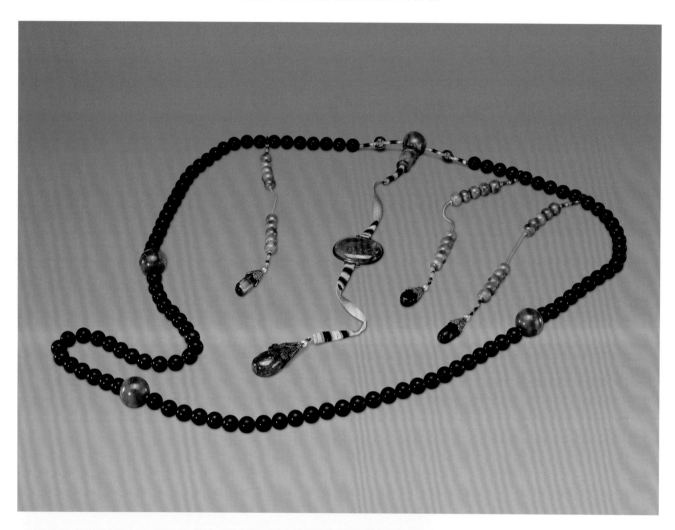

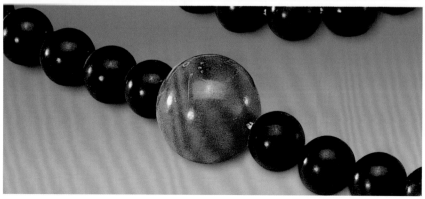

珊瑚雙喜字朝珠
清
周長166厘米
清宮舊藏

**Court beads of coral carved with the
Chinese character Shuangxi (double
happiness)**
Qing Dynasty
Girth: 166cm
Qing Court collection

朝珠用108顆珊瑚珠穿成，每個珊瑚
珠上雕刻雙喜字，青金石結珠。背雲
用14組米珠相連，中間為翡翠結牌，
下有翡翠墜角。三串翡翠珠紀念，翡
翠墜角。

此朝珠是皇帝大婚及吉慶節日時，后
妃戴用。

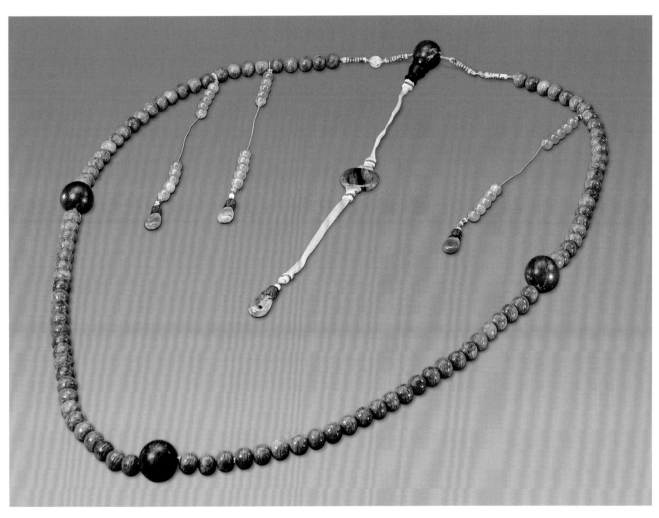

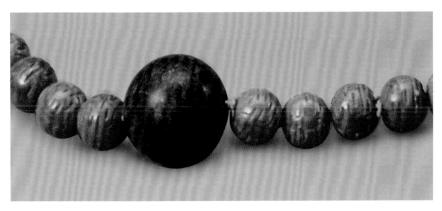

90

珍珠數珠
清
周長130厘米
清宮舊藏

Buddhist rosary of pearls
Qing Dynasty
Girth: 130cm
Qing Court collection

數珠由108顆珍珠穿成,中有四顆紅
珊瑚結珠。紅珊瑚佛頭,有孔與背雲
相接,背雲中間金點翠圓形結牌,上
嵌東珠一顆,下有藍寶石墜角,背雲
穿珊瑚、珍珠米珠四組。

數珠,也稱念珠,佛教用品。此為清
宮后妃所用,也可作為佛堂供品陳
設。

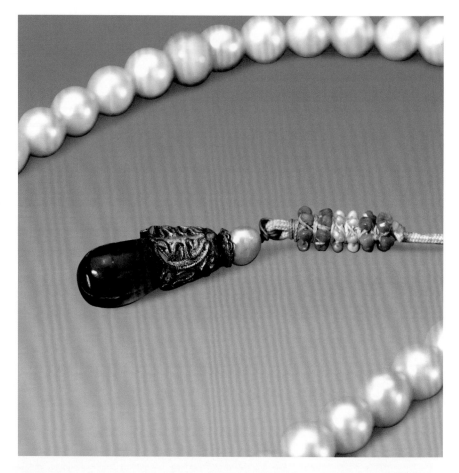

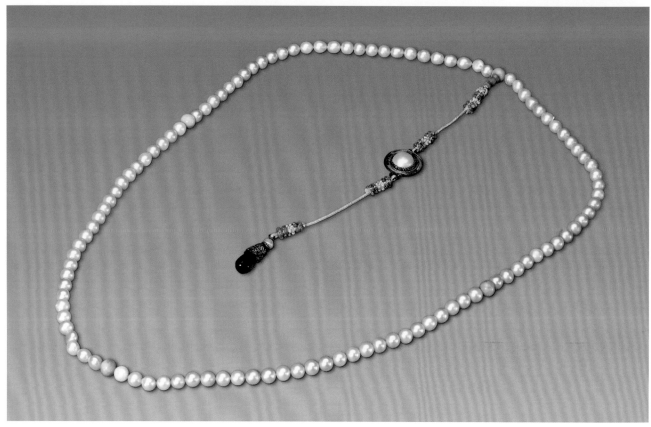

金鑲紅珊瑚吉服帶

清
帶長170厘米　版、環長5.6厘米
鈎長7.6厘米
扣長2.1厘米　寬1.5厘米
清宮舊藏

Formal Court belt with gold ornaments inlaid with red corals

Qing Dynasty
Length of belt: 170cm
Belt and ring length: 5.6cm
Belt hook length: 7.6cm
Belt buckle length: 2.1cm
Width: 1.5cm
Qing Court collection

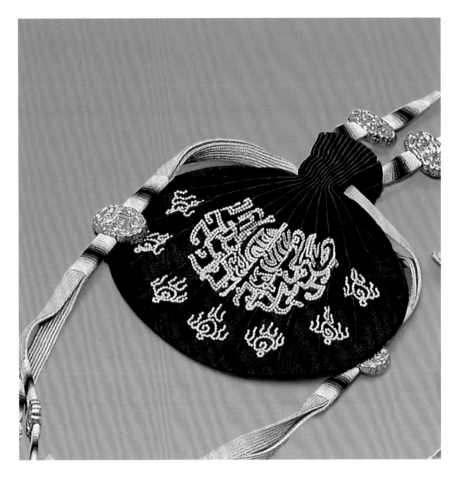

明黃色絲織帶，帶版、帶鈎、帶環、帶扣、帶飾均為金質，鏨刻夔龍紋，面嵌紅珊瑚，雕刻蝙蝠、流雲、八寶紋，寓意富貴、長壽和吉祥。帶上掛荷包、火套，上用米珠穿製萬壽字。

此帶為清代皇帝在喜慶節日穿吉服時的腰帶，帶上所掛飾件，反映了滿族風俗特點。

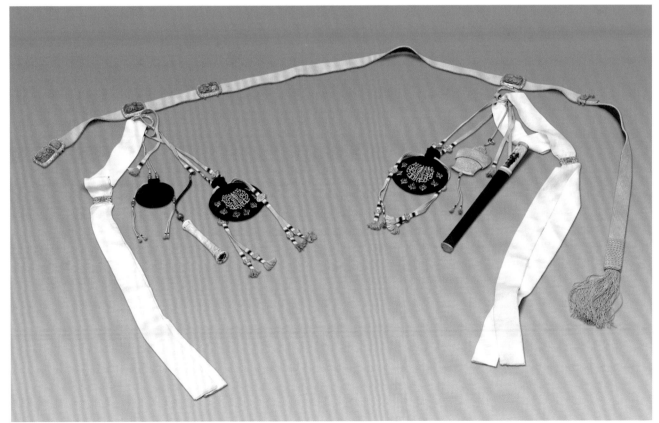

翡翠螭紋龍首帶鈎
清
長9厘米　寬1.5厘米　高1.7厘米
長9.5厘米　寬1.8厘米　高1.9厘米
清宮舊藏

**Dragon-head-shaped belt hooks of jadeite
with hydra design**
Qing Dynasty
Hook 1: Length: 9cm　Width: 1.5cm
Height: 1.7cm
Hook 2: Length: 9.5cm　Width: 1.8cm
Height: 1.9cm
Qing Court collection

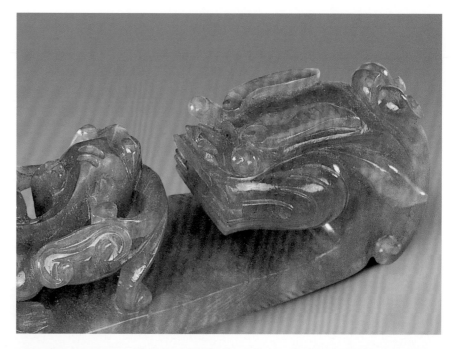

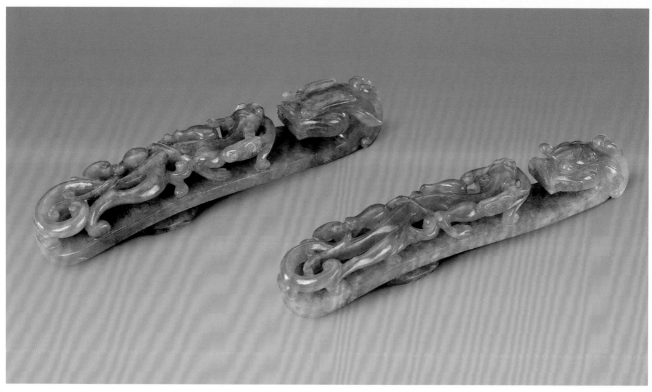

帶鈎如意式，鈎呈龍首狀，身鏤雕
螭紋。鈎背有橢圓帶扣一個，可繫
於腰帶扣眼上。

此帶鈎翠色碧綠，上深下淺，瑩潤明
亮。

93

銅鍍金嵌珠寶帶瓦
清
左、右：長6厘米　寬4.6厘米
　　　　高2.8厘米
中：長6.4厘米　寬5.3厘米　高3.1厘米
清宮舊藏

Gilt-copper belt ornaments inlaid with pearl and rubies, worn by the Qing emperor (three pieces)
Qing Dynasty
Two small pieces: Length: 6cm
Width: 4.6cm　Height: 2.8cm
One big piece: Length: 6.4cm
Width: 5.3cm　Height: 3.1cm
Qing Court collection

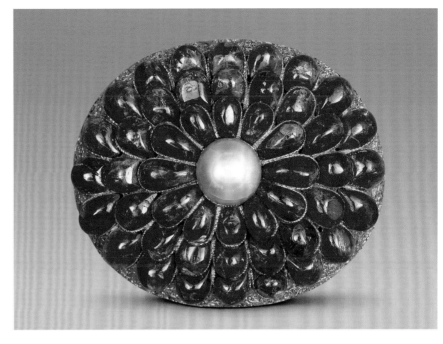

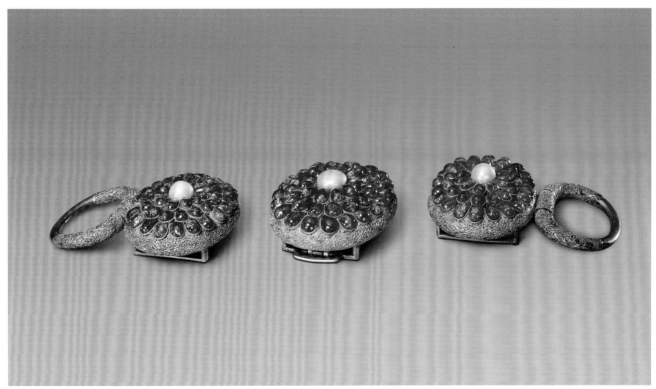

帶瓦橢圓蓮花形，銅鍍金累絲捲草紋
托，每塊瓦上嵌小紅寶石48塊，當中
鑲珍珠一顆，色澤豔麗，構思巧妙，
形似盛開的蓮花。左、右帶瓦置帶

環，背面有套環，便於配戴。

帶瓦為清代皇帝腰帶上的飾件，既可
實用，又具裝飾效果。

94

銅鍍金嵌寶石帶瓦

清

長16.3厘米　寬4.7厘米　高2.5厘米

清宮舊藏

Gilt-copper belt ornament inlaid with rubies, worn by the Qing emperor

Qing Dynasty

Length: 16.3cm　Width: 4.7cm

Height: 2.5cm

Qing Court collection

帶瓦橢圓形托，上鑲嵌紅寶石兩塊。兩帶瓦間以帶扣連接，飾雲頭紋，嵌翡翠一塊。帶扣、帶瓦銜接自然，紋飾簡潔。

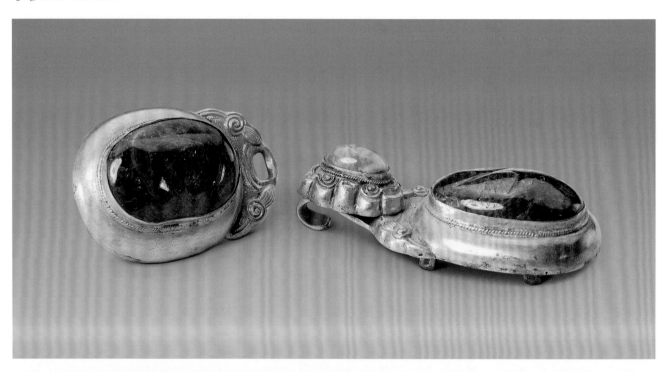

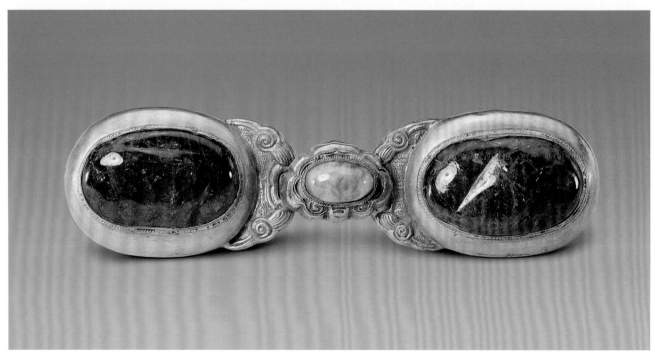

95

銀鍍金鑲紅寶石帶頭
清
長6厘米　寬4.5厘米　高3.6厘米
清宮舊藏

**Gilt-silver belt ornament inlaid with ruby,
worn by the Qing emperor**
Qing Dynasty
Length: 6cm　Width: 4.5cm
Height: 3.6cm
Qing Court collection

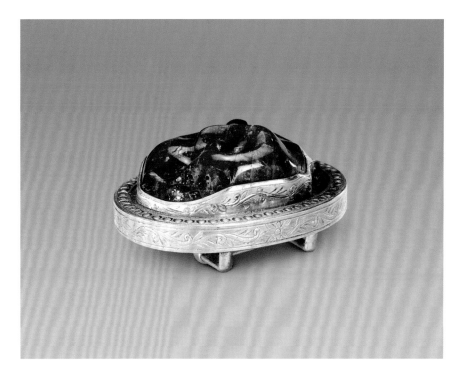

帶頭橢圓形托，通體鏨刻捲草紋、纏
枝蓮紋。托上鑲嵌大紅寶石一塊。托
背置有帶環，便於穿繫。

帶頭為清代皇帝腰帶上的飾件。

96

銅鍍金鑲紅寶石帶頭
清
長6厘米　寬4.3厘米　高4厘米
寶石重687.5克拉
清宮舊藏

**Gilt-copper belt ornament inlaid with
ruby, worn by the Qing emperor**
Qing Dynasty
Length: 6cm　Width: 4.3cm
Height: 4cm
Weight of ruby: 687.5carat
Qing Court collection

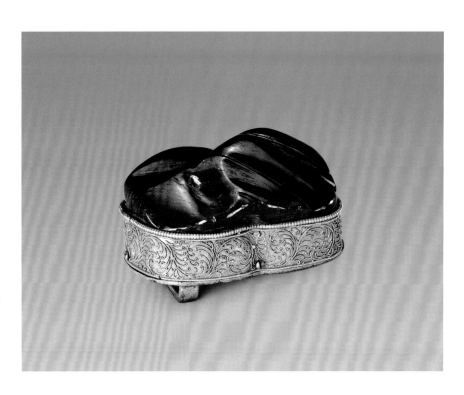

帶頭橢圓形托，周圍飾累絲捲草紋
飾，口沿處為連珠紋飾。托上嵌大紅
寶石一塊，色呈紫紅。托背面有套
環。

金累絲花紋香囊
清同治
徑5厘米　高1.6厘米
清宮舊藏

Gold filigree sachet in openwork
Tongzhi Period, Qing Dynasty
Diameter: 5cm　Height: 1.6cm
Qing Court collection

香囊圓形，分為器、蓋兩部分，以金累絲鏤空錦紋，兩面均飾三組點翠花葉紋。中空，可開合。上下有黃色絲穗，繫珊瑚雕福壽珠，綴米珠六組。附黃籤，兩面書："同治元年二月十四日收沈魁交"，"銀鍍金花囊二件，每件上拴珊瑚豆二個"。

香囊為隨身佩掛的薰香器，原是一種用布做成的小袋，也稱"香袋"。佩掛香囊的習俗，最早可上溯到先秦時期，被稱為"容臭"。清代帝后多以此為裝飾品，可隨身攜帶，也可掛在牀帳之上。

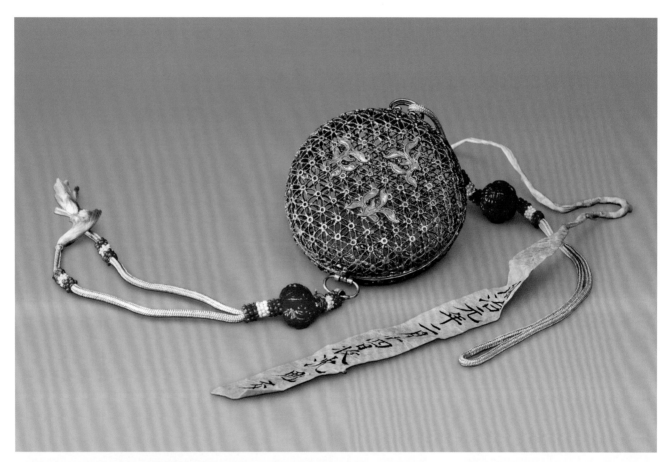

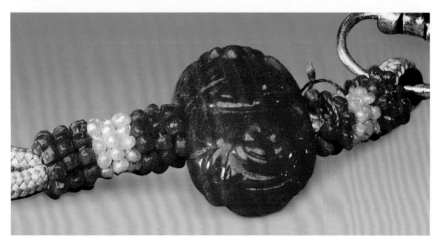

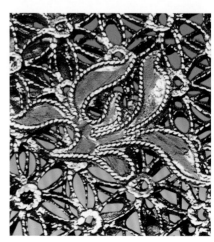

98

金累絲鑲珠石香囊
清
長7.2厘米　寬5厘米　高2厘米
清宮舊藏

**Gold filigree sachet inlaid with pearls and
turquoises**
Qing Dynasty
Length: 7.2cm　Width: 5cm
Height: 2cm
Qing Court collection

香囊委角長方形，一側有活動插鈕，
蓋可啟閉。兩面均嵌珍珠，周邊嵌綠
松石。兩端繫絲繩，結紅珊瑚珠。

此香囊製作工藝精巧，是清代帝后佩
飾。

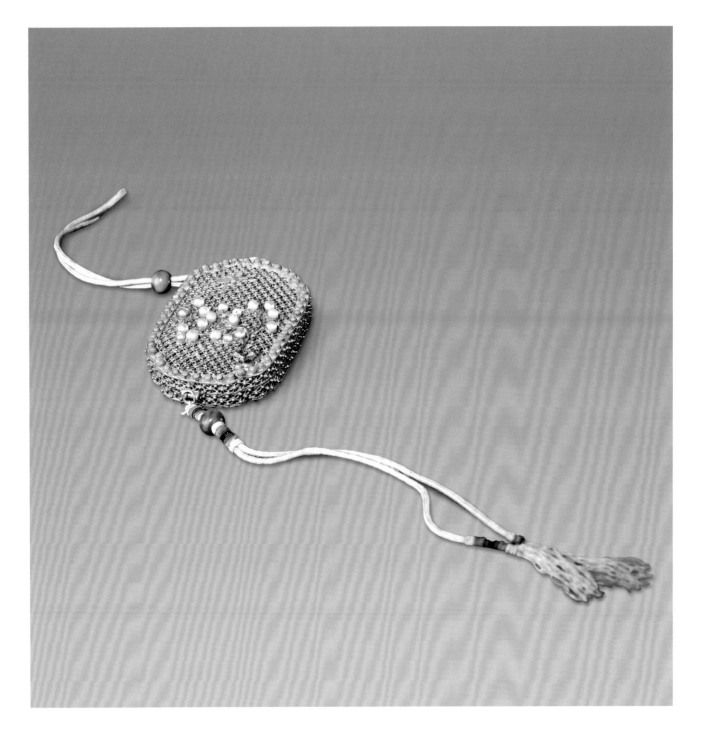

99

翡翠福壽紋香囊
清
長5.3厘米　寬4.1厘米　一對
清宮舊藏

Jadeite sachet decorated with bat and peach (a pair)
Qing Dynasty
Length: 5.3cm　Width: 4.1cm
Qing Court collection

香囊委角長方形，中空可開合。兩面分別透雕桃實及桃葉，上有蝙蝠，寓意"福壽雙全"。兩端繫珊瑚結珠，結上繫紅色盤腸結，結下繫金綫穗托，紅珊瑚米珠穗，穗頭有翡翠墜角。結上、下均綴緝珊瑚、珍珠米珠結一組。

香囊的種類繁多，但翡翠香囊不多見。

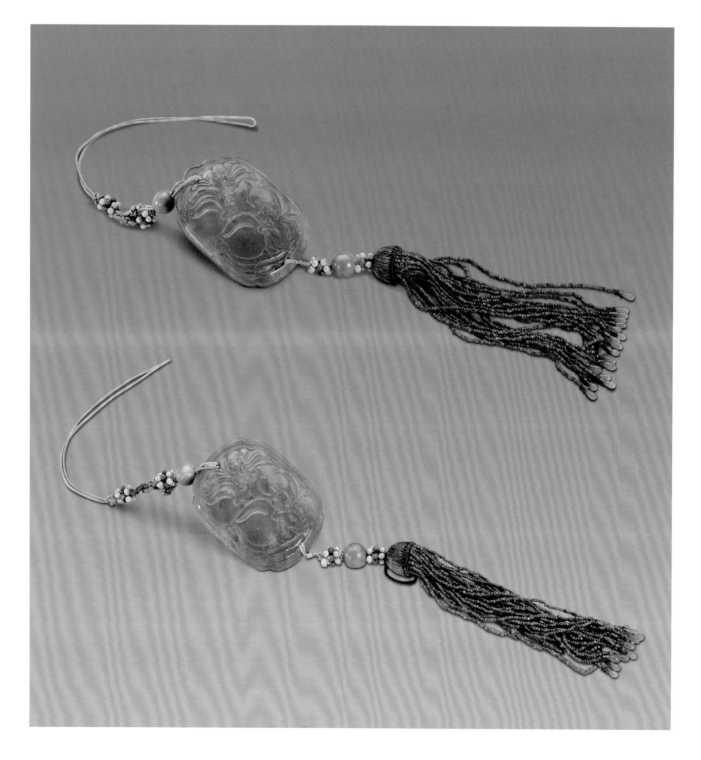

100

翡翠吉慶有餘紋香囊
清
長6厘米　寬4厘米
清宮舊藏

Jadeite sachet carved with auspicious patterns in openwork
Qing Dynasty
Length: 6cm　Width: 4cm
Qing Court collection

香囊扇形，中空可開合。兩面分別鏤
雕磬及雙魚紋，周圍鏤雕纏枝蓮紋，
寓意"吉慶有餘"。兩端各繫一珊瑚結
珠，上端用紅絲綫編成盤腸結，結
上、下綴緝米珠結；下端結珠繫珊瑚
米珠編織成穗，穗下繫翠墜角。

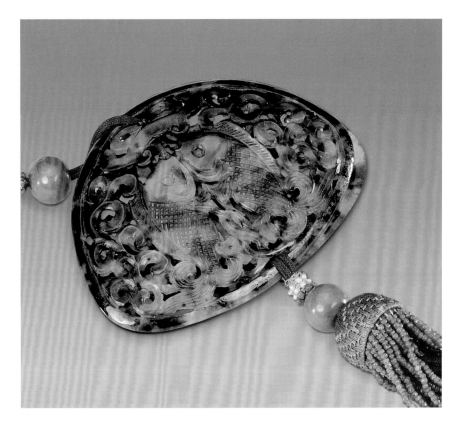

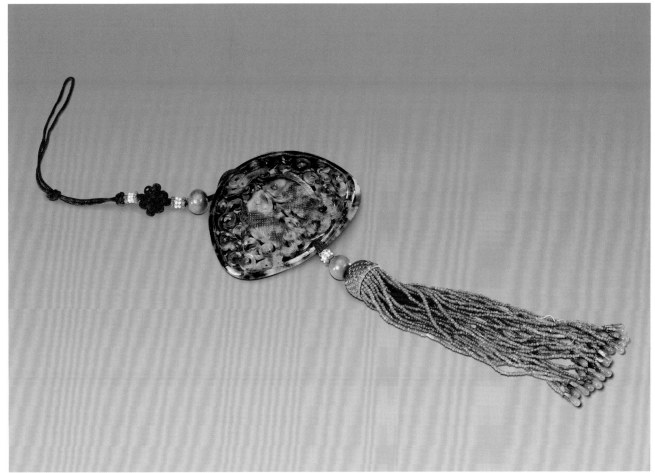

101

翡翠魚形佩
清
長2.2厘米　寬5.6厘米　厚0.4厘米
清宮舊藏

Jadeite pendant in the shape of a fish
Qing Dynasty
Length: 2.2cm　Width: 5.6cm
Thickness: 0.4cm
Qing Court collection

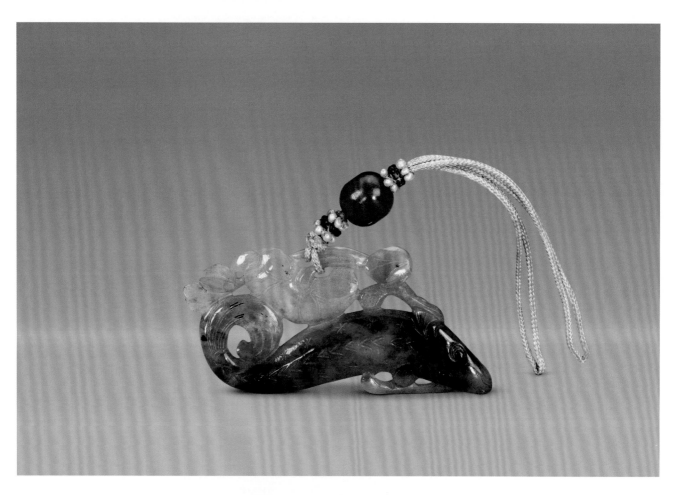

佩鏤雕成尾部捲曲的魚形，身上為荷
花。運用翠質本身色澤的不同深淺，
深色雕魚，淺色雕荷花，層次鮮明。
佩上部繫絲繩，上有珊瑚結珠，結珠
兩端緝米珠兩組。

此佩妙用翠色，屬於巧作，形態刻劃
生動。

102

翡翠雙鳳紋萬壽無疆長方佩
清
長7.3厘米　寬5.1厘米　厚0.4厘米
清宮舊藏

**Rectangular jadeite pendant engraved
with double-phoenix and characters Wan
Shou Wu Jiang (means longevity)**
Qing Dynasty
Length: 7.3cm　Width: 5.1cm
Thickness: 0.4cm
Qing Court collection

佩長方形，兩面鏤雕雙鳳、朵雲紋，
中間凸雕隸書字體，一面"萬壽"，一
面"無疆"。佩上繫珊瑚結珠，兩端為
米珠。

此佩紋飾細膩，雕刻精緻，為皇帝御
用之物。

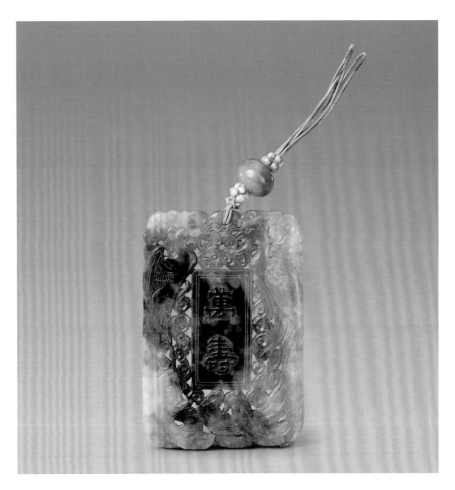

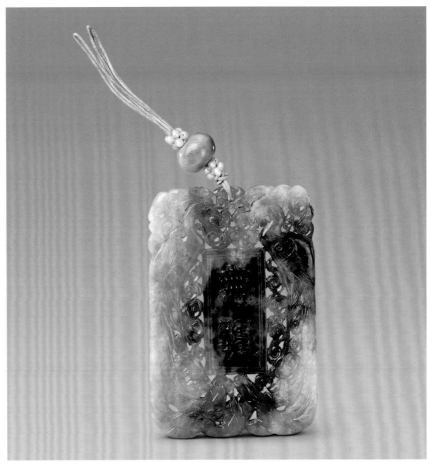

103

翡翠福壽紋佩
清
長5.5厘米　寬3.2厘米　厚0.4厘米
清宮舊藏

**Jadeite pendant in the shape of Lingzhi
embossed with bats on the obverse side**
Qing Dynasty
Length: 5.5cm　Width: 3.2cm
Thickness: 0.4cm
Qing Court collection

佩兩面雕靈芝形，正面凸雕蝙蝠兩
隻，伏於靈芝上，取"多福多壽"之
意。佩上部有孔，穿黃絲繩，結碧璽
結珠，兩端各有米珠一組。

此佩翠質上佳，色澤純正，為佩中精
品。

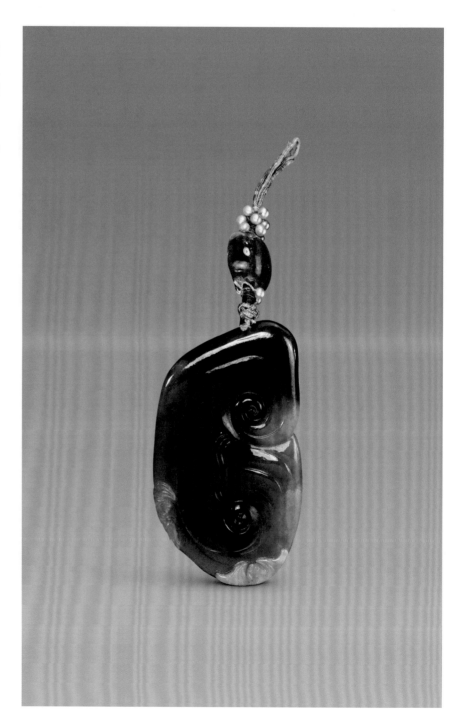

104

翡翠竹節式佩
清
長6厘米　寬3厘米
清宮舊藏

Jadeite bamboo-joint-shaped pendant
Qing Dynasty
Length: 6cm　Width: 3cm
Qing Court collection

佩長方形，竹枝為邊框，底部鏤雕山
石，上有靈芝，石上鏤雕竹葉。佩上
部繫黃絲繩，繩上有珊瑚結珠，兩端
各有米珠一組。

翠玉象徵君子之德，而竹又與梅、
蘭、菊合稱"四君子"，皇帝以此自喻
為仁政之君。此佩翠色與竹色渾然一
體，設計巧妙。

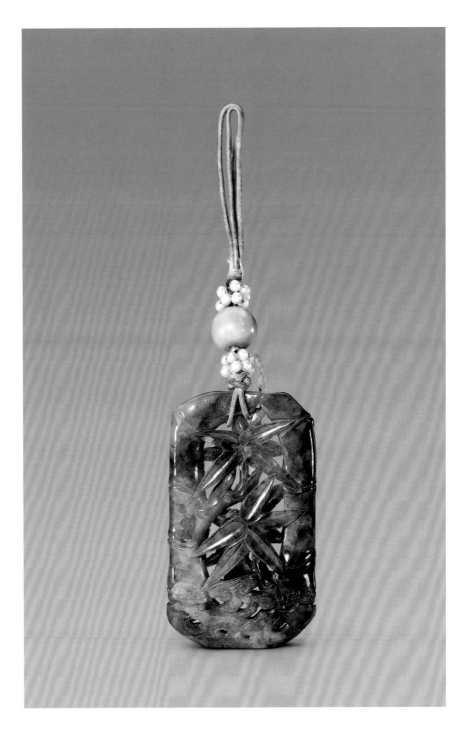

105

翡翠子孫萬代長方佩
清
長4.9厘米　寬3.1厘米　厚1厘米
清宮舊藏

**Rectangular jadeite pendant engraved
with bat and calabashes in openwork**
Qing Dynasty
Length: 4.9cm　Width: 3.1cm
Thickness: 1cm
Qing Court collection

佩長方形，正面鏤雕帶葉葫蘆及蝙
蝠，背面為葫蘆藤葉，寓意"多子多
福"。佩上繫碧璽結珠，兩端各有米
珠一組。

此佩翠質上乘，紋飾雕刻細緻流暢，
層疊相間，錯落有致。

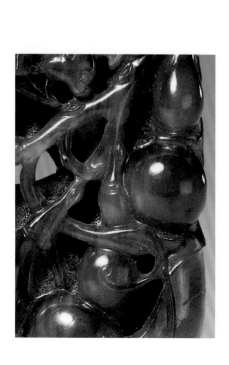

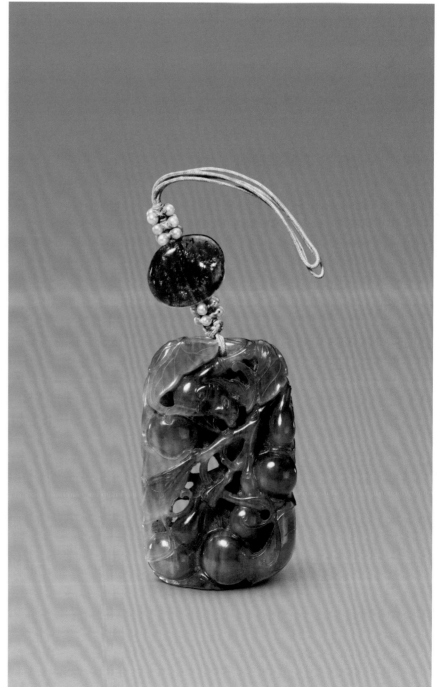

106

翡翠子辰佩
清
長4.4厘米　寬3.2厘米
清宮舊藏

Jadeite pendant carved with a rat and a
dragon in openwork
Qing Dynasty
Length: 4.4cm　Width: 3.2cm
Qing Court collection

佩中間為璧形，正面刻螭紋，背面刻
雲紋，上鏤雕一龍，下鏤雕一鼠。子
為鼠，辰為龍，取“飛龍在天”、“遊
龍得水”之意。上部穿絲繩，繫碧璽
結珠，米珠兩組。

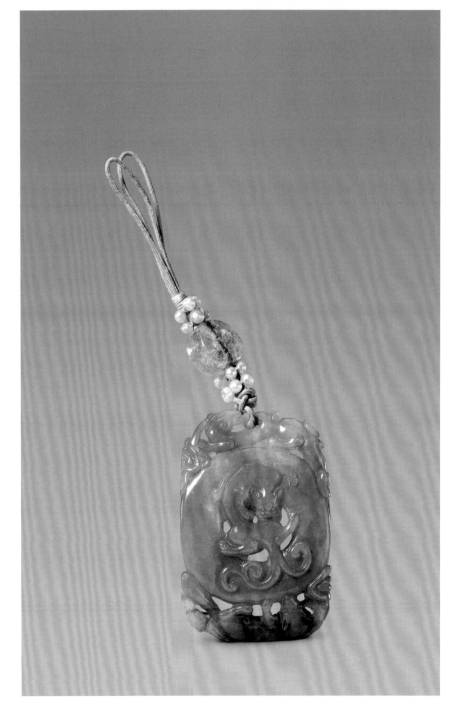

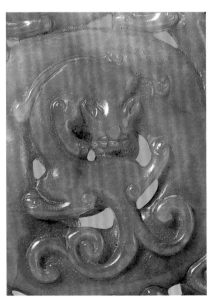

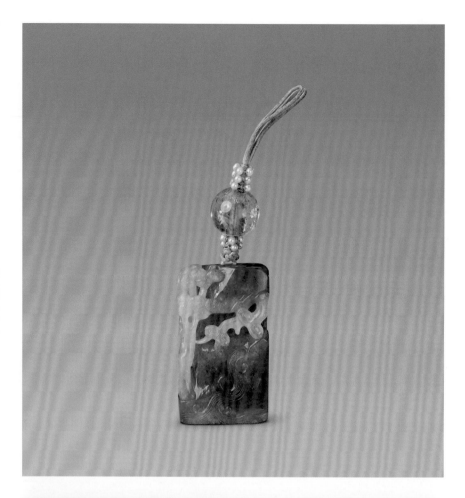

107

翡翠萬福松石紋長方佩
清
長3.8厘米　寬2.2厘米　厚1厘米
清宮舊藏

**Rectangular jadeite pendant embossed
with bat, swastika, pine, rock and stream**
Qing Dynasty
Length: 3.8cm　Width: 2.2cm
Thickness: 1cm
Qing court collection

佩兩面雕刻，一面隨翠色白然深淺半
鏤雕出松石、溪流，一面淺浮雕蝙
蝠、卍字紋，取"萬福萬壽"之意。佩
上繫粉碧璽珠一粒，兩端各有米珠一
組。

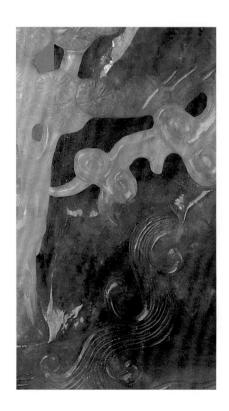

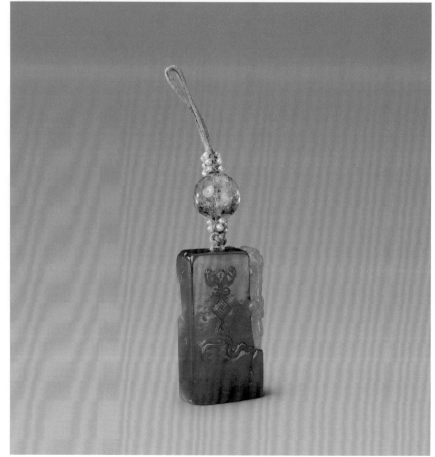

108

帶翠碧璽瓜形佩
清
長5厘米　寬3厘米　厚2厘米
清宮舊藏

**Melon-shaped pendant of tourmaline
with a jadeite knot**
Qing Dynasty
Length: 5cm　Width: 3cm
Thickness: 2cm
Qing Court collection

佩瓜形，瓜身凸雕葉、枝蔓。頂部穿
孔繫黃絲綫，翡翠為結，結兩端有米
珠兩組。

瓜屬蔓生植物，籽多，寓意"子孫萬
代"。

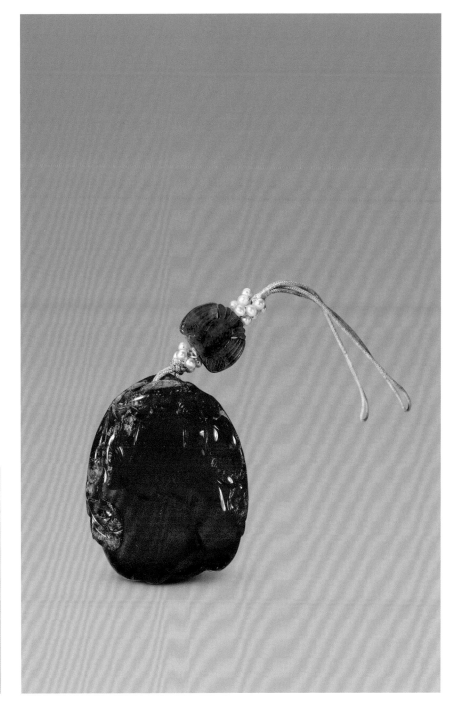

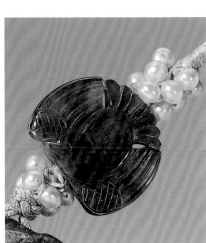

109

帶翠碧璽葫蘆形佩
清
長3.6厘米　寬3.1厘米　厚1.4厘米
清宮舊藏

**Calabash-shaped pendant of tourmaline
with a jadeite knot**
Qing Dynasty
Length: 3.6cm　Width: 3.1cm
Thickness: 1.4cm
Qing Court collection

佩葫蘆形，其上又浮雕出兩隻小葫
蘆，大小層疊，藤葉纏繞，一隻蝙蝠
伏於葫蘆上，寓意"多子多福"。佩上
繫絲綫，翡翠結珠，結珠兩端各有米
珠一組。

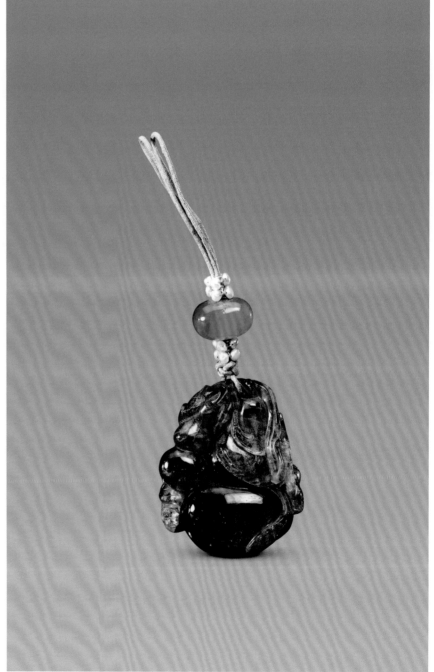

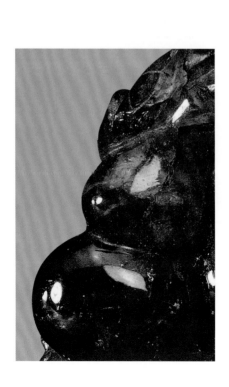

110

帶翠碧璽福壽紋佩
清
長4厘米　寬3.1厘米　厚1.4厘米
清宮舊藏

**Calabash-shaped pendant of tourmaline
with a jadeite knot**
Qing Dynasty
Length: 4cm　Width: 3.1cm
Thickness: 1.4cm
Qing Court collection

佩雙面凸雕，一面為藤葉相連的葫蘆
及蝙蝠，一面為折枝桃形，寓意"多
子多福多壽"。佩上繫絲綫，翡翠結
珠，結珠兩端各有米珠一組。

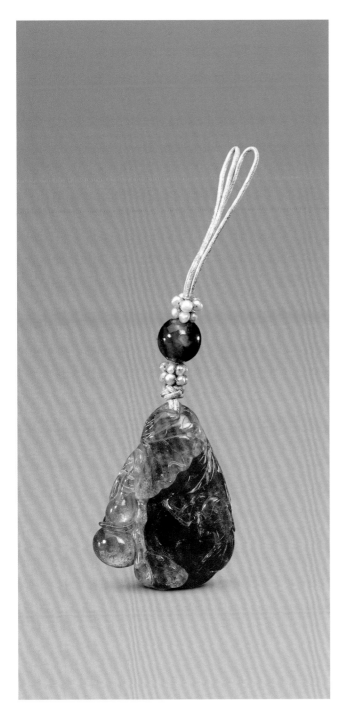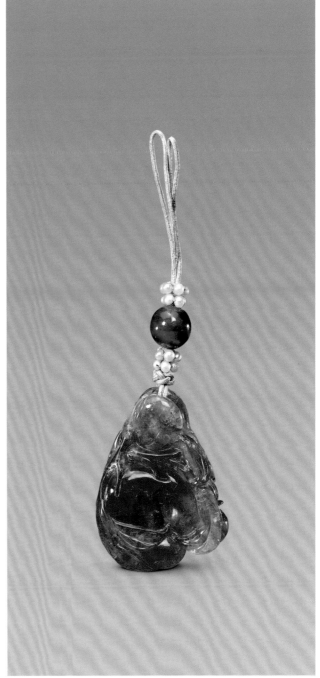

111

帶翠碧璽雙螭紋佩
清
長3.5厘米　寬2.7厘米　厚1.2厘米
清宮舊藏

Tourmaline pendant with a jadeite knot carved with two hydras in openwork
Qing Dynasty
Length: 3.5cm　Width: 2.7cm
Thickness: 1.2cm
Qing Court collection

佩鏤雕糾結纏繞的兩螭，首尾環繞相接成一橢圓形。佩上方絲綫相連翡翠結珠一顆、米珠兩組。

此佩料質晶瑩剔透，造型生動，雕工上乘。

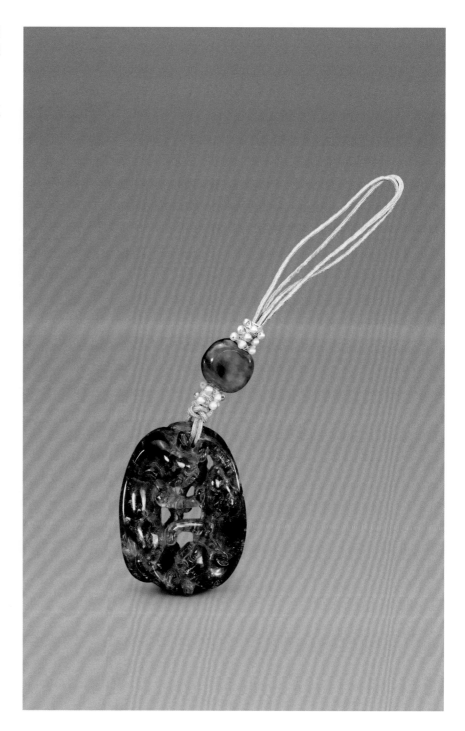

112

翡翠翎管
清
(1)高7.4厘米　徑1.5厘米
(2)高6.7厘米　徑1.7厘米
清宮舊藏

Jadeite plume-holders
Qing Dynasty
(1) Height: 7.4cm　Diameter: 1.5cm
(2) Height: 6.7cm　Diameter: 1.7cm
　　(a pair)
Qing Court collection

翎管圓柱形，中空，一端有半圓形
鈕，中穿孔。

翎管是清代官員禮帽上插飾花翎的飾
物。清代官員，包括宗室成員，如有
功勳，皇帝都賜戴花翎以表榮譽。花
翎，孔雀羽製，分一眼、二眼、三眼
三等，三眼最高。花翎插入管內，戴
在帽後。翎管質地有翡翠、白玉、碧
玉、碧璽、琺瑯、陶瓷等多種，以
翠、玉最優。

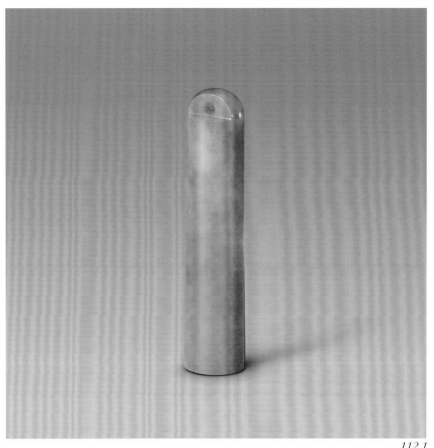

112.1

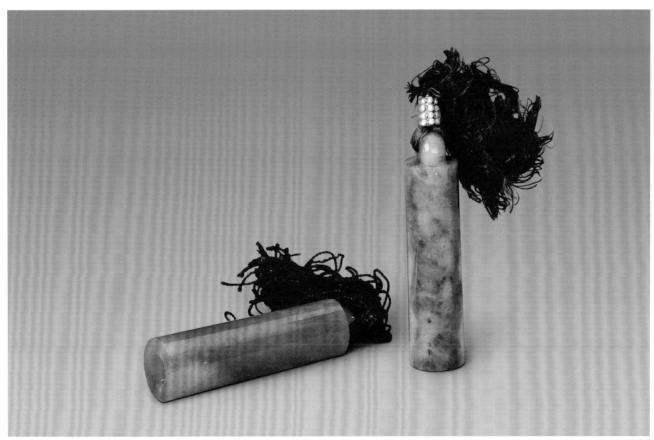

112.2

113

翡翠扁方
清
(1) 長37厘米　寬3.2厘米
(2) 長34.4厘米　寬3.1厘米
清宮舊藏

Jadeite hair crosspieces
Qing Dynasty
(1) Length: 37cm　Width: 3.2cm
(2) Length: 34.4cm　Width: 3.1cm
Qing Court collection

扁長體，一端為五棱梅花式，一端半
圓形，光素無紋飾。

扁方為婦女固定髮髻的頭飾，其質地
有翠、玉、金、銀、象牙、玳瑁等多
種。此扁方為后妃用品，翠色濃綠深
艷，質地縝密細潤，為上等翠料。

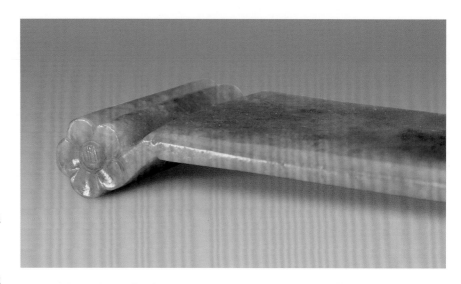

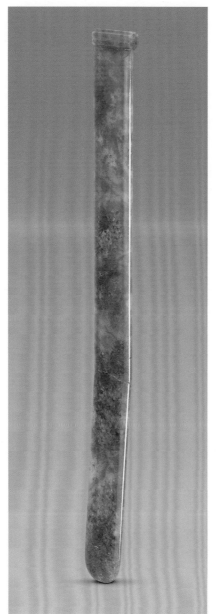

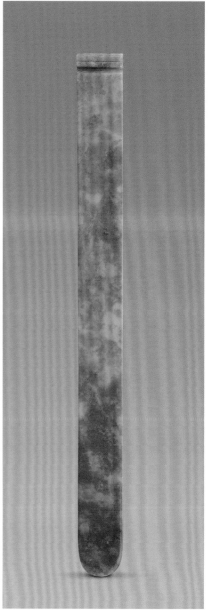

113.1　　　　　　　　　　　　　　*113.2*

114

翡翠鑲碧璽花扁方
清
長30厘米　寬3.5厘米
清宮舊藏

Jadeite hair crosspiece inlaid with tourmaline flowers
Qing Dynasty
Length: 30cm　Width: 3.5cm
Qing Court collection

扁長形，面上兩端各嵌兩蝠蝠及一壽字
組成的碧璽紋飾，頂端兩側各嵌有碧璽
花、壽字兩個，取"福壽"之意。

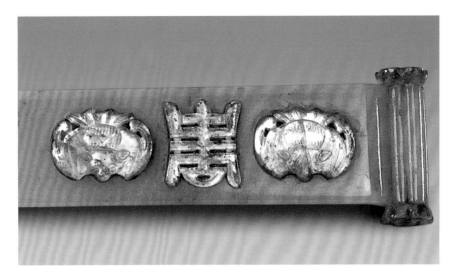

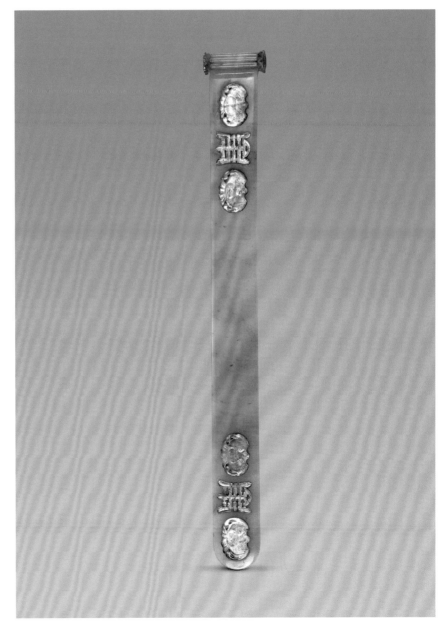

115

金鑲珠翠鏤空扁方
清
長34.7厘米　寬4.7厘米
清宮舊藏

**Gold hair crosspiece carved in openwork
and inlaid with pearls**
Qing Dynasty
Length: 34.7cm　Width: 4.7cm
Qing Court collection

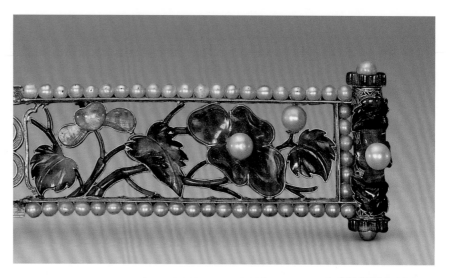

扁長形，通體鏤空紋飾。以翠、碧璽
和珍珠分別填嵌葉、花及花蕊，邊框
嵌以珍珠。全器共鑲嵌珍珠一百顆。
扁方中間包以銀箍，背面有"寶華
13"、"華13"戳記。

此扁方是清代后妃頭飾。民間珠寶店
製。

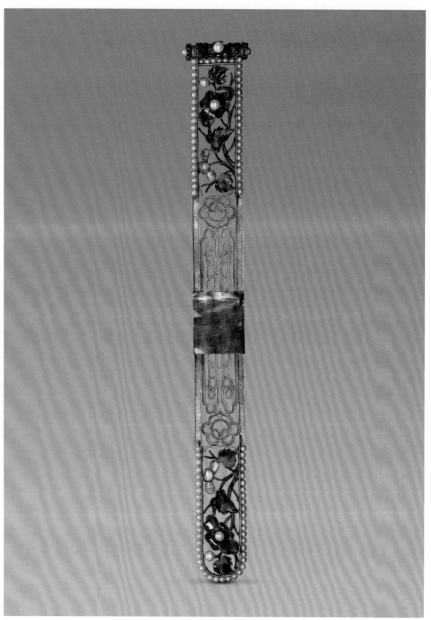

116

銀鍍金鑲珠寶鏤花扁方
清
長32.5厘米　寬3.5厘米
清宮舊藏

Gilt-silver hair crosspiece carved in openwork and inlaid with pearls and gems
Qing Dynasty
Length: 32.5cm　Width: 3.5cm
Qing Court collection

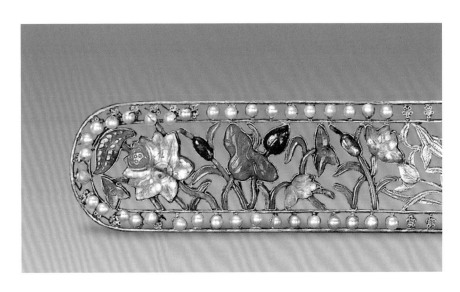

扁長形，通體鏤空荷花紋，以碧璽、
寶石為荷花，蓮蓬、枝葉等以翡翠為
之，一端邊框嵌有半圈珍珠。

此扁方上嵌有多種珠寶，其中紅寶石
三塊、藍寶石兩塊、紅料石一塊、珍
珠36顆。

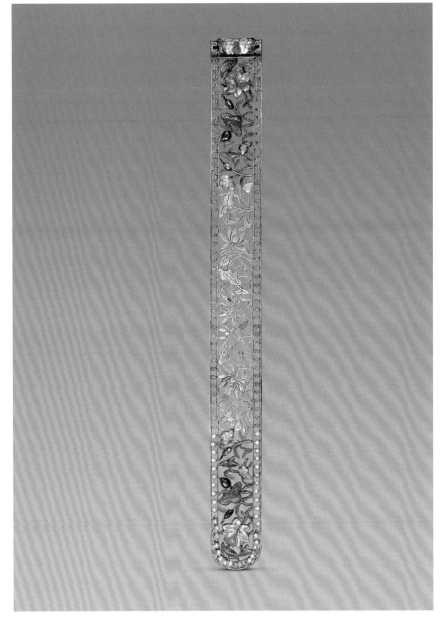

117

金鏨花鑲碧璽翠珠扁方

清
長31.1厘米　寬4.2厘米
清宮舊藏

Gold hair crosspiece carved with patterns
and inlaid with tourmalines, jadeites and
pearls
Qing Dynasty
Length: 31.1cm　Width: 4.2cm
Qing Court collection

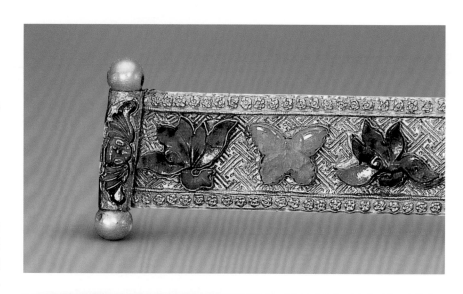

扁長形，單面紋飾，以鏨刻蓆紋為
地，其上用碧璽、翡翠嵌成相間的花
葉和蝴蝶紋，寓意"花蝶綿綿"。邊框
各鏨一道梅花紋和繩紋。頭部兩端各
嵌一顆珍珠，中嵌翠蝠一隻，其下有
"粵東新長興足金"戳記。

此扁方足金，鏨刻精細，寓意清新，
為廣東造。

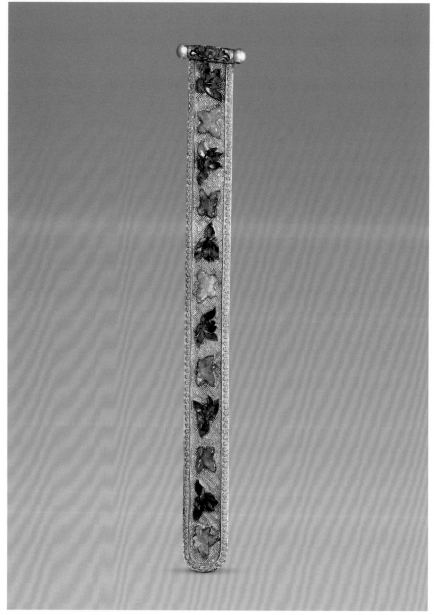

118

白玉嵌珠翠扁方
清
長31.5厘米　寬3.1厘米
清宮舊藏

Hair crosspiece of white jade inlaid with pearls and jadeites
Qing Dynasty
Length: 31.5cm　Width: 3.1cm
Qing Court collection

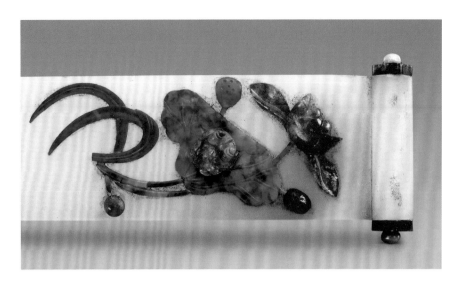

扁長形，器表鑲嵌翠製的綠色枝葉和
蓮蓬，碧璽製的粉紅色荷花，荷葉上
臥伏一隻青蛙，紅、藍寶石製小花
朵。頭部兩端鑲嵌碧璽五瓣花，花蕊
嵌珍珠。

此扁方玉質晶瑩，紋飾簡潔，為清代
中期製作的扁方精品。

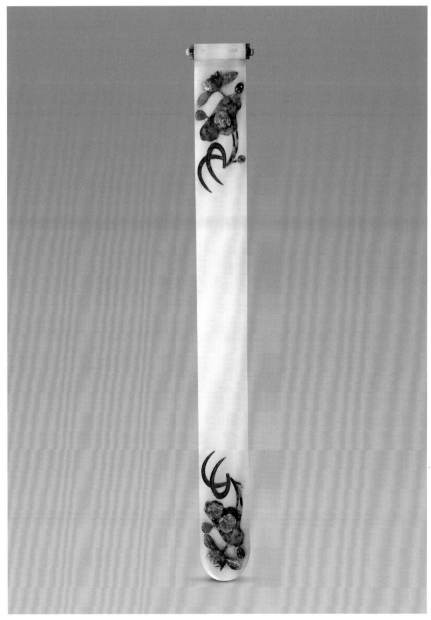

119

玳瑁鑲珠石翠花扁方
清
長33厘米　寬3.5厘米　一對
清宮舊藏

**Hair crosspiece of tortoise shell inlaid
with pearls, gems and jadeite flowers
(a pair)**
Qing Dynasty
Length: 33cm　Width: 3.5cm
Qing Court collection

首、尾兩端各嵌有銀鍍金累絲錢紋
托，托上嵌以碧璽、白玉、紅寶石、
翡翠、珍珠等組成的花紋。頭部嵌翠
雕蝙蝠。寓意"福祿壽"。

玳瑁是指經過處理加工後的海龜甲，
明代《格古要論》中說"以黃如蜜，黑
如漆者為正品"。玳瑁產量較少，屬
稀有之物，故被視為珍寶。漢代已用
其做婦女頭簪。此扁方為清代后妃用
品。

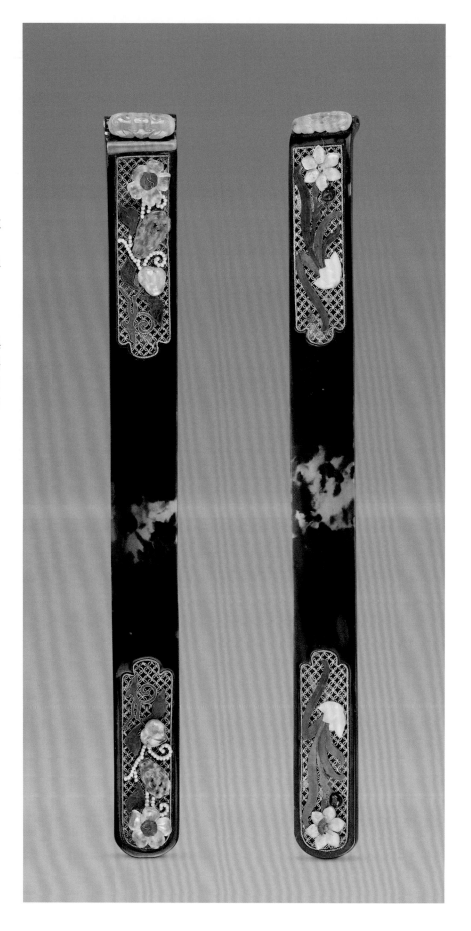

120

銀鍍金點翠穿珠流蘇

清
流蘇長22.5厘米　桿長20.5厘米　一對
清宮舊藏

Pearl tassel with a gilt-silver shaft end decorated in kingfisher feather (a pair)
Qing Dynasty
Length of tassel: 22.5cm
Length of shaft: 20.5cm
Qing Court collection

銀桿，頂端為銀鍍金點翠雲蝠紋飾，蝠背嵌翠珠一顆，兩端嵌紅寶石。雲蝠有孔穿環，與流蘇相連。流蘇由三串珍珠穿製而成，間有銀鍍金點翠雲蝠紋結牌，後背嵌翠珠一顆，兩端各嵌紅寶石一塊。每串珍珠為34顆，三串共計102顆。每串珍珠有兩個珊瑚結珠，下有紅寶石墜角。

流蘇為清代后妃的首飾，俗稱"挑子"，屬於"步搖"一類。每逢宮中帝后大婚或吉慶節日，后妃頭上都戴流蘇，此為皇后所戴。

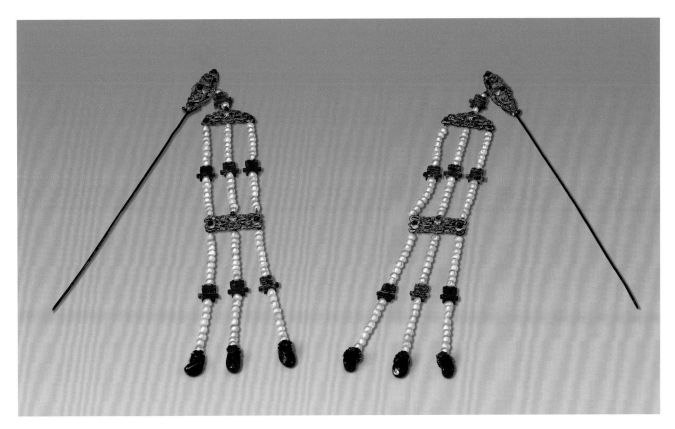

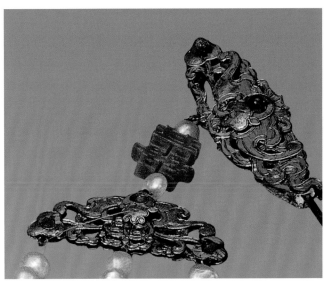

翡翠桃福簪
清
(1) 長16.2厘米　寬1.5厘米
(2) 長15厘米　寬1.5厘米
清宮舊藏

Jadeite hairpin embossed with bat and peaches
Qing Dynasty
(1) Length: 16.2cm　Width: 1.5cm
(2) Length: 15cm　Width: 1.5cm
Qing Court collection

兩面雕刻，各凸雕三桃及一蝙蝠，桃葉部分鏤雕；一面加雕葫蘆，寓意"福壽"。簪身底部雕如意雲頭紋。

簪是婦女插鬢的首飾。此簪雕刻精緻，翠色溫潤，為上等質料。

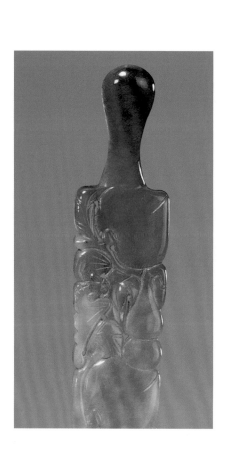

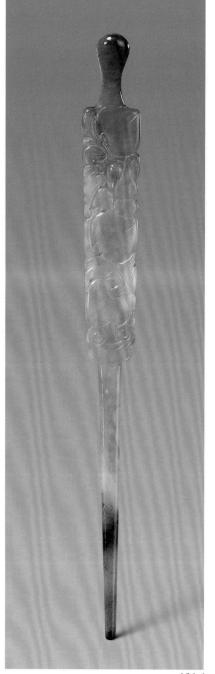

121.1

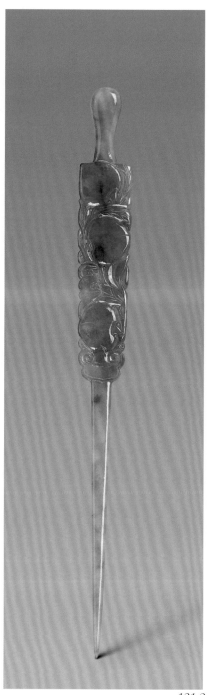

121.2

122

銀鍍金鑲翠碧璽花簪
清
長22.7厘米　寬6厘米
清宮舊藏

**Gilt-silver hairpin inlaid with flowers of
jadeite and tourmaline**
Qing Dynasty
Length: 22.7cm　Width: 6cm
Qing Court collection

簪一端有柄托，托身飾三道圓箍，中
空，插翡翠花柄。柄兩面雕相同花葉
紋，嵌兩朵碧璽雕成的梅花，花蕊嵌
珍珠。柄頂端嵌碧璽花一朵。

花簪為清代后妃首飾。

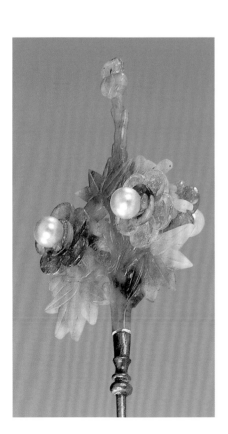

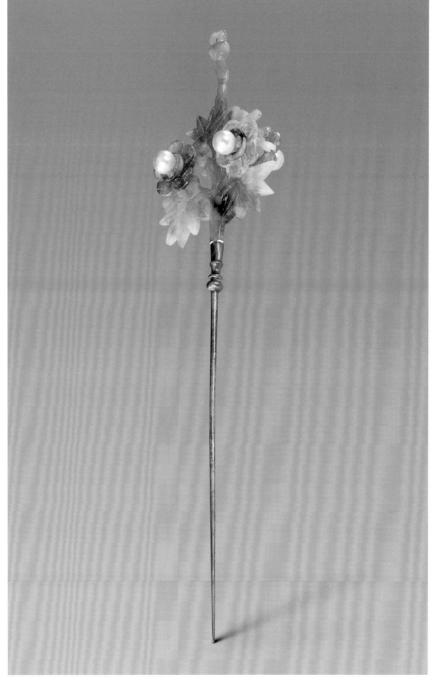

123

金鑲珠翠寶簪
清
長15厘米
清宮舊藏

**Gold hairpin with inlays of pearls,
jadeites and gems**
Qing Dynasty
Length: 15cm
Qing Court collection

簪柄鑲嵌翠製手形飾，手腕套環，執
如意。如意頭套活環，繫珍珠一串，
共六顆，下有四瓣式金托包祖母綠墜
角。

此簪造型別致，殊為少見。鑲嵌用料
上等、珍貴。

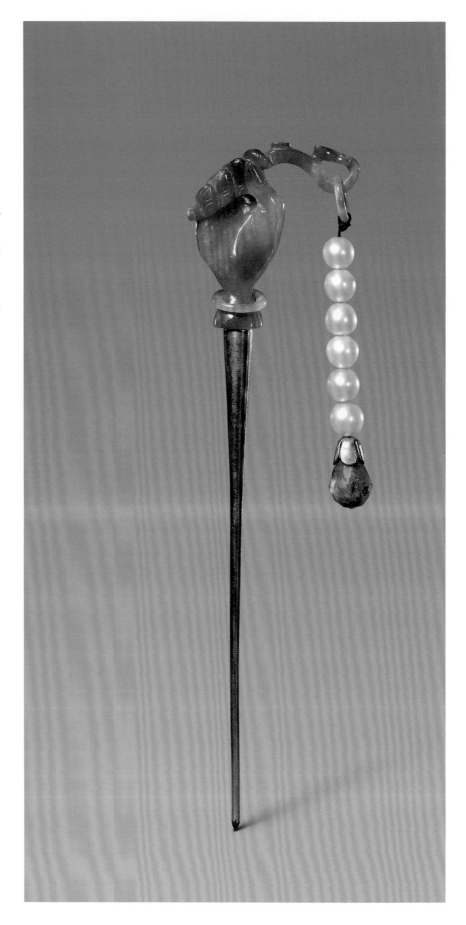

124

銀鍍金鑲異形珠寶石瓶簪
清
長7厘米　寬5厘米
清宮舊藏

**Gilt-silver hairpin with inlays of strange
pearl and sapphire vase**
Qing Dynasty
Length: 7cm　Width: 5cm
Qing Court collection

簪柄設計成一組"童子報平安"圖案：
一顆異形大珍珠加工成舞蹈狀童子，
頭髮、雙腳用墨點出，雙手鍍金。一
側為藍寶石製寶瓶，下有綠松石托，
瓶內插珊瑚枝，枝叉上纏繞金累絲點
翠花紋、如意，嵌一"安"字。

此簪用料珍貴，設計巧妙，製作精
緻。

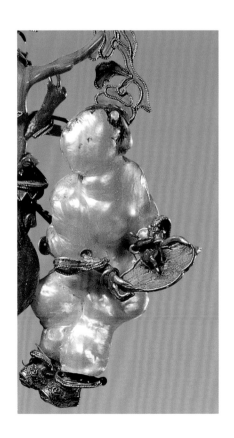

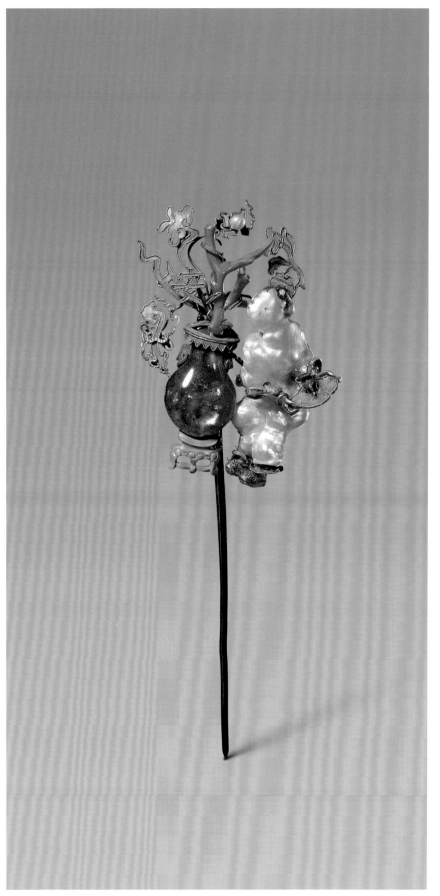

125

銀鍍金點翠嵌藍寶石簪
清
長9.5厘米　寬2厘米
清宮舊藏

**Gilt-silver hairpin with lotus receptacle of
kingfisher feather inlaid with sapphire**
Qing Dynasty
Length: 9.5cm　Width: 2cm
Qing Court collection

簪柄為銀鍍金點翠蓮花托三層，二層
嵌珍珠一顆，三層嵌藍寶石一塊。

此簪所嵌藍寶石大而圓潤，成色上
佳。

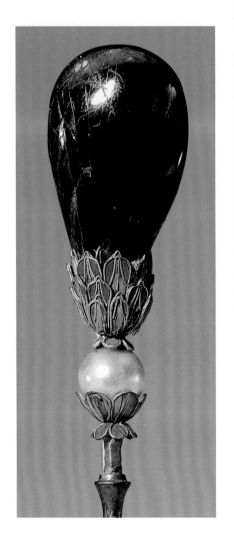

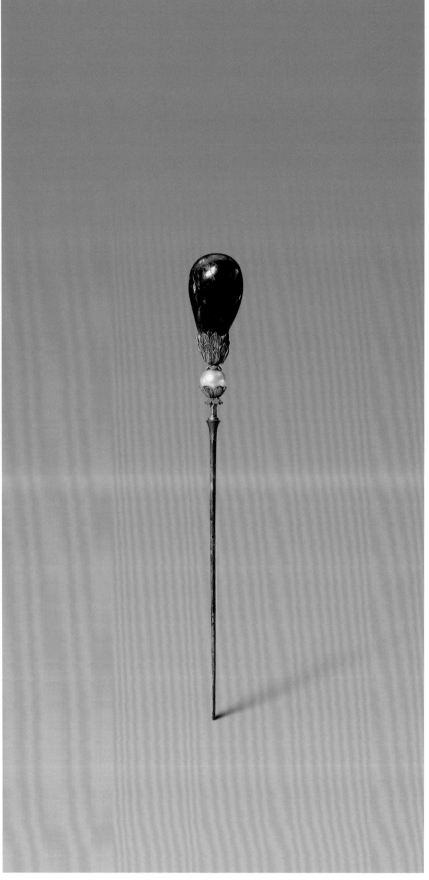

126

金鑲珠石松鼠簪
清
長13.5厘米　寬2厘米
清宮舊藏

Gold hairpin embossed with a squirrel
and inlaid with pearls, rubies and a
tourmaline
Qing Dynasty
Length: 13.5cm　Width: 2cm
Qing Court collection

簪兩端各嵌一塊紅寶石，簪柄雕松
鼠、樹枝，嵌碧璽一塊、珍珠兩顆。

此簪為清代后妃生活用品。

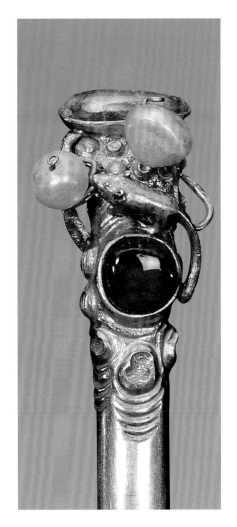

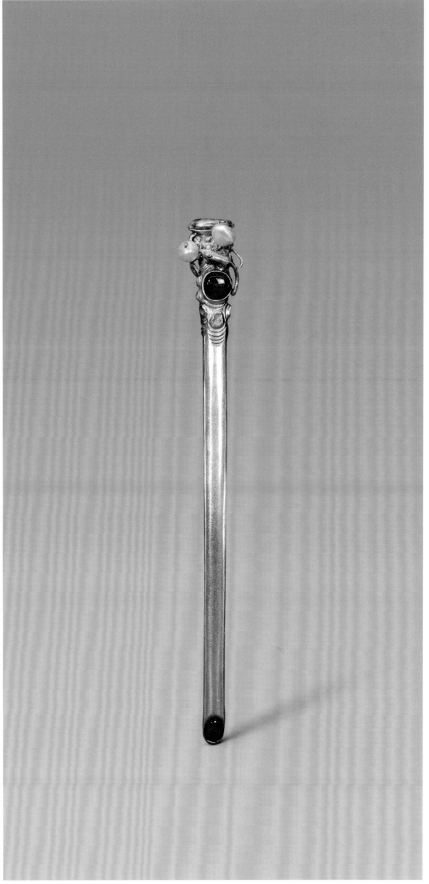

白玉嵌翠碧璽花簪
清
長17.1厘米　寬1.2厘米
清宮舊藏

White jade hairpin inlaid with design of jadeite and tourmaline
Qing Dynasty
Length: 17.1cm　Width: 1.2cm
Qing Court collection

柄部為扁片狀，兩面紋飾對稱，選用
紅、藍寶石、碧璽為花，翠為花葉嵌
出花草圖案，柄端嵌一較大碧璽花。

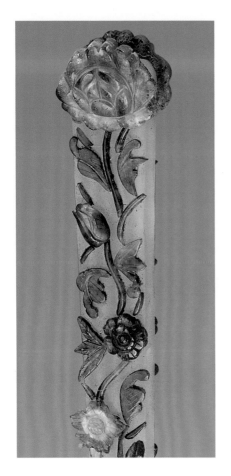

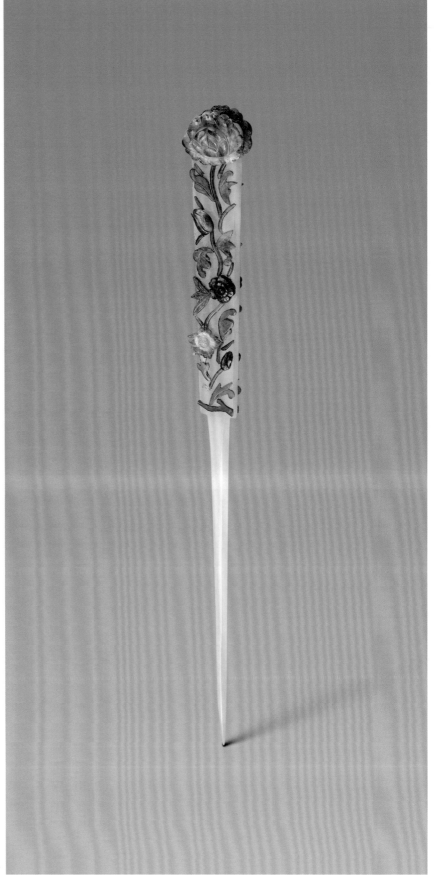

128

金鑲珠花蝠簪
清
長14厘米　寬3.3厘米
清宮舊藏

Hairpin with bat and flower of gold filigree inlaid with pearls and precious stones
Qing Dynasty
Length: 14cm　Width: 3.3cm
Qing Court collection

簪柄以金累絲做出花卉、蝙蝠圖案，花瓣、枝葉等處點翠，在花蕊處嵌珍珠兩顆，碧璽、藍寶石各一塊。

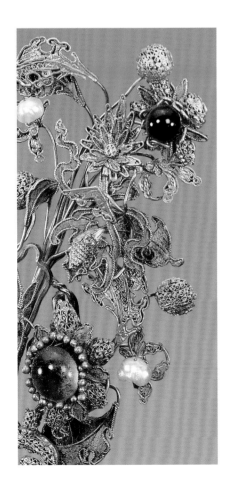

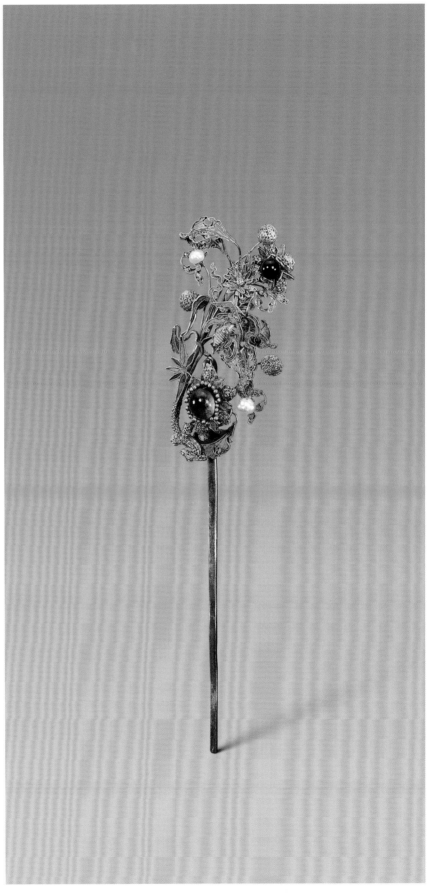

金鑲寶石蜻蜓簪
清
長9.5厘米
清宮舊藏

**Hairpin with a dragonfly of gold filigree
inlaid with precious stones**
Qing Dynasty
Length: 9.5cm
Qing Court collection

簪柄飾金累絲蜻蜓，身正中、兩翅嵌
紅寶石，兩鬚端鑲珍珠。

此簪累絲工藝細膩精工，取蜻蜓諧
音，寓意"大清安定"。

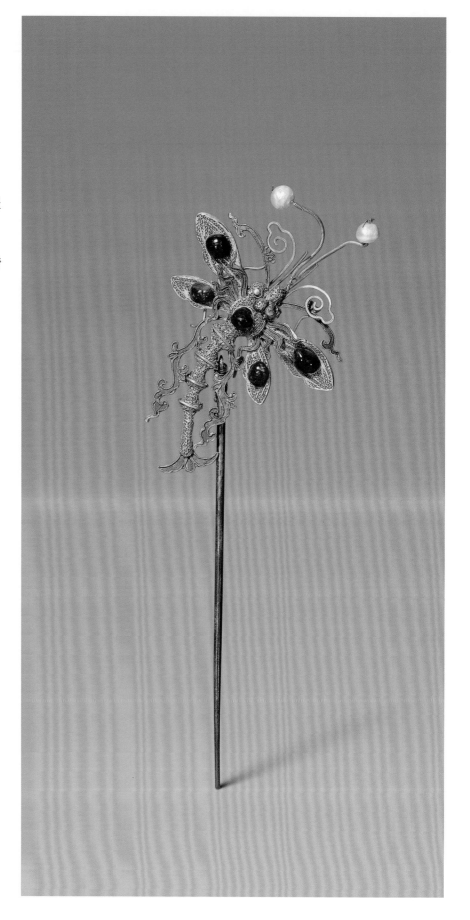

130

金鑲珠石蘭花蟈蟈簪
清
長21厘米
清宮舊藏

Hairpin with a katydid on orchid of gold filigree inlaid with pearls and precious stones
Qing Dynasty
Length: 21cm
Qing Court collection

簪柄以金累絲和鑲嵌工藝製成花卉圖
案，金累絲點翠蘭花，白玉、珊瑚雕
製靈芝，伏在花葉間的蟈蟈以金累絲
編製，尾部嵌藍寶石，貓眼石、茶色
水晶和珍珠為花。

此簪用料珍貴，造型生動，極富生活
氣息。

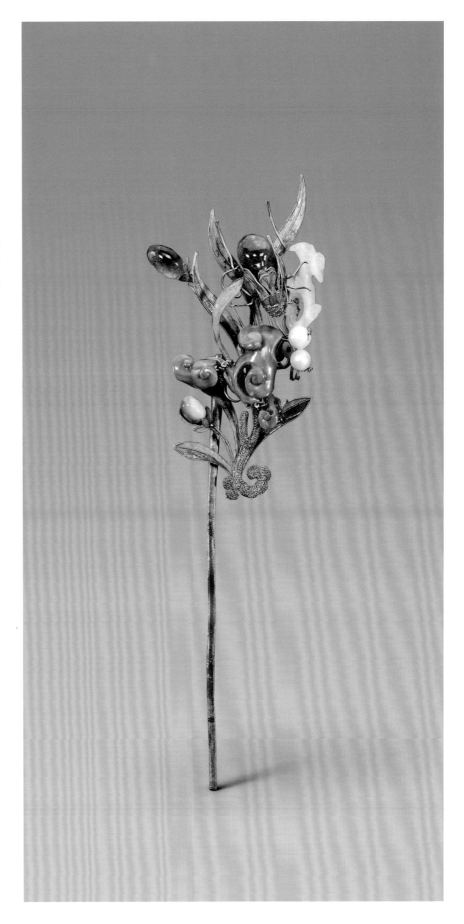

銀鍍金嵌珠寶蝴蝶簪
清
長18厘米　寬4.5厘米
清宮舊藏

**Gilt-silver hairpin with gold butterfly
inlaid with pearls and precious stones**
Qing Dynasty
Length: 18cm　Width: 4.5cm
Qing Court collection

簪柄為金累絲蝴蝶，蝶身以金累絲為
托，上嵌紅寶石一塊，蝶翅為金點
翠，嵌紅寶石、碧璽各兩塊，蝶鬚端
嵌珍珠。

此簪造型生動，工藝細膩，用料珍
貴。

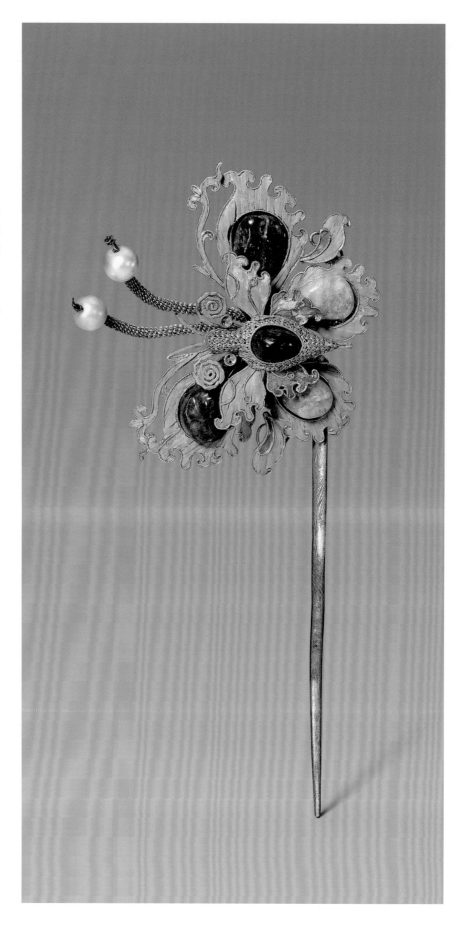

132

銀鍍金嵌珠寶五鳳簪
清
長17.5厘米　寬5厘米
清宮舊藏

Gilt-silver hairpin with five phoenixes of
gold filigree inlaid with pearls and
precious stones
Qing Dynasty
Length: 17.5cm　Width: 5cm
Qing Court collection

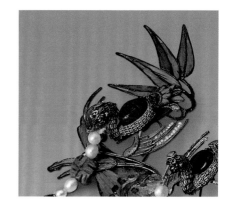

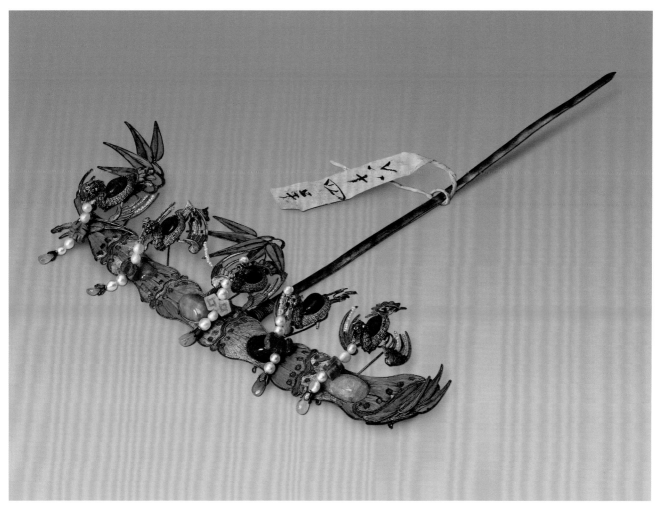

簪柄以銀鍍金累絲竹節托，通體點
翠，嵌碧璽、紅寶石、翡翠。托上連
接竹葉、五隻鳳鳥。五鳳皆金累絲而
成，鳳頭龍身，身嵌紅寶石，頭嵌珍
珠，翅膀穿米珠兩組，口啣珍珠流
蘇，流蘇有雙勝、卍字、蝙蝠珊瑚

結，翡翠墜角，寓意"萬福"。附黃
籤，書："六十四號"。

按照清朝典章制度，皇后佩戴九鳳
簪，貴妃佩戴七鳳簪，此五鳳簪為妃
子佩戴。

133

金鑲東珠耳環
清
長2.3厘米　一對
清宮舊藏

Gold earring inlaid with pearls (a pair)
Qing Dynasty
Length: 2.3cm
Qing Court collection

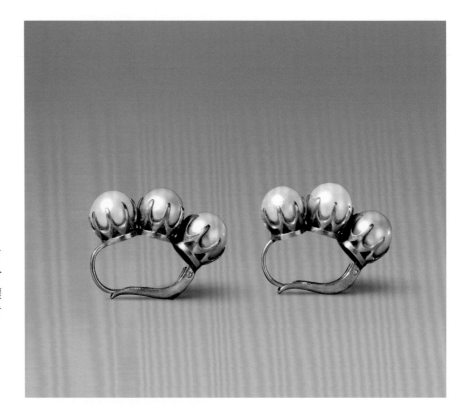

金環上帶托，鑲三顆東珠。

中國自漢代就有婦女戴耳環的記載，
多用金、玉、珠、寶石、翠等珍貴材
料製作。清代后妃戴耳環可區分身份
等級，穿朝服時，皇后所戴耳環各鑲
三顆東珠，妃嬪戴一對珍珠，平時可
隨意。此耳環，為清代皇后所戴。

134

金鑲珠翠蝙蝠耳環
清
徑3厘米　蝠長1.2厘米　寬1.8厘米
一對
清宮舊藏

**Gold earrings with a bat of gold filigree
inlaid with pearls and jadeite (a pair)**
Qing Dynasty
Diameter: 3cm　　Bat: Length: 1.2cm
Width: 1.8cm
Qing Court collection

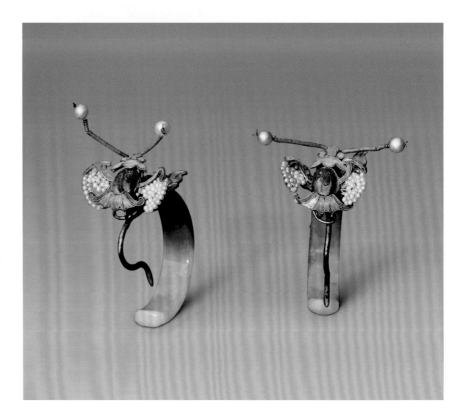

半圓形翠與金鈎相連，飾金累絲蝙
蝠，蝠身嵌紅寶石一塊，雙翅嵌米
珠，頭尾為金點翠，兩鬚為金絲，頂
部嵌珍珠，寓意"福貴"。

此耳環為后妃平時所戴。

135

金點翠嵌東珠耳環
清
高2.6厘米　寬2厘米　一對
清宮舊藏

Gold earrings inlaid with pearls (a pair)
Qing Dynasty
Height: 2.6cm　Width: 2cm
Qing Court collection

半環狀，多環節，活口，開合處有彈
簧銜接金鈎，戴時金鈎穿過耳眼交合
成環。通體金點翠，環面上嵌滿米
珠。正面為金累絲盤腸結，嵌珊瑚米
珠，正中嵌大東珠一顆。

此耳環是江南蘇州織造進貢給宮內
的。

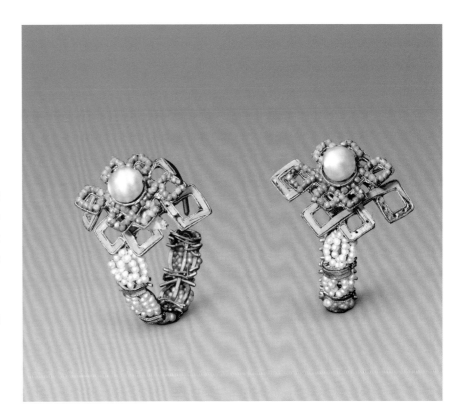

136

金鑲珠翠耳墜
清
長12.5厘米　一對
清宮舊藏

Gold eardrops inlaid with jadeite and pearls (a pair)
Qing Dynasty
Length: 12.5cm
Qing Court collection

流蘇式，金托上嵌翡翠蝴蝶，背面有
金針，用於穿耳。下墜珍珠一串，最
上一顆為三等珍珠，下有金托，刻
"寶源九金"戳記。珍珠串下為茄形翡
翠墜角，以粉碧璽為托，兩側嵌珍
珠。

此耳墜為民間珠寶店製。

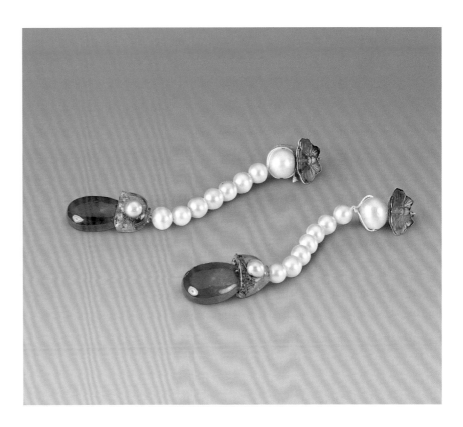

137

翡翠手鐲
清
(1)徑5.1厘米　一對
(2)徑8.1厘米　一對
清宮舊藏

Jadeite bracelet
Qing Dynasty
(1) Diameter: 5.1cm (a pair)
(2) Diameter: 8.1cm (a pair)
Qing Court collection

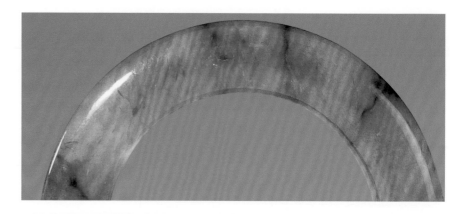

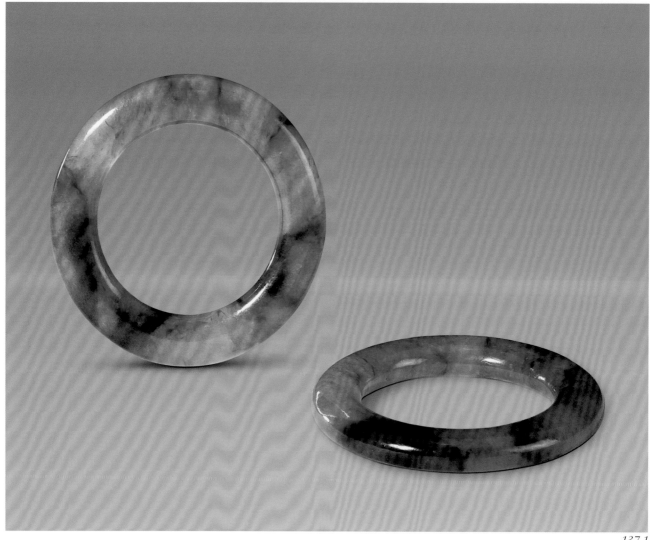

137.1

圖（1）圓棱，光素無花紋，翠質較
好。

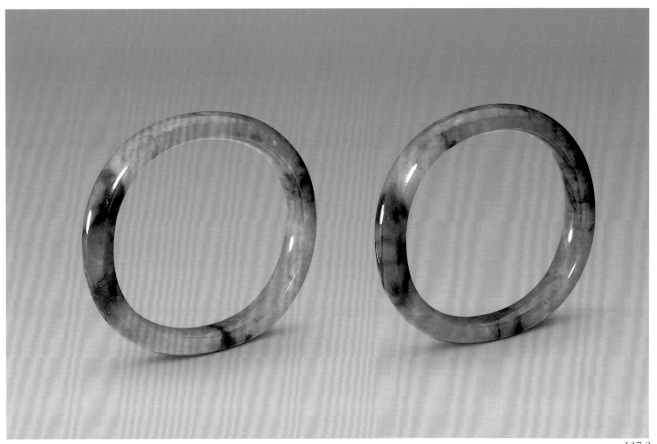

137.2

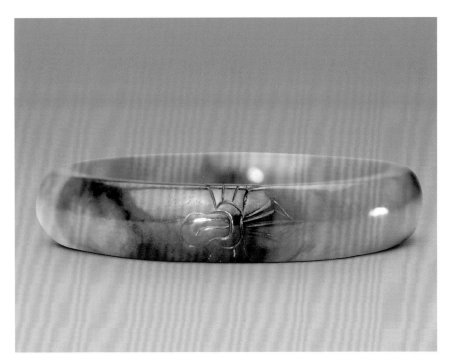

圖（2）外環陰刻袱繫紋。翠色潤綠，水頭足，稱為"高翠"。為慈禧太后戴用。

鐲，又稱臂環，在中國古代男女同用，唐宋時成為女性裝飾品，清代戴手鐲成為女性時尚。清宮手鐲種類繁多，有玉、翠、瑪瑙、枷楠香、琥珀、菩提子、金、銀及各種鑲嵌等，其中以翡翠為珍貴。

138

金鑲珠翠軟手鐲
清
徑5.9厘米

Gold bracelet inlaid with pearls and jadeite ring
Qing Dynasty
Diameter: 5.9cm

手鐲六節，中嵌翠環，環中有蓮瓣式金托，嵌東珠一顆，翠環兩邊成"品"字形各鑲東珠三顆。翠環背面八角形鏤空托底，光綫能夠自然透射，設計巧妙。金樑上刻"志成九金"字樣。

此手鐲為民間珠寶店製。

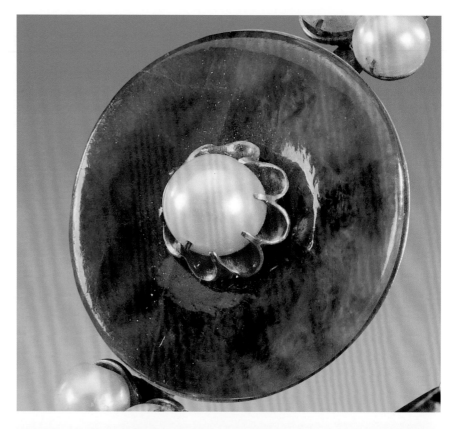

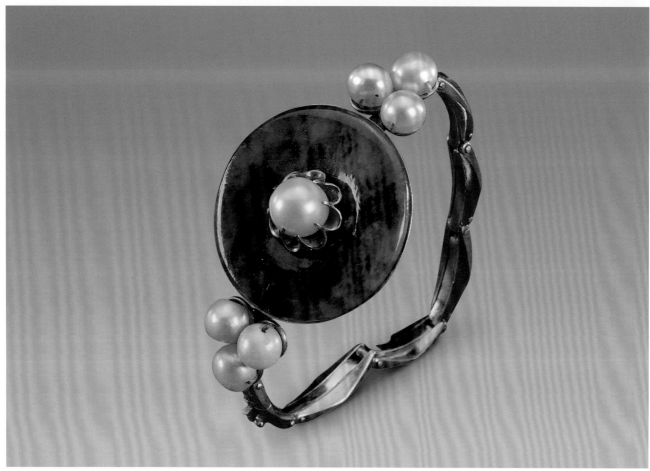

139

金嵌珍珠龍戲珠紋手鐲
清
徑7.8厘米　一對
清宮舊藏

Gold bracelet inlaid with pearls and four dragons playing with a pearl (a pair)
Qing Dynasty
Diameter: 7.8cm
Qing Court collection

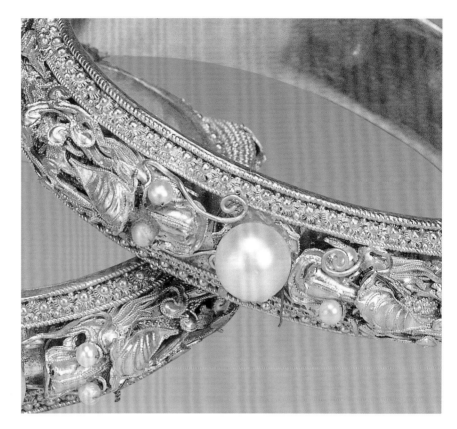

環形，外環累絲紋飾，兩龍相對，中間嵌大珍珠一顆，兩龍身尾互相纏繞，龍眼由小米珠鑲嵌而成。

此鐲造型獨特，做工細緻，金成色上佳。

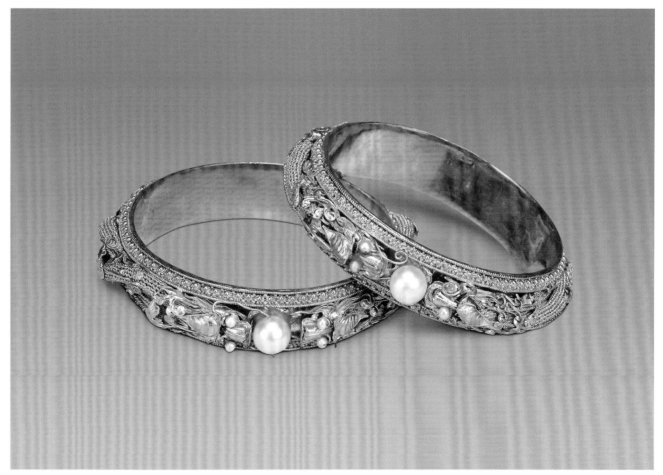

140

帶珠翠碧璽十八子手串
清
(1) 周長30厘米　珠徑1.3厘米
(2) 周長35厘米　珠徑1.3厘米
清宮舊藏

Two strings of 18 tourmaline beads with jadeite and pearls
Qing Dynasty
(1) Perimeter: 30cm
　　Diameter of bead: 1.3cm
(2) Perimeter: 35cm
　　Diameter of bead: 1.3cm
Qing Court collection

手串由碧璽珠18顆穿成。

圖（1）翠質結珠兩個，佛頭繫絲緣，
下連金累絲點翠結牌，正中嵌上等東
珠一顆。牌下果實形翠質墜角兩個，
墜角上有小珍珠三顆、米珠七組。

圖（2）黃色碧璽珠串成，間以珊瑚環
相隔，上下有翠質結珠兩個。佛頭塔
繫絲緣，連珍珠五顆，珍珠、珊瑚米
珠七組，下繫粉色碧璽墜角兩個。

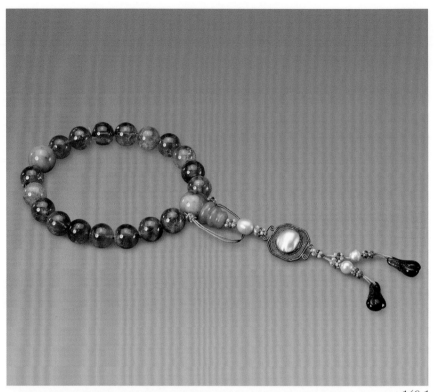

140.1

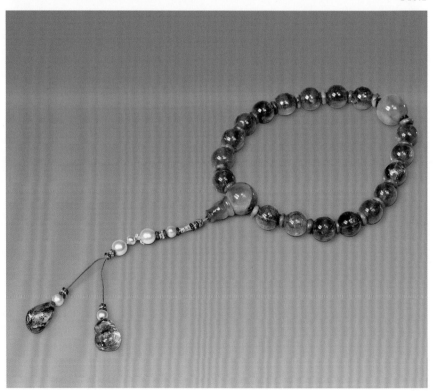

140.2

141

翡翠十八子手串
清
（1）周長31厘米　珠徑1.2厘米
（2）周長30厘米　珠徑1.2厘米
清宮舊藏

Two strings of 18 jadeite beads
Qing Dynasty
(1) Perimeter: 31cm
    Diameter of bead: 1.2cm
(2) Perimeter: 30cm
    Diameter of bead: 1.2cm
Qing Court collection

手串用翠珠18顆穿成，中有結珠，繫墜角。

圖（1）四個碧璽結珠，碧璽佛頭繫黃絲絛，下連碧璽結、米珠三組，兩墜角一為藍晶石，一為黃晶石。

圖（2）碧璽結珠兩顆，下結珠與碧璽佛頭相連。佛頭下有金質鈴杵，兩端穿珍珠，中有金點翠地六瓣式結牌，上嵌紅寶石兩顆、鑽石四顆，正中嵌東珠。結牌下連碧璽墜角兩個，墜上方穿珍珠和珊瑚米珠。

手串是清代后妃日常生活的裝飾品，可挽在手腕上或拿在手中，也可掛在便服衣襟的紐扣上。製作手串的有翠、玉、寶石、瑪瑙、珊瑚、菩提、青金石等，以寶石、翠玉最為珍貴。

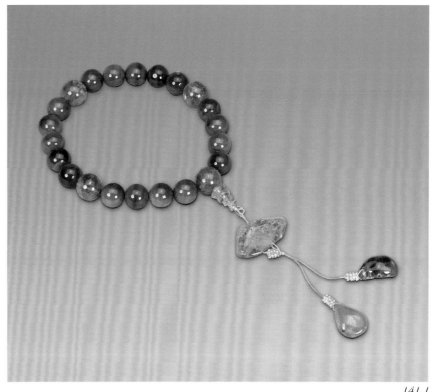

141.1

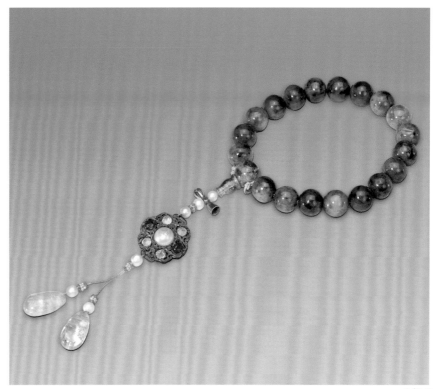

141.2

142

東珠軟鐲

清

周長17.5厘米　寬2.2厘米

Bracelet of pearl

Qing Dynasty

Perimeter: 17.5cm　　Width: 2.2cm

以四串東珠排列穿成，中間兩排間有兩兩成組的 21 列縱向間隔，兩邊各有 21 列一珠間隔。兩端為白金卡托，一端為母托，上刻連續扇形花草紋，嵌東珠一顆；一端呈卡狀，可與母托相連。全鐲共用東珠 250 顆。

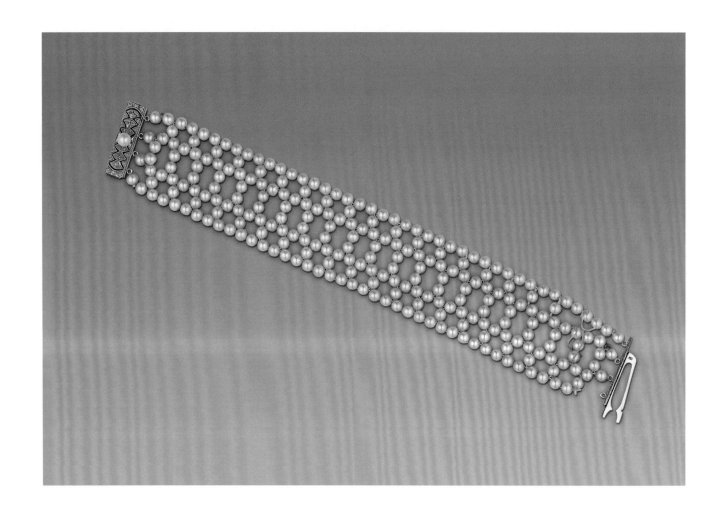

143

銀鑲珊瑚領約
清
周長46厘米　內徑22厘米
清宮舊藏

Silver Lingyue (neck-ring) inlaid with coral
Qing Dynasty
Perimeter: 46cm　Inner diameter: 22cm
Qing Court collection

領約環形，活口開合式。環共三節，兩節為銀鍍金，雕雲蝠紋和雙喜字、壽字；一節為紅珊瑚質，外包銀點翠雲頭紋和雙喜字，喜字上嵌紅寶石、碧璽。活口處繫兩條黃絲縧帶，穿雕交龍和壽字的紅珊瑚結，下有紅珊瑚墜角，帶上共綴米珠十組。

領約，又稱頸圈，用於約束頸間衣領，為清代后妃禮服用品。

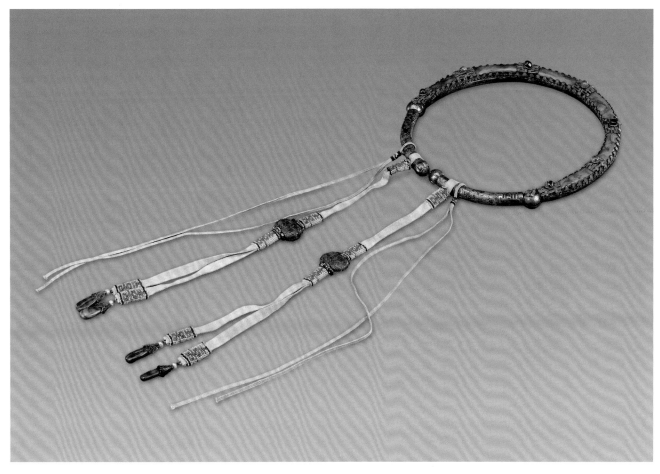

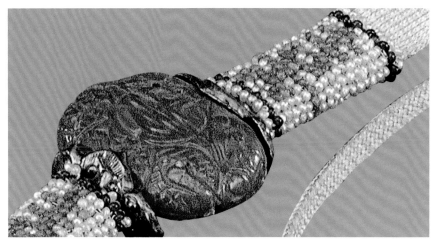

144

翡翠雕花背雲

清

(1) 長2.8厘米　寬3.6厘米　厚0.3厘米
(2) 長2.5厘米　寬2.8厘米　厚0.2厘米
(3) 長2.5厘米　寬3.5厘米　厚0.3厘米
(4) 徑2.1厘米

清宮舊藏

Jadeite Beiyun (an ornament on court beads) carved with lowers in openwork

Qing Dynasty

(1) Length: 2.8cm　Width: 3.6cm
　　Thickness: 0.3cm
(2) Length: 2.5cm　Width: 2.8cm
　　Thickness: 0.2cm
(3) Length: 2.5cm　Width: 3.5cm
　　Thickness: 0.3cm
(4) Diameter: 2.1cm

Qing Court collection

圖（1）鏤雕成荷葉形，依翠料顏色深淺雕刻花葉，深顏色雕成荷葉，淺處雕成荷花，深淺相間，形態自然。

圖（2）通體雕成一片海棠花葉形，兩面均雕葉脈，一面在葉上雕一隻蝴蝶，似要撲向前方的花枝。上、下均有孔，可繫繩，作穿繫結牌之用。

圖（3）鏤雕成盤腸結式。上下各鏤一孔，為穿絲綫用。盤腸有卍字不斷之意，象徵長壽。

圖（4）圓形，一面拱起凸雕成荷葉，一面凸雕一條小魚，既似一頂小帽子扣在魚兒身上，又像是魚兒藏臥在荷葉之下。活潑生動，呼之欲出。

背雲為朝珠的飾件，垂於背後，上與佛頭塔相連，下與墜角相接。

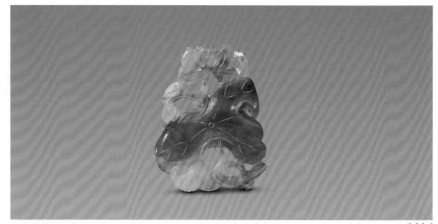

144.1

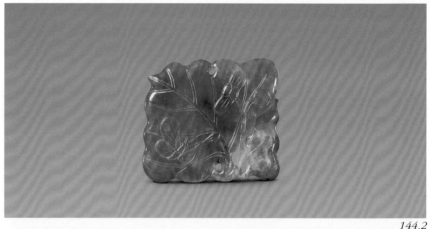

144.2

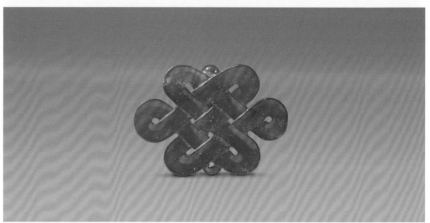

144.3

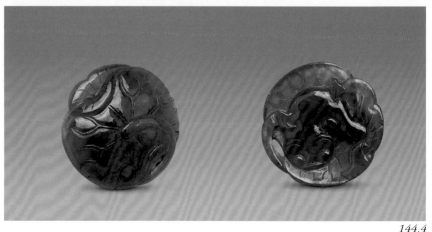

144.4

145

墜角

清

(1) 通長5.5厘米　一對
(2) 高1.7厘米　徑0.7厘米　一對
(3) 通長4.8厘米　徑1.9厘米
(4) 長1厘米　寬0.85厘米
　　高0.5厘米　一對

清宮舊藏

Jadeite pendant-end

Qing Dynasty
(1) Overall length: 5.5cm (a pair)
(2) Length: 1.7cm
　　Diameter: 0.7cm (a pair)
(3) Overall length: 4.8cm
　　Diameter: 1.9cm
(4) Length: 1cm　Width: 0.85cm
　　Height: 0.5cm (a pair)
Qing Court collection

圖（1）一對，每串由八顆珍珠和一個翡翠墜角組成，墜角頂部有金托相包。手串墜角。

圖（2）葫蘆形翡翠，光素無花紋。墜上有孔，作穿絲縷之用。手串墜角。

圖（3）金累絲托鑲茄形藍寶石。原繫黃籤，書："藍寶石大墜角一個"。為朝珠背雲上所繫。

圖（4）藍寶石繫於絲縷上，上連一根細金絲，穿珍珠一顆和米珠、珊瑚珠組成的珠結。

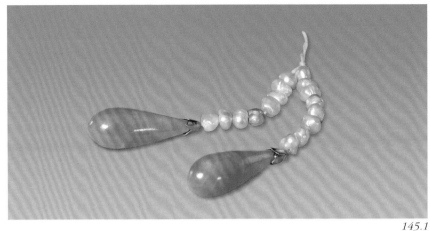

145.1

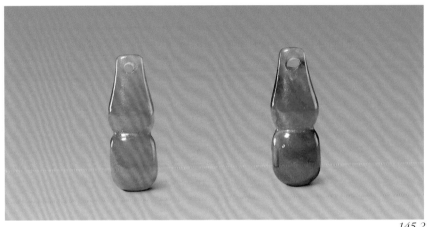

145.2

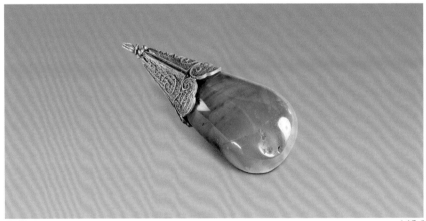

145.3

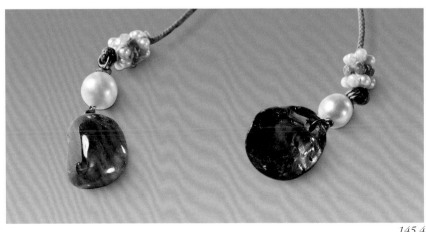

145.4

146

翡翠戒指
清
徑2～2.4厘米

Jadeite ring
Qing Dynasty
Diameter: 2~2.4cm

馬蹄形，光素無紋飾。翠質溫潤，色
澤較好。

戒指，也稱指約，古代稱指環。最
初，是古代宮廷婦女用以避邪的標
記，後來演化為女性飾品。清代后妃
所戴戒指，質地多為黃金、白金、翡
翠，有的還鑲嵌各種寶石、珍珠等。

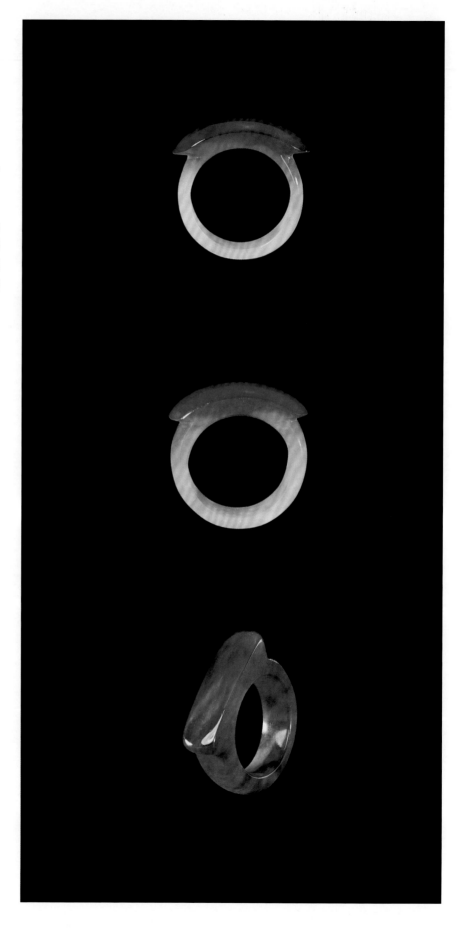

147

翡翠戒指
清
徑2～2.2厘米
清宮舊藏

Jadeite rings
Qing Dynasty
Diameter: 2~2.2cm
Qing Court collection

圓形鼓腹，一件素面，兩件戒面凸雕
蝠、壽和桃紋，寓意"福壽雙全"。

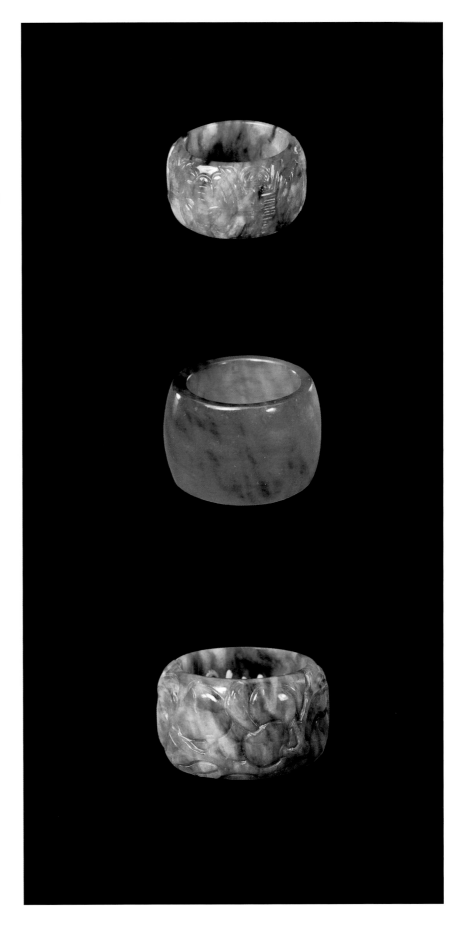

金鑲寶石戒指

清

(1) 徑1.9厘米　面長1.4厘米
　　寬1.3厘米
(2) 徑1.9厘米　面長1.5厘米
(3) 徑1.8厘米　面長1.5厘米
　　寬1.2厘米
(4) 徑1.7厘米　面長0.9厘米
　　寬0.7厘米
(5) 徑2厘米　面長1.8厘米
(6) 徑2.1厘米　面長1.4厘米

清宮舊藏

Gold rings inlaid with precious stones

Qing Dynasty

(1) Diameter: 1.9cm
　　Length of face: 1.4cm
　　Width of face: 1.3cm
(2) Diameter: 1.9cm
　　Length of face: 1.5cm
(3) Diameter: 1.8cm
　　Length of face: 1.5cm
　　Width of face: 1.2cm
(4) Diameter: 1.7cm
　　Length of face: 0.9cm
　　Width of face: 0.7cm
(5) Diameter: 2cm
　　Length of face: 1.8cm
(6) Diameter: 2.1cm
　　Length of face: 1.4cm

Qing Court collection

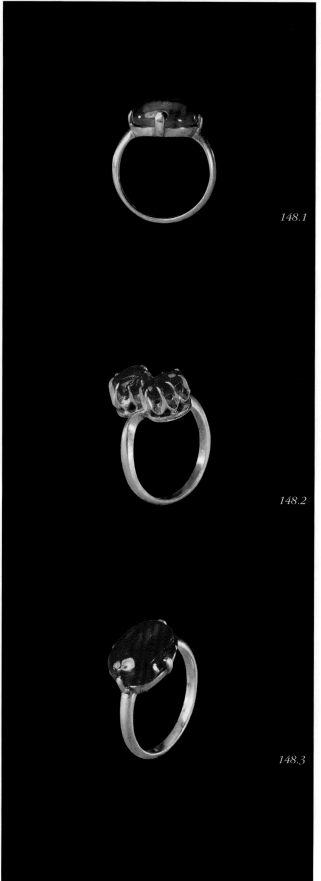

148.1

148.2

148.3

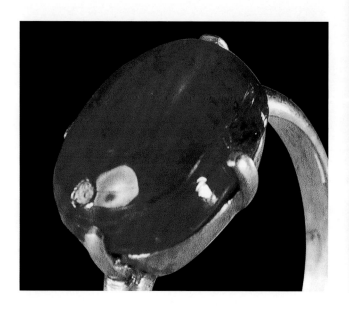

環形箍，戒面帶金托，鑲嵌寶石。

圖（1）四爪金托，嵌翡翠一塊。箍內刻"善記18"戳記。民間珠寶店製。

圖（2）兩個鏤空金托，鑲嵌隨形紅寶石兩塊，一顆大紅色，一顆玫瑰紅。箍內刻"德華足金"戳記。民間珠寶店製。

圖（3）戒面鏤空金托，嵌紅寶石一塊。寶石色紅如血，鮮豔無比，為上等佳品。箍內刻"善記18"戳記。民間珠寶店製。

圖（4）箍活口，與戒面相交處鏤刻花葉紋。戒面兩個八爪金托，嵌紅、藍寶石各一塊。箍內側有"德華足金"戳記。民間珠寶店製。

圖（5）箍活口，戒面中間六爪金托嵌珍珠一顆，兩邊分別嵌雕刻成蝙蝠狀的翡翠和紅寶石。

圖（6）戒面四爪金托嵌藍寶石一塊。箍內側刻"曹記81"戳記。民間珠寶店製。

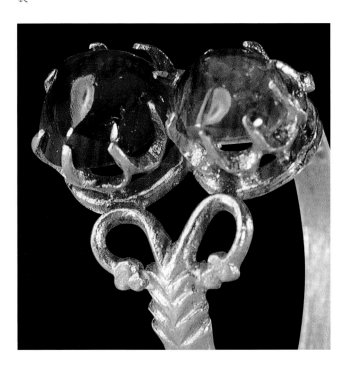

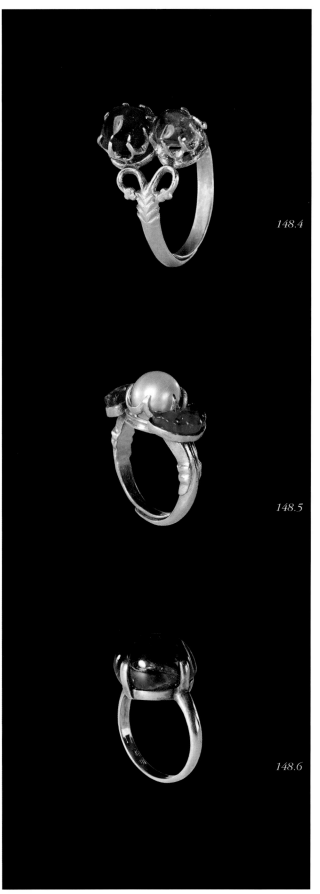

148.4

148.5

148.6

金鑲珠寶戒指

清
(1) 徑2.1厘米　面長1.5厘米
　　寬0.3厘米
(2) 徑1.7厘米　面長2.087厘米
　　寬0.94厘米
(3) 徑1.7厘米　面長3.85厘米
　　鑽石重5.58克拉
(4) 徑1.9厘米
(5) 徑1.5厘米　面長1.5厘米
(6) 徑1.5厘米　面長1.7厘米
(7) 徑1.7厘米
(8) 徑2.1厘米　面長2.1厘米
(9) 徑2.2厘米　面長2.2厘米

Gold ring inlaid with pearls and precious stones

Qing Dynasty
(1) Diameter: 2.1cm
　　Length of face: 1.5cm
　　Width of face: 0.3cm
(2) Diameter: 1.7cm
　　Length of face: 2.087cm
　　Width of face: 0.94cm
(3) Diameter: 1.7cm
　　Length of face: 3.85cm
　　Width of diamond: 5.58carat
(4) Diameter: 1.9cm
(5) Diameter: 1.5cm
　　Length of face: 1.5cm
(6) Diameter: 1.5cm
　　Length of face: 1.7cm
(7) Diameter: 1.7cm
(8) Diameter: 2.1cm
　　Length of face: 2.1cm
(9) Diameter: 2.2cm
　　Length of face: 2.2cm

圖（1）活口金箍。戒面雕捲草紋托，鑲嵌祖母綠寶石三塊、鑽石三顆。

圖（2）白金箍，兩端飾珠紋。戒面四爪托，嵌藍寶石一塊。藍寶石色帶平直，內有液體包體，底部有象鼻眼，原為鑲嵌裝飾件，後改為戒面。

圖（3）白金箍，戒面嵌鑽石一塊。鑽石標準切工，無色，質地及切工均為上乘。

圖（4）活口金箍。戒面捲草紋托，嵌珍珠五顆。戒箍內側鏨刻"德華足金"戳記。

圖（5）金箍，從上至下鏨刻、鏤雕紋飾，有連珠紋、雲紋、鋸齒紋、魚鱗紋、幾何紋及蕉葉紋等。戒面鑲藍寶石一塊。

圖（6）銀箍，鏤雕葉紋、棱紋。戒面嵌粉紅色碧璽一塊。

圖（7）白金箍，雕花葉紋。戒面圓托，鑲嵌一周鑽石，共16顆，托面單嵌束珠一顆。

圖（8）金箍，鏤雕花葉、如意紋。戒面嵌紅寶石一塊。箍內側鏨刻"庚辰志成九金"戳記，"庚辰"為清代光緒六年（1880）。

圖（9）開白金箍，箍面較寬。戒面嵌紅寶石一塊。開白金在清末屬新工藝品種，為時人所重。

這組戒指均為清末代皇帝溥儀戴用，曾被攜帶出故宮，1955年歸回。溥儀受西方影響，也佩帶戒指。一般直徑較大，造型、紋飾具有西洋風格，鑲嵌寶石也多為大塊，與后妃所戴戒指的精緻華麗形成對比。

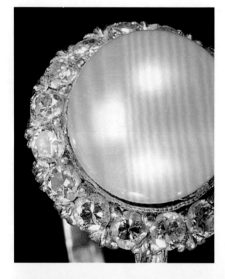
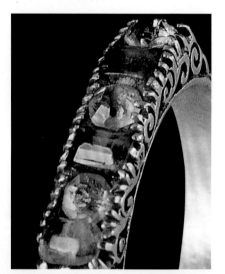
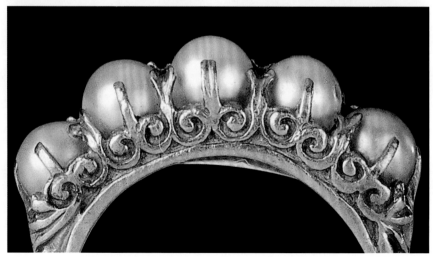

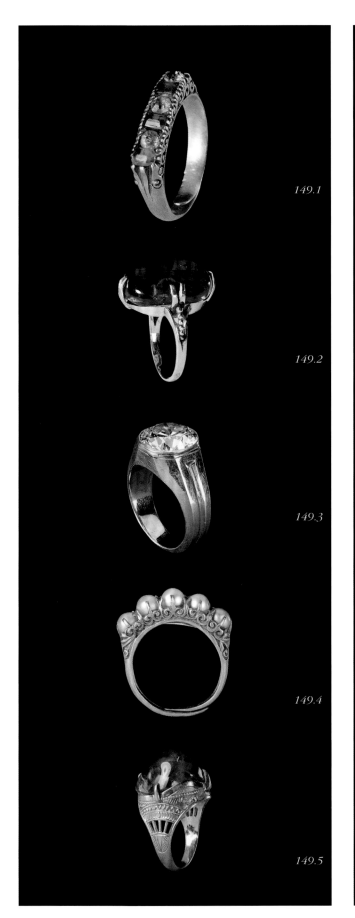

149.1

149.2

149.3

149.4

149.5

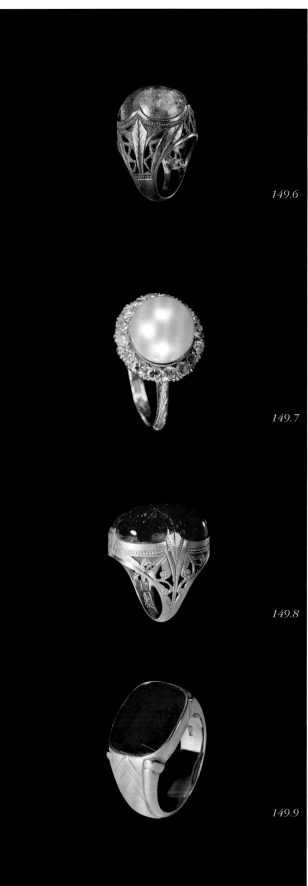

149.6

149.7

149.8

149.9

150

金鑲翠戒指
清
(1) 徑2.2厘米
(2) 徑2.2厘米
(3) 徑1.9厘米　一對
清宮舊藏

Gold rings inlaid with jadeites
Qing Dynasty
(1) Diameter: 2.2cm
(2) Diameter: 2.2cm
(3) Diameter: 1.9cm (a pair)
Qing Court collection

金胎，外鑲翠或碧璽一周，鼓腹。

圖（1）鑲翠，兩端各鑲小金珠一圈，金胎內壁刻有"寶華足金"戳記。

圖（2）鑲翠，翠面中間雕一道弦紋，兩端各嵌小珍珠一周，共50顆。金胎內側鏨刻"寶華足金"戳記。

圖（3）一對，形制相同，鑲碧璽，上下口沿嵌52粒米珠。箍內刻"寶華足金"戳記。

此戒指均為民間珠寶店專造。

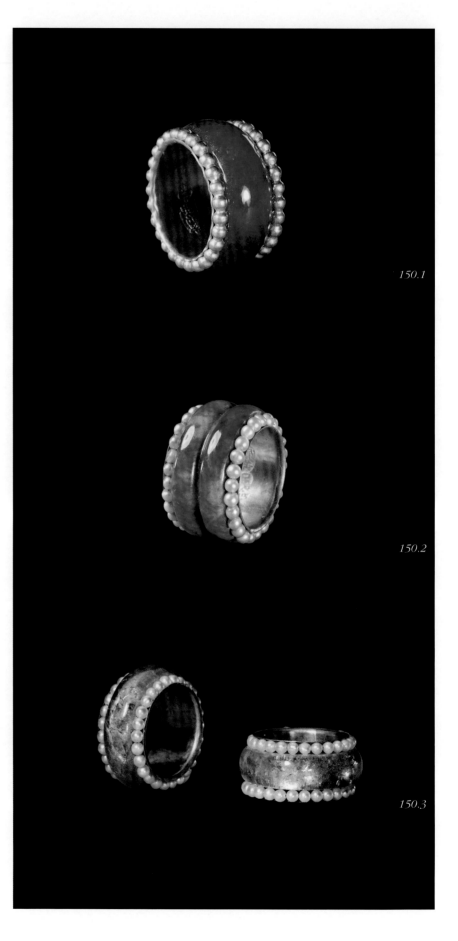

150.1

150.2

150.3

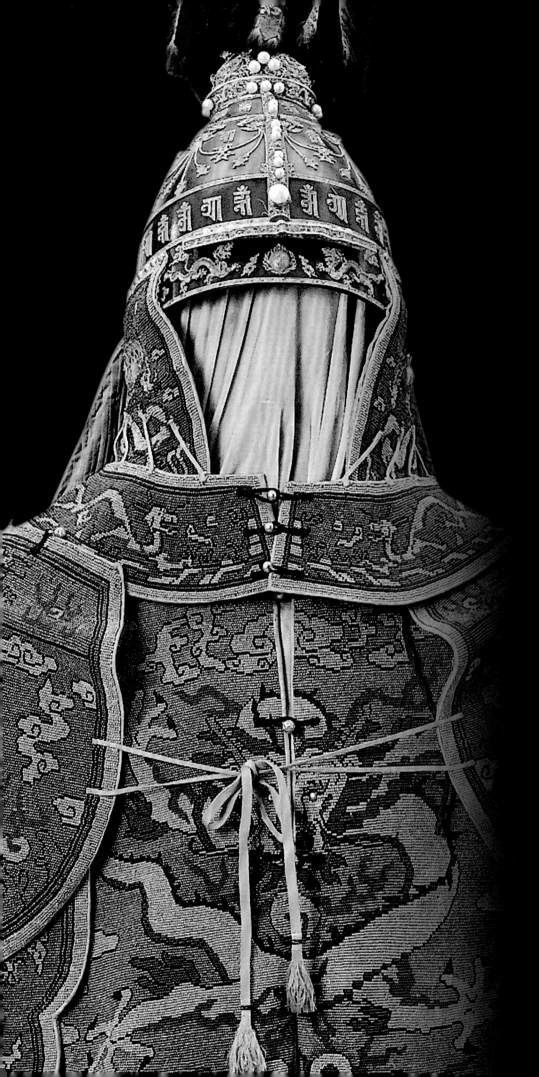

武備

*Armaments
and
Military
Supplies*

151

金嵌珠石珊瑚馬鞍
清順治
高32厘米　長66厘米
清宮舊藏

Gold saddle inlaid with coral beads,
pearls and gems
Shunzhi Period, Qing Dynasty
Height: 32cm　Length: 66cm
Qing Court collection

鞍橋木胎，外包黃金，鏨刻雲龍紋。
前鞍橋鏨刻三龍，中間正龍啣東珠一
顆，邊緣嵌綠松石六塊、珊瑚珠五
顆；後鞍橋飾四龍，邊緣嵌綠松石六
塊，珊瑚珠五顆，東珠一顆。提胸
二，西番蓮鍍金花托嵌青金石八塊、
綠松石八塊、珊瑚12顆。馬鐙鐵質，
底部鏨方勝圖案。鞦轡齊全，鐵鋄金
飾件嵌珊瑚珠。鞍側附有皮籤，墨
書："甘字二號世祖章皇帝嵌松石珊
琥絲綆鞍一副。鑲嵌不全"。

此馬鞍為清代順治皇帝御用。

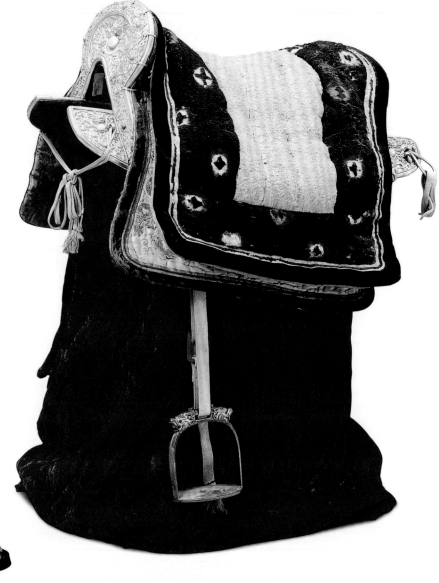

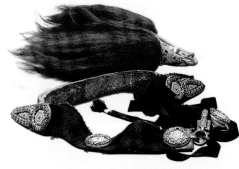

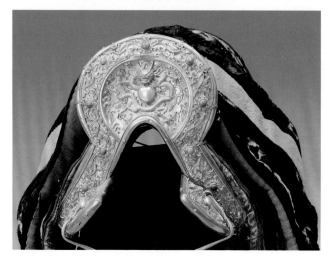

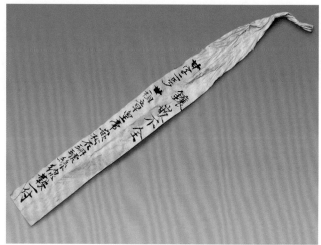

152

嵌珍珠珊瑚馬鞍
清順治
高27厘米　長65.5厘米
清宮舊藏

Saddle inlaid with pearls and coral breads
Shunzhi Period, Qing Dynasty
Height: 27cm　Length: 65.5cm
Qing Court collection

馬鞍前高後低，木胎，外包銀、鐵。
鞍橋邊緣為鐵鋄金捲草紋，面為以珍
珠、珊瑚珠鑲嵌而成的龜背紋，前鞍
橋正中有金質鏤雕火焰球一個，上嵌
東珠三顆。馬鐙、鞦轡齊全，附有木
牌，墨書："世祖鞍三"。

此鞍鑲嵌精工，為清順治皇帝御用。

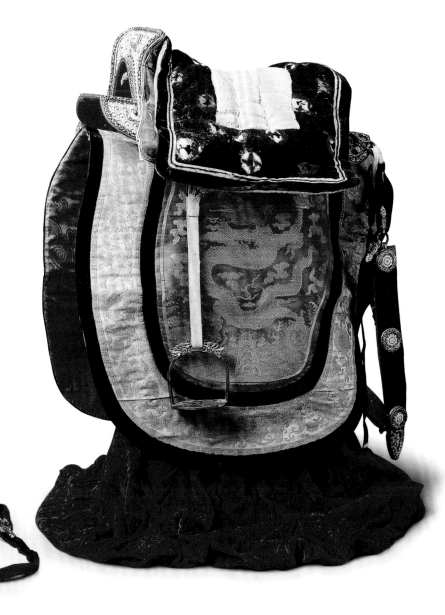

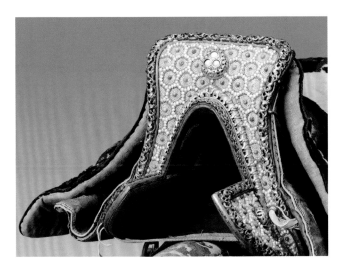

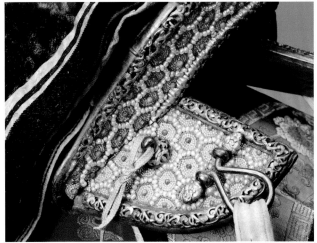

153

鎖子錦盔甲
清順治
上衣長73厘米　下裳長71厘米
盔高32厘米　徑22厘米
清宮舊藏

A suit of brocade armour with herring-bone design worn by Emperor Shunzhi
Shunzhi Period, Qing Dynasty
Length of the upper armour: 73cm
Length of the lower armour: 71cm
Height of helmet: 32cm
Diameter of helmet: 22cm
Qing Court collection

甲為上衣下裳式，藍地人字紋錦，石青緞緣，月白綢裏，外佈銅鍍金釘。上衣護肩接衣處，飾金累絲雲龍紋、八寶圖案等，鑲嵌珊瑚珠、珍珠、青金石、綠松石等。胸部懸圓形護心鏡，周邊飾金累絲雲龍紋。衣袖排上下鋼葉一道，腕部飾金累絲雲龍紋，鑲嵌珊瑚珠、青金石、綠松石等。下裳排鋼葉六道。

盔為鐵質，鏤金累絲雲龍紋、如意雲紋，鑲嵌珊瑚、青金石、綠松石、螺鈿珠、珍珠等，飾四道鏤金累絲降龍金樑。盔頂飾鏤空金累絲盤龍纓座，纓管頂嵌東珠一顆，下垂貂皮纓。盔下搭藍地人字紋錦護耳、護頸，石青緞緣，佈銅鍍金釘，左右耳處有鏤空刁龍金圓花。

此盔甲為清順治皇帝御用。

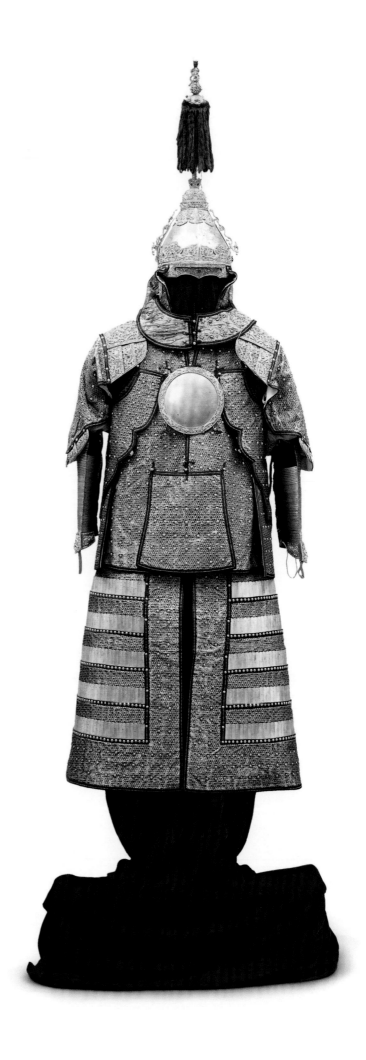

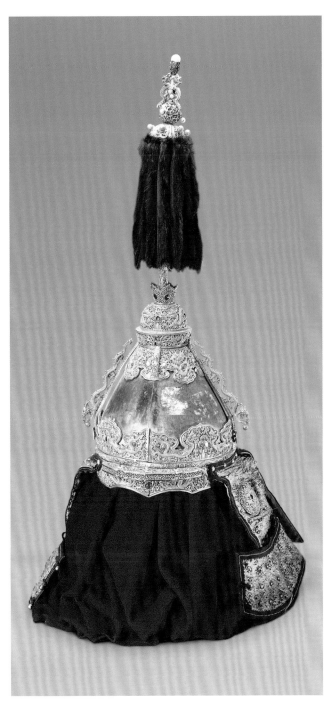
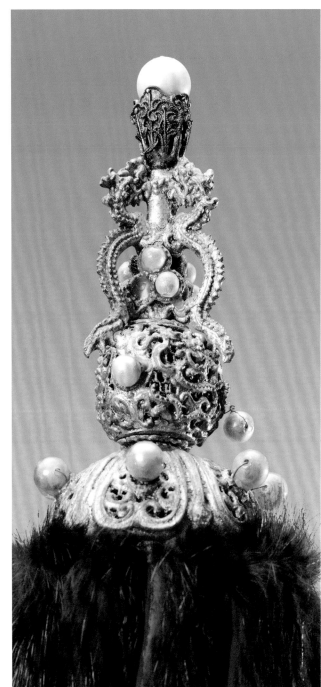

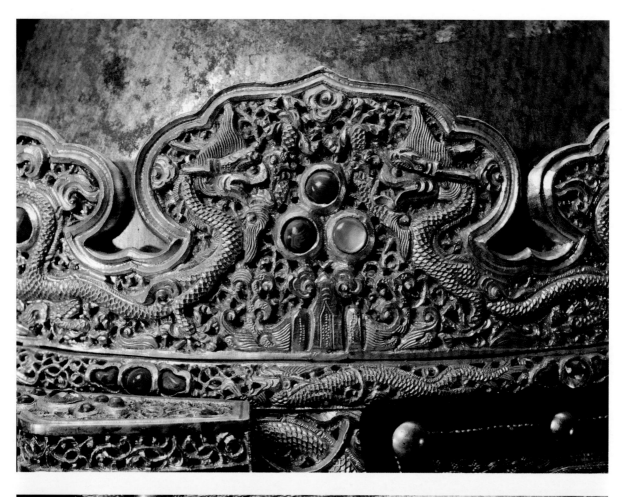

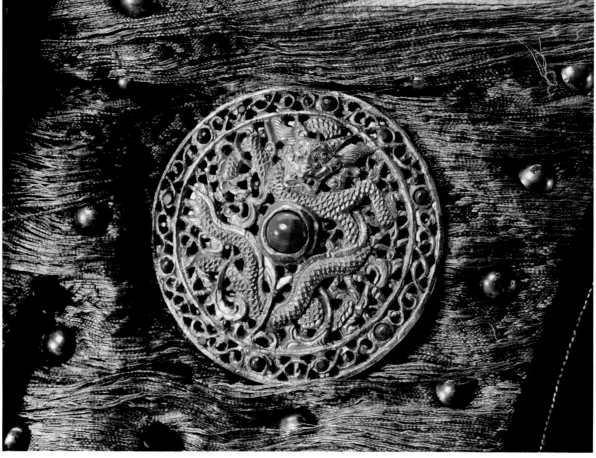

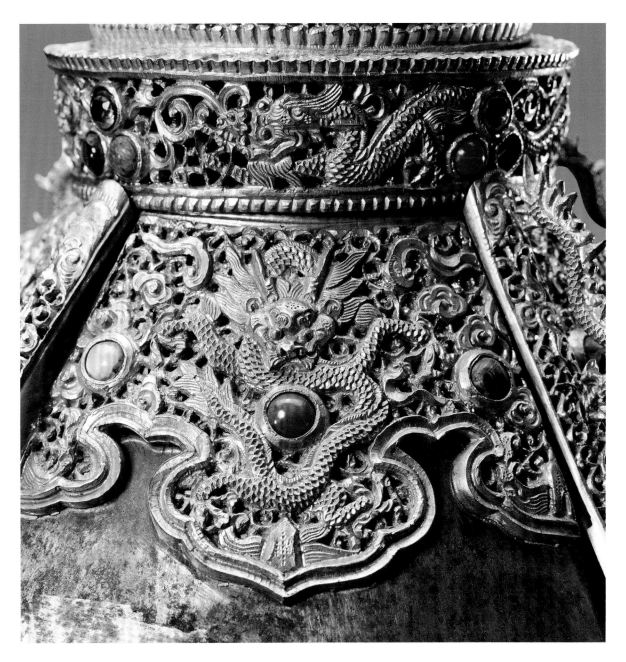

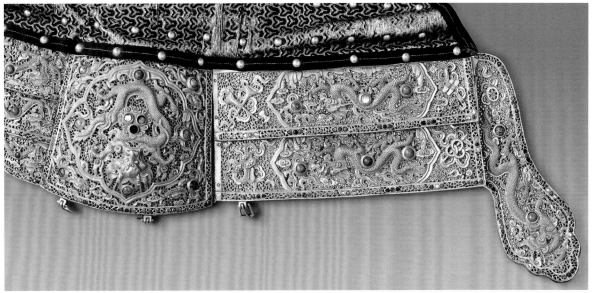

154

鎖子錦金葉盔甲
清康熙
上衣長75厘米　下裳長74厘米
盔高33厘米　徑22厘米
清宮舊藏

A suit of brocade armour with herringbone design decorated with gold leaves worn by Emperor Kangxi
Kangxi Period, Qing Dynasty
Length of the upper armour: 75cm
Length of the lower armour: 74cm
Height of helmet: 33cm
Diameter of helmet: 22cm
Qing Court collection

甲為上衣下裳式，明黃緞人字紋織金
鎖子錦，月白裏，石青緞緣，中敷
綿，外佈金釘。上衣下裳金葉均排列
五道，左右袖上下排金葉一道。上衣
胸部懸圓形護心鏡。穿時，各部分由
金紐扣連綴成一整體。

盔為牛皮製成，髹黑漆，飾金瓔珞、
梵文，鏤空金累絲雲龍紋，鑲嵌有
紅、藍寶石、碧璽、綠松石等；前後
鏤金龍樑兩道，帽沿處樑上各鑴三條
金龍，鑲嵌珍珠，三顆一組。纓座為
鏤空金累絲盤龍圓球，纓管上接升龍
兩條，頂嵌一顆異形大東珠，下垂貂
皮纓。盔搭護耳、護頸，均為黃錦繡
金龍雲紋，鏨佈金釘，石青緞緣。

此盔甲為清康熙皇帝御用。

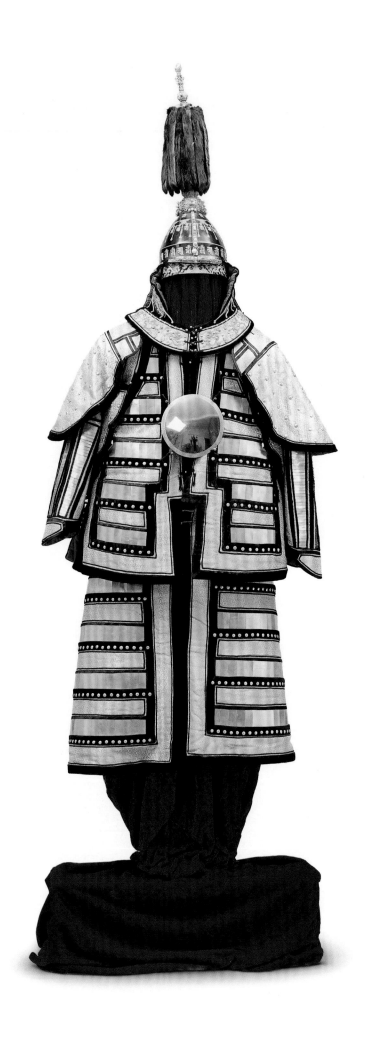

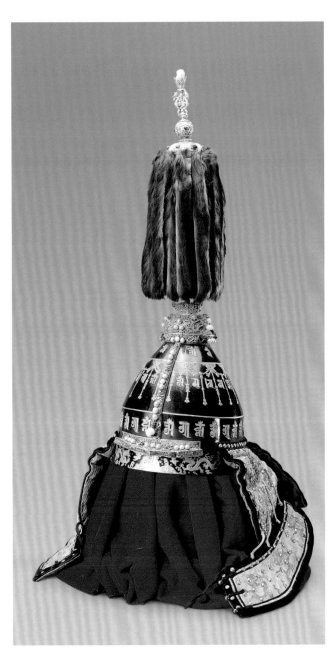
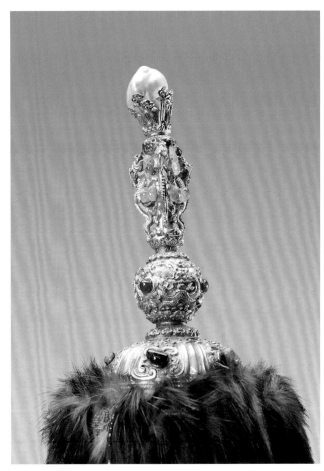
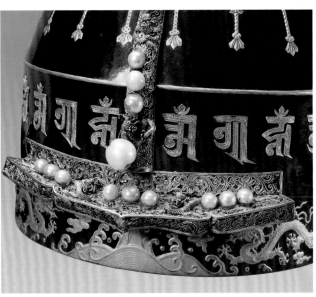
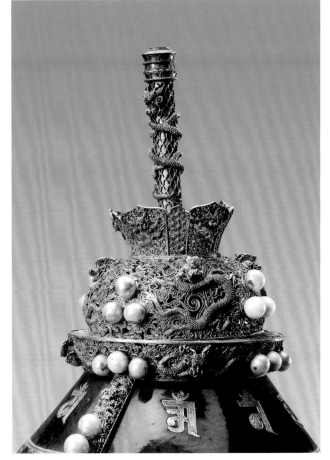

155

明黃緞繡五彩金龍盔甲
清乾隆
上衣長76厘米　下裳長70厘米
盔高31.5厘米　徑21厘米
清宮舊藏

**A suit of armour of bright yellow satin embroidered with
polychrome clouds and gold dragons**
Qianlong Period, Qing Dynasty
Length of the upper armour: 76cm
Length of the lower armour: 70cm
Height of helmet: 31.5cm
Diameter of helmet: 21cm
Qing Court collection

甲為上衣下裳式，明黃緞面，青緞緣，月白綢裏，內敷絲綿，面滿繡五彩雲、金龍和海水江崖紋，規則排列金帽釘。雙袖用金綫繡成，袖口月白緞繡金龍。上衣正中懸圓形護心鏡，鏡四周金質雲龍紋飾。下裳分左右兩部分，明黃緞五彩行龍繡和金綫五道相間排列，中間以金帽釘相隔。

盔牛皮製，外髹黑漆，飾瓔珞、梵文，前後有雲龍紋金樑各一道，上嵌銀質飛龍，龍翅及尾嵌紅寶石和鑽石，樑上下各嵌東珠三顆。盔頂金質纓座，飾金累絲雲龍紋，嵌東珠，三顆一組。盤龍金柱纓管，頂嵌一等大東珠一顆，下垂貂皮纓。護耳、護頸為明黃緞五彩繡。

此盔甲選料精細，做工考究，色澤絢麗。為乾隆皇帝大閱八旗官兵列陣時穿用。

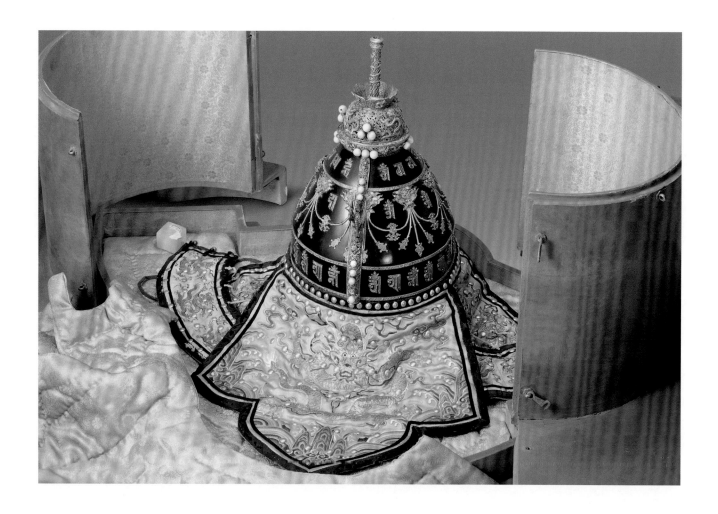

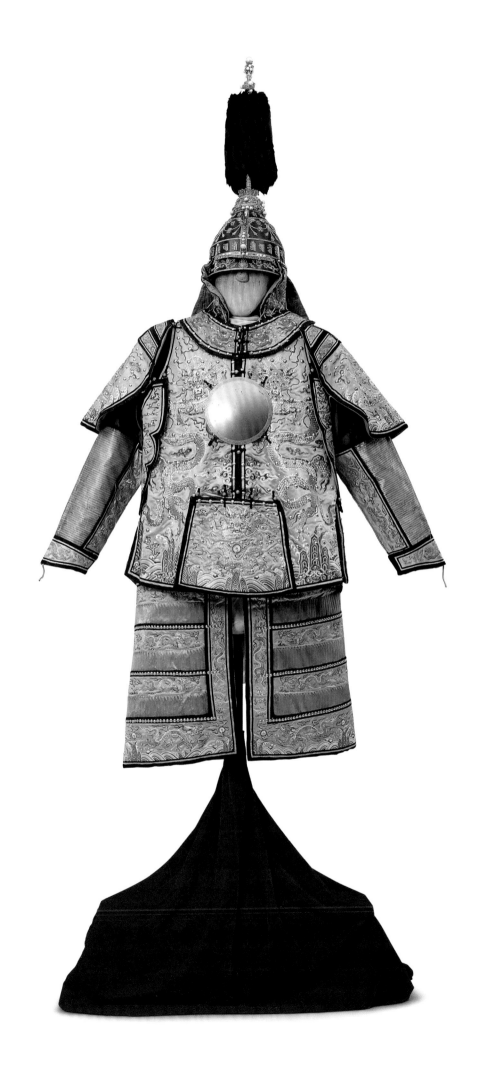

156

金銀珠雲龍紋盔甲
清乾隆
上衣長73厘米　下裳長61厘米
盔高56厘米　徑22厘米
清宮舊藏

A suit of armour made of gold and silver beads decorated with design of cloud and dragon
Qianlong Period, Qing Dynasty
Length of the upper armour: 73cm
Length of the lower armour: 61cm
Height of helmet: 56cm
Diameter of helmet: 22cm
Qing Court collection

甲上衣下裳式。甲身由60萬個半圓形的鋼珠組成，每個鋼珠底部都有兩個帶孔的鋼片，可以互相連綴。鋼珠外包金、包銀和髹漆，組成黃、白、青不同顏色的雲龍紋。

盔，皮胎髹漆，周圍鑲金樑，飾金梵文、瓔珞，嵌珍珠。盔頂以金累絲為托，上嵌大東珠一顆、紅寶石及珍珠，下垂黑貂皮纓。

此套盔甲為清宮造辦處於乾隆二十六年至二十九年（1761—1764）製造，共重15400克。工藝複雜，用材珍貴，為乾隆皇帝御用。

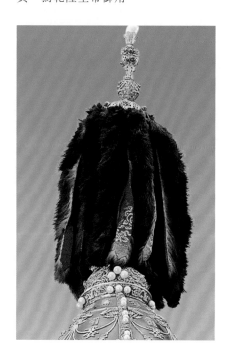

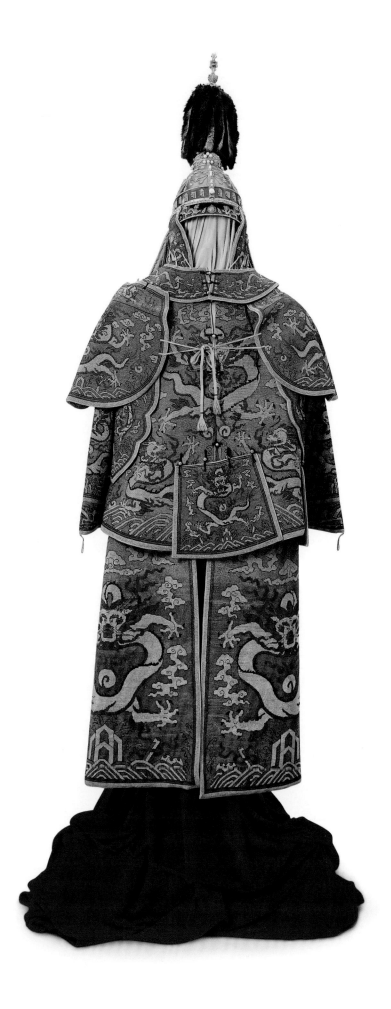

157

乾隆御用嵌珍珠金銀絲囊鞬
清乾隆
囊長37厘米　寬18厘米　厚4.5厘米
鞬長76.5厘米　寬32厘米
清宮舊藏

**A bag (for arrows) and a quiver (for bow)
used by Emperor Qianlong**
Qianlong Period, Qing Dynasty
Bag: Length: 37cm　Width: 18cm
Thickness: 4.5cm
Quiver: Length: 76.5cm　Width: 32cm
Qing Court collection

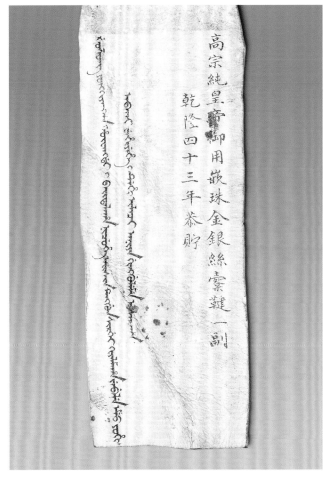

分囊、鞬兩部分，皮質，面蒙金銀絲
緞（又稱金寶地），飾花草紋，鑲珍珠
29顆。囊後附軟壺三個、明黃絲帶一
條，紅片金裏，外嵌珍珠15顆。絲帶
接鏤花鍍金鈎，以備佩掛之用。斂上
繫白色鹿皮籤，墨書滿、漢文：“高
宗純皇帝御用嵌珍珠金銀絲囊鞬一
副，乾隆四十三年恭貯”。

囊鞬，又稱“撒袋”，盛弓箭的器具，
囊裝箭，鞬裝弓。此囊鞬為清代乾隆
皇帝舉行大閱和圍獵時所用。

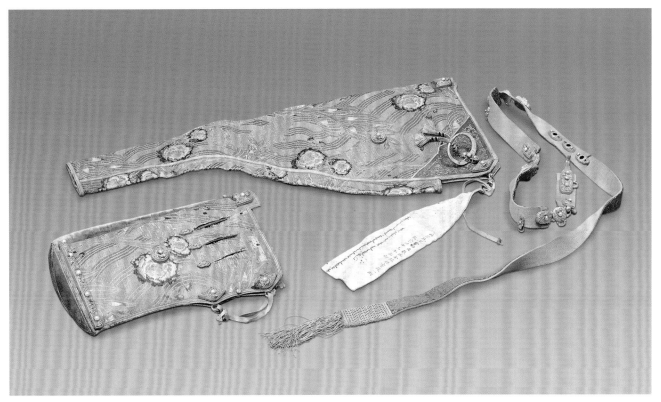

翡翠搬指
清
徑3.2厘米　高2.5厘米　一對
清宮舊藏

Jadeite archer's ring (a pair)
Qing Dynasty
Diameter: 3.2cm　Height: 2.5cm
Qing Court collection

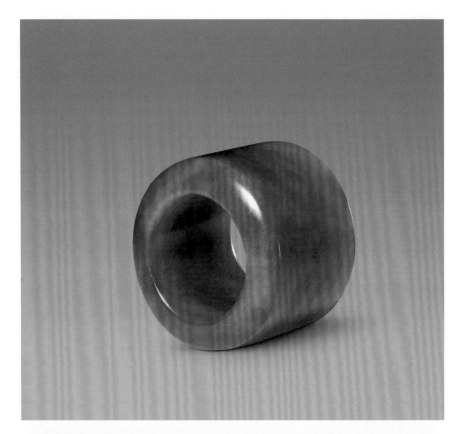

圓筒形，一件套有金裏。上端口沿磨
圓，下端口沿直平，全身光素。

搬指，古稱"韘"，是套在拇指上專供
射箭拘弦的器具，後來多用作裝飾
品。清代搬指盛行，多以玉、翡翠、
金銀為之，有的還飾有紋飾和鐫刻詩
句。此搬指是清宮造辦處製造，為皇
帝專用。翠色純淨，光澤圓潤，為翡
翠上品。

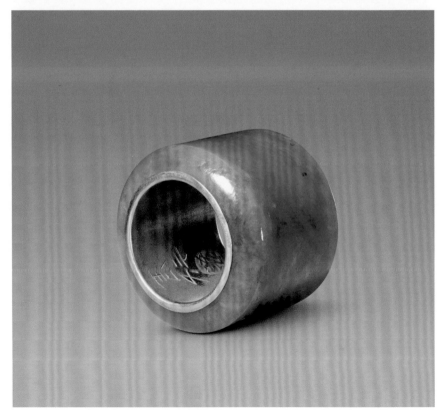

159

金鏨雙喜紋搬指

清
徑3厘米　高2.6厘米　厚0.5厘米
清宮舊藏

Archer's ring of gold engraved with the Chinese character Shuangxi (double happiness)

Qing Dynasty
Diameter: 3cm　Height: 2.6cm
Thickness: 0.5cm
Qing Court collection

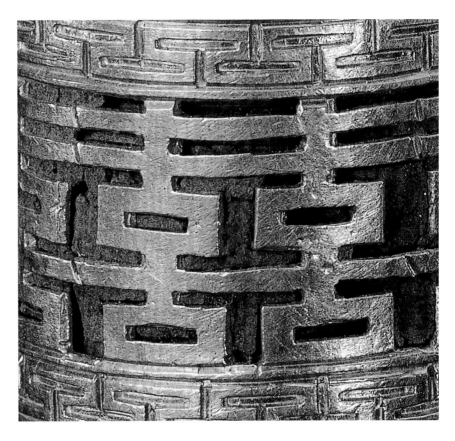

分為三層，裏外兩圈為金質，中間夾以木質膽。外周金圈鏤雕五個雙喜字，排列均勻，上下各飾一周迴紋。內層刻有“義和足金”戳記。

搬指多以質地硬滑的玉、翠為料，既可減少摩擦力，又使拇指不易被弓弦劃傷。金質硬度不高，表面的紋飾又阻礙弓弦滑動，應是裝飾品。為民間珠寶店製。

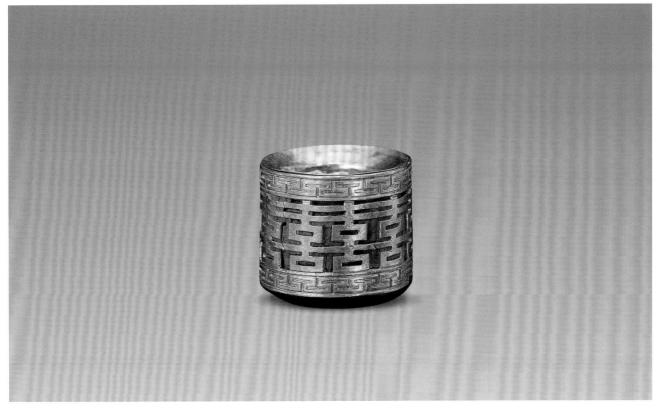

白玉嵌寶石柄金桃皮鞘含英腰刀

清乾隆
通長94厘米　刃長72厘米　柄長20厘米
清宮舊藏

A knife (carried at the waist) with the
Chinese characters Han Ying inlaid with
gems on its jade handle and a covered
with peach bark on its sheath
Qianlong Period, Qing Dynasty
Overall length: 94cm
Length of blade: 72cm
Length of handle: 20cm
Qing Court collection

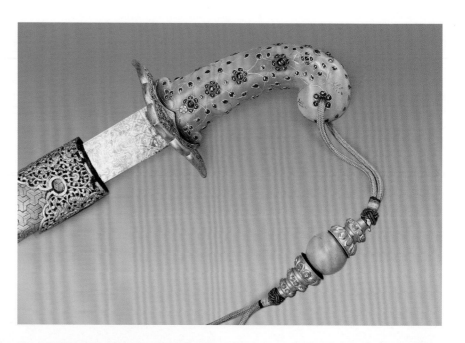

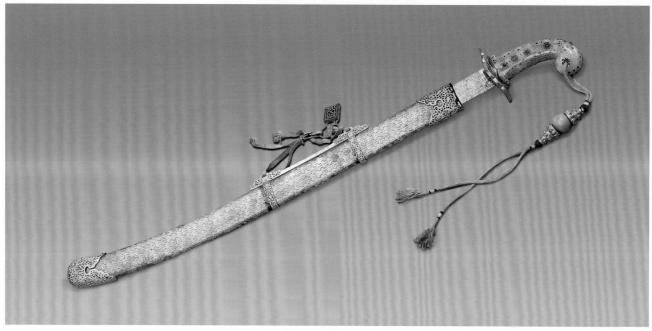

　　白玉捲首柄，嵌金絲為緣，內嵌紅、綠寶石一百餘塊。柄端繫明黃絲穗，中飾銅鍍金蓮花座嵌綠松石墜。菱形護手，鋼刃，近鋝處錯金、銀、銅三絲相間圖案，一面隸書銘文：“天字二十九號”，“含英”，另一面為“乾隆年製”款，款下以銀絲嵌成人物圖，一人持刀展示，一人驚嘆刀之精美，寓意刀名。金桃皮刀鞘，桃木取“避惡驅邪”之意。首尾飾件瑓、瑕為鐵鋄金鏤空花紋。鐵鋄金鏤雕蟠螭紋兩箍，繫明黃絲帶，以便佩掛。

　　清宮造辦處從乾隆十三年（1748）至乾隆六十年（1795）的四十七年間，共製作了四批刀劍，每批刀30把、劍30把，共計240把，按“天”、“地”、“人”編號，分上、下品級，每五把一組，盛放在48個楠木箱內，命名曰“湛鍔韜精”。此腰刀即為其中之一。

161

白玉嵌寶石柄金桃皮鞘煉精腰刀
清乾隆
通長94厘米　柄長12厘米
清宮舊藏

A knife with the Chinese characters Lian Jing inlaid with gems on its jade handle and covered with peach bark on its sheath

Qianlong Period, Qing Dynasty
Overall length: 94cm
Length of handle: 12cm
Qing Court collection

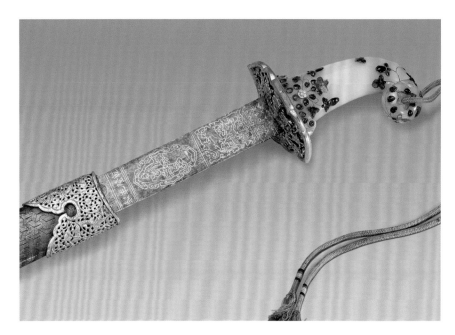

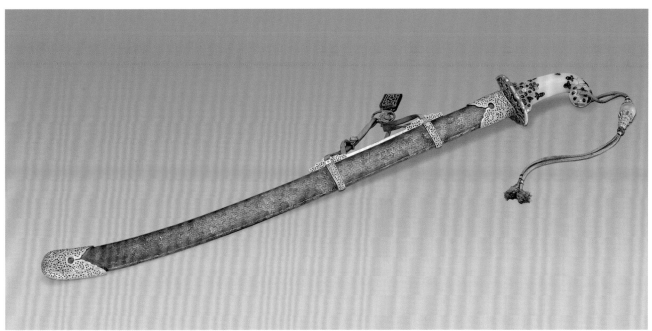

白玉捲首柄，嵌紅寶石、綠寶石、綠松石組成的花卉圖案。菱形鐵鋄金鏤雕夔龍紋護手，黃絲穗結鐵鋄金圓托嵌珊瑚、綠松石墜。鋼刃，兩面有血槽，銘文：“天字二十六號”，“煉精”；另一面“乾隆年製”款，金、銀、銅絲嵌製一男子端坐雲端，閉目養神，寓意刀名。金桃皮刀鞘，兩箍及琫、珌均為鐵鋄金鏤雕龍紋。

此腰刀為乾隆皇帝御用“湛鍔韜精”組刀之一。

鑲魚皮嵌寶石柄銅邊鞘神鋒劍

清乾隆
通長62.5厘米　刃長44.7厘米
柄長17厘米
清宮舊藏

A sword with the Chinese characters Shen Feng inlaid with shark leather and gems on its handle and decorated with copper hem on its sheath
Qianlong Period, Qing Dynasty
Overall length: 62.5cm
Length of blade: 44.7cm
Length of handle: 17cm
Qing Court collection

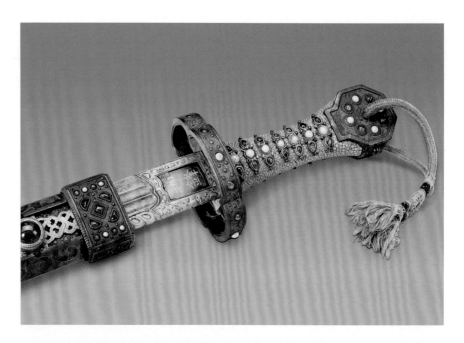

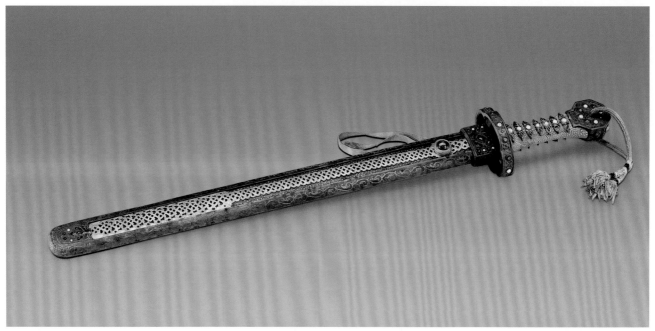

劍柄木製,面蒙白鯊魚皮,中嵌珍珠七顆,兩旁嵌藍寶石六塊,紅寶石八塊,劍首為包銀八邊形,嵌紅、藍寶石、珍珠,繫明黃絲穗。單刃,中起脊三道,鏨銀鍍金花紋,背啣金龍,近柄處銀鍍金花紋,一面銀絲嵌"神鋒"兩字,另一面嵌"乾隆年製"款。鞘木胎,中間蒙綠鯊魚皮,上飾銀鍍

金鏤空花紋,兩邊飾銀鍍金捲葉紋。琫、珌飾銀花紋,嵌珍珠六顆、紅寶石七塊、藍寶石八塊。鞘上端鑲金圈內嵌紅寶石一塊,繫明黃絲帶。

此劍製於清乾隆十五年(1750),為乾隆皇帝吉禮時佩劍。

163

青玉嵌寶石柄皮鞘劍
清乾隆
通長72厘米　柄長12.5厘米
清宮舊藏

A sword with a sapphire handle inlaid with gems, and decorated with red ox hide on its sheath

Qianlong Period, Qing Dynasty
Overall length: 72cm
Length of handle: 12.5cm
Qing Court collection

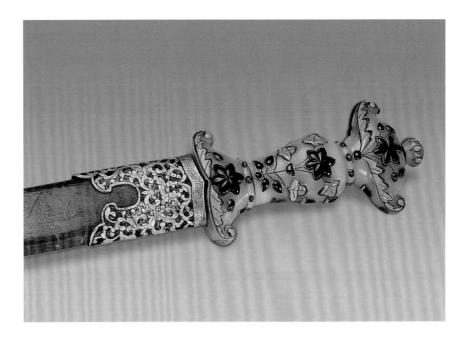

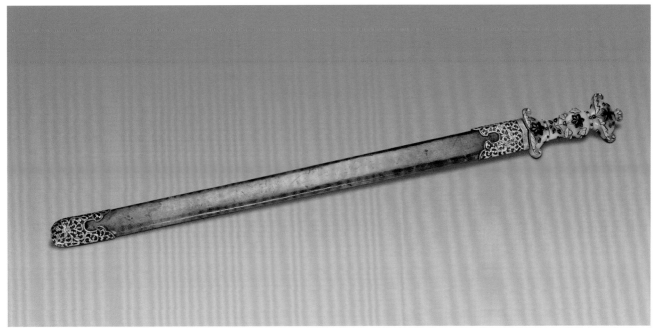

劍青玉花觚柄，嵌紅、綠寶石及綠松
石組成的花卉紋。鋼刃，中部起脊。
鞘木胎，外包紅色牛皮，琫、珌鐵鋄
金雕纏枝蓮紋。

此劍為清乾隆皇帝御用。

164

烧蓝镶宝石绒面鞘匕首
清
长35.8厘米　刃长25厘米
柄长11.5厘米　一对
清宫旧藏

**A dagger inlaid with gems and diamond
on its cloisonné enamel handle and
covered with velvet on its sheath**
Qing Dynasty
Length: 35.8cm　Length of blade: 25cm
Length of handle: 11.5cm
Qing Court collection

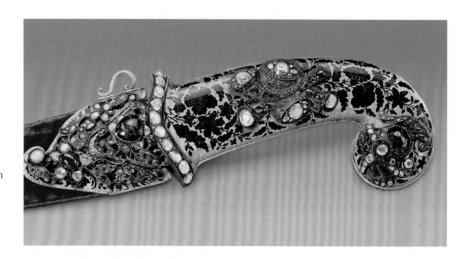

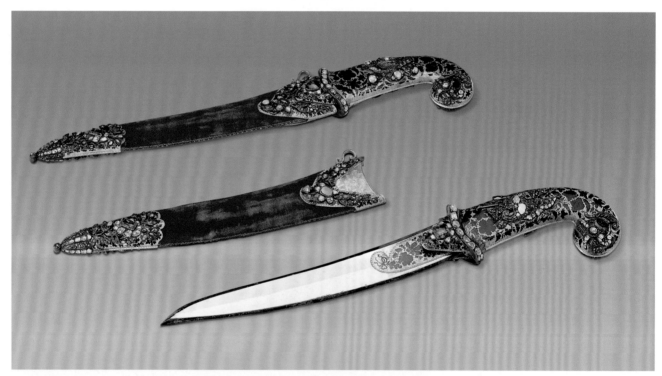

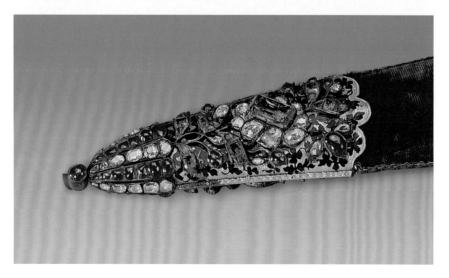

捲首形燒藍柄，嵌紅、綠、藍寶石和
鑽石，柄端嵌祖母綠一塊。護手鑲嵌
鑽石一圈。鋼刃，前銳後曲，近護手
處飾花卉紋燒藍，嵌紅、綠寶石、鑽
石等。鞘木胎，外包紅絨，琫、珌皆
鑲花卉紋燒藍，嵌紅、綠、藍寶石和
鑽石。

此匕首做工精細，用料考究，共鑲嵌
鑽石、寶石一千餘塊，可謂華貴至
極。

165

玉雕花柄紅絨鞘匕首
清乾隆
通長46厘米　刃長30.5厘米
柄長15.5厘米
清宮舊藏

**A dagger carved with floral design on its
jade handle and covered with red velvet
on its sheath**

Qianlong Period, Qing Dynasty
Overall length: 46cm
Length of blade: 30.5cm
Length of handle: 15.5cm
Qing Court collection

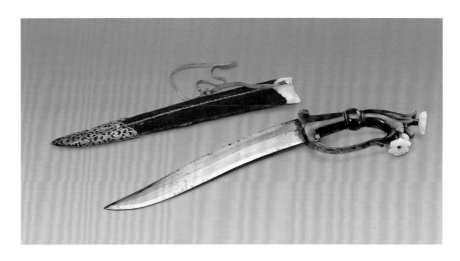

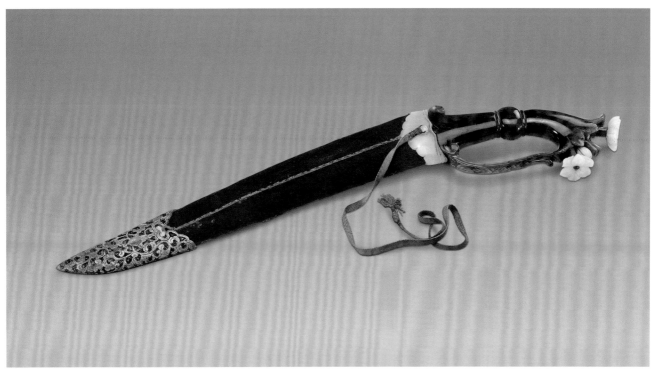

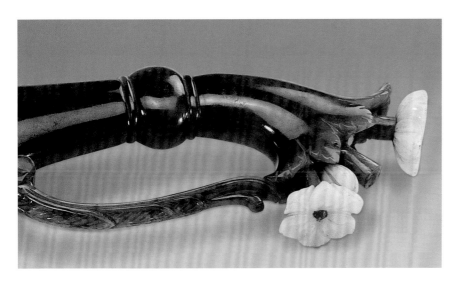

青玉雕花柄，柄首為白玉花兩朵。鋼
刃，前銳後曲。木鞘，包紅絨，飾金
絲捲草紋，白玉雕如意形璏，鐵鋄金
捲草紋珌。

此匕首為清宮造辦處製作，造型別
致，是乾隆皇帝御用之物。

166

白玉雕花嵌寶石柄皮鞘匕首
清乾隆
通長44.6厘米　刃長26厘米
清宮舊藏

**A dagger with a white jade handle carved
with floral design, and inlaid with gems
on its sheath**
Qianlong Period, Qing Dynasty
Overall length: 44.6cm
Length of blade: 26cm
Qing Court collection

白玉雕花柄，飾金絲緣，嵌紅、綠寶
石四瓣花卉紋。直鋼刃。棕色皮鞘，
白玉雕如意形璏，嵌金絲緣紅寶石花
朵，白玉珌。

此匕首裝飾華美，做工考究，富有濃
郁的民族特色，為乾隆皇帝御用之
物。

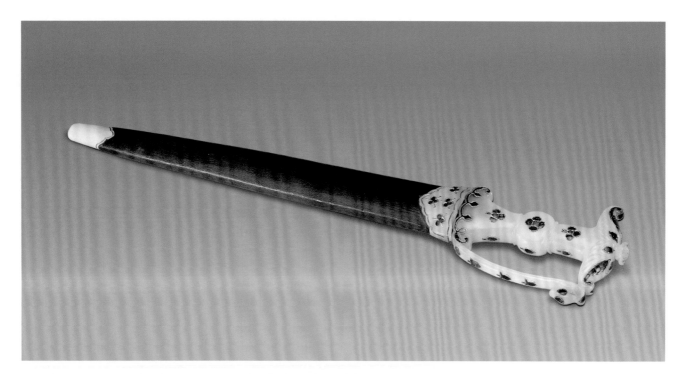

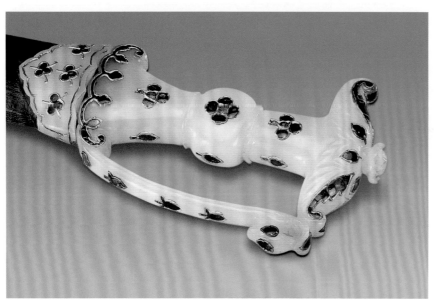

167

玉嵌寶石柄挽金鞘匕首
清乾隆
通長41厘米　刃長27.5厘米
柄長13.5厘米
清宮舊藏

**A dagger with a sapphire handle inlaid
with gems and decorated with gold
design on its sheath**
Qianlong Period, Qing Dynasty
Overall length: 41cm
Length of blade: 27.5cm
Length of handle: 13.5cm
Qing Court collection

青玉捲首形柄，以金絲為緣，內嵌
紅、綠、藍寶石一百餘塊，組成四瓣
花卉。劍形鋼刃。鞘木胎，外包金
葉，鏨刻菱形花紋。

此匕首為乾隆皇帝御用。

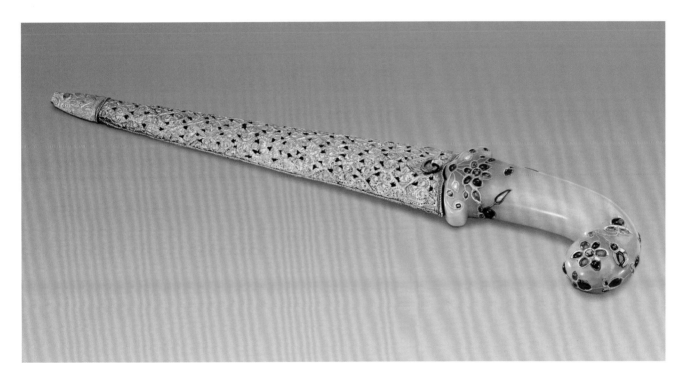

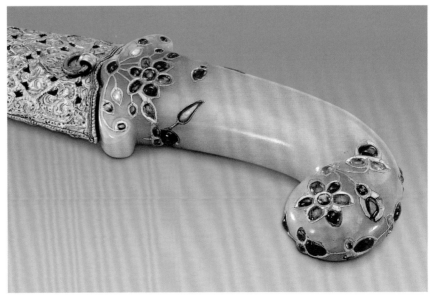

168

青玉嵌寶石柄挽金鞘匕首
清乾隆
通長58.3厘米　刃長44.8厘米
柄長13.5厘米
清宮舊藏

**A dagger with a sapphire handle inlaid
with gems and decorated with gold
design on its sheath**
Qianlong Period, Qing Dynasty
Overall length: 58.3cm
Length of blade: 44.8cm
Length of handle: 13.5cm
Qing Court collection

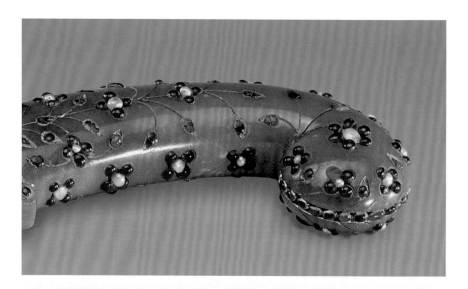

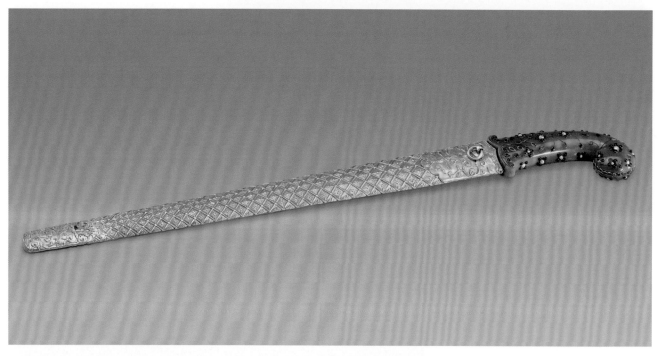

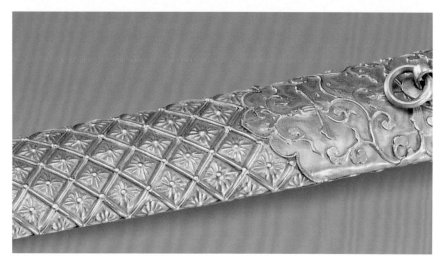

青玉捲首形柄，以金絲為緣，內嵌
紅、綠寶石及珍珠組成的花卉。劍形
鋼刃。鞘木胎，挽金葉，鏨刻菱形格
花紋。

此匕首共鑲嵌寶石二百餘塊，為清宮
造辦處製，乾隆皇帝御用。

169

青玉嵌寶石柄匕首
清乾隆
通長38厘米　柄長13厘米
清宮舊藏

**A dagger with a sapphire handle inlaid
with precious stones**
Qianlong Period, Qing Dynasty
Overall length: 38cm
Length of handle: 13cm
Qing Court collection

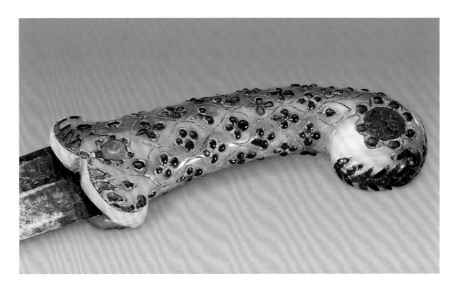

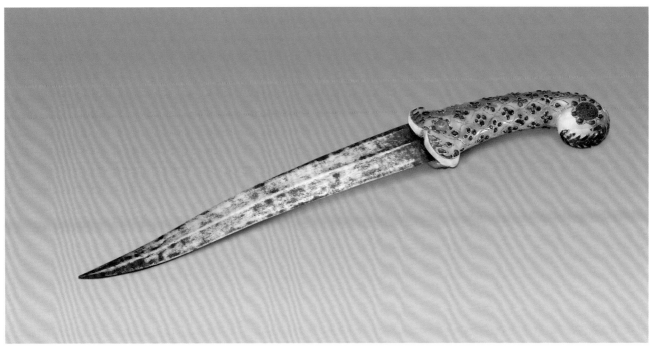

青玉捲首形柄，金絲緣，內嵌紅、
藍、綠寶石花卉。前銳後曲鋼刃。鞘
缺失。

此匕首為清宮造辦處製造。

170

玉雕花嵌寶石柄皮鞘匕首
清乾隆
通長41.5厘米　刃長25厘米
清宮舊藏

**A dagger with a jade handle carved with
floral design, inlaid with gems and
decorated with gold design on its sheath**
Qianlong Period, Qing Dynasty
Overall length: 41.5cm
Length of blade: 25cm
Qing Court collection

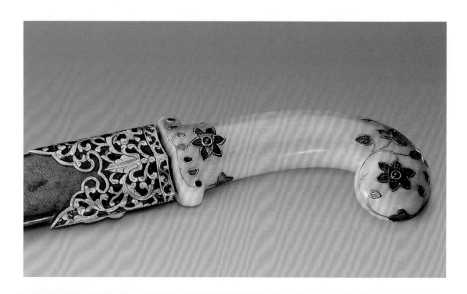

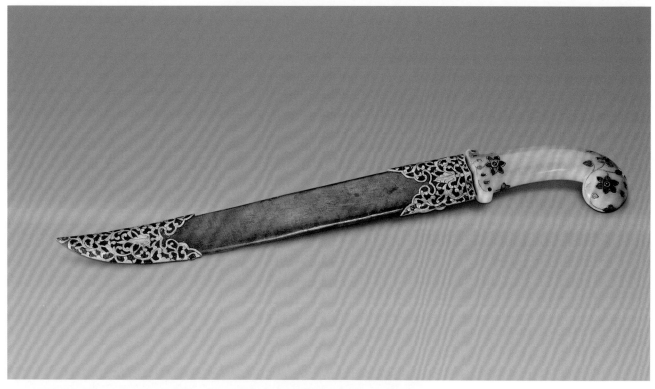

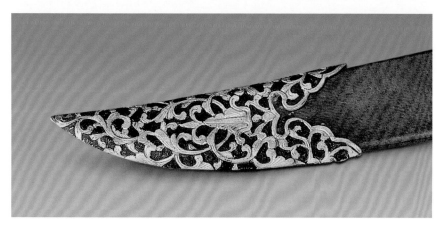

白玉雕花柄，護手、柄首處金絲緣內
嵌寶石花卉。前銳後曲鋼刃。皮鞘，
鐵鋄金捲草紋琫、珌。

此匕首為乾隆皇帝御用之物。

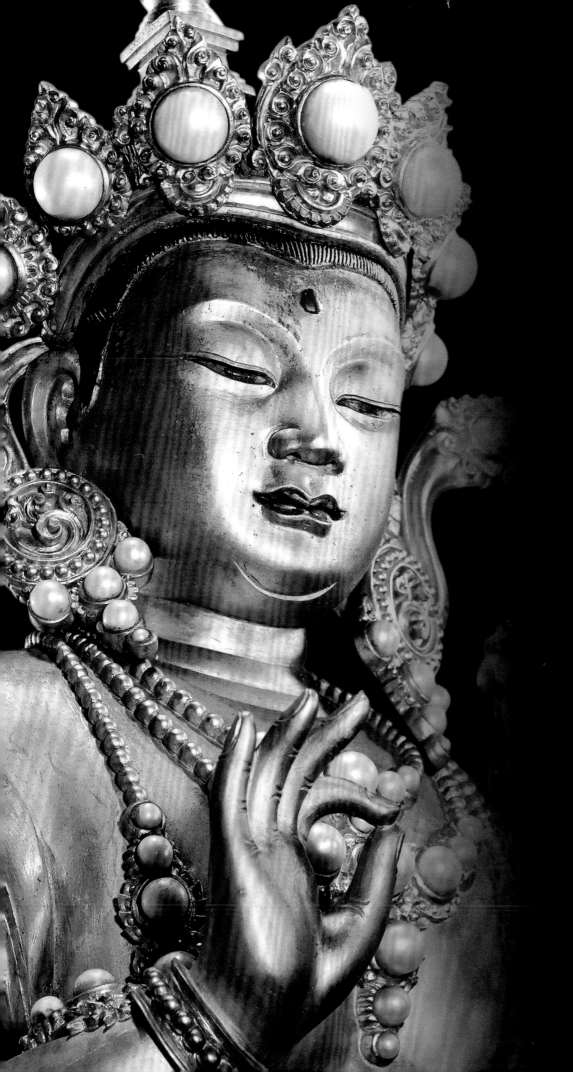

宗教用品

*Articles for
Religious
Use*

171

金累絲嵌珠寶塔
清乾隆
通高71厘米　底座邊長38厘米
重17700克
清宮舊藏

**Buddhist pagoda of gold filigree inlaid
with pearls and precious stones**
Qianlong Period, Qing Dynasty
Overall height: 71cm
Length of rim of stand: 38cm
Weight: 17700g
Qing Court collection

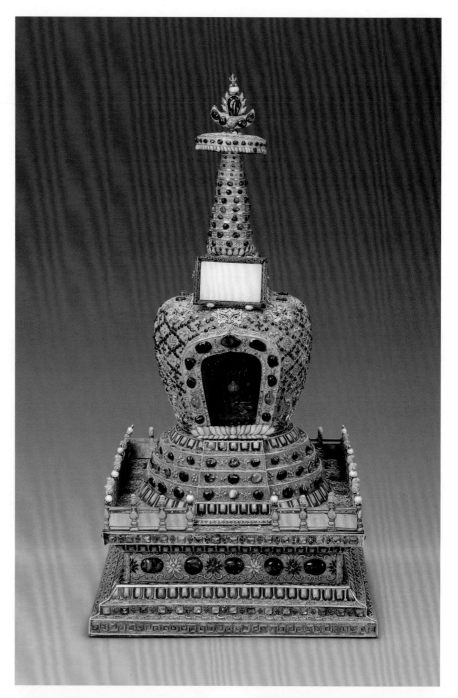

正方形須彌座四周飾綠松石、青金
石、紅珊瑚製成的迴紋、纏枝蓮紋和
蓮瓣紋，間嵌水晶120塊，束腰處嵌
紅寶石、碝子20塊。座面上飾松石、
珊瑚纏枝蓮紋，綠松石製護欄，望柱
嵌珍珠12顆。圓形壇城塔座兩端為青
金石嵌松石蓮瓣，間嵌紅、藍寶石、
碧璽、貓眼等60塊。塔身滿飾紅寶石
組成的菱形格，內飾綠松石製"萬福
萬壽"圖案。塔肩部飾八個綠松石獸
面紋。塔底部用青金石、珊瑚嵌飾海
水江崖、雜寶紋。塔身正面設龕，內
供青金石佛像一尊，龕門嵌紅、藍寶
石、碧璽11塊，前階金嵌白玉蓮瓣，
龕門上白玉匾額，描金書乾隆御製
"無量壽佛贊"。塔剎13層，嵌紅、藍
寶石，以綠松石寶相花相隔，綠松
石、青金石製蓮花座。嵌滿寶石的華
蓋上，以大紅寶石為日，月亮嵌十顆
各色寶石，綠松石飾火焰，塔頂寶珠
鑲嵌大珍珠一顆。

此塔通體金累絲嵌珠寶，做工精美，
用料珍貴，代表了清代工藝製品的水
平。

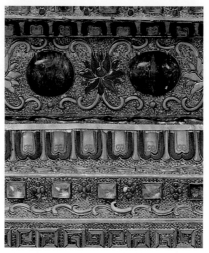

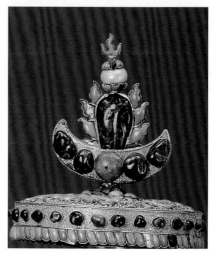

172

金累絲嵌寶石塔
清乾隆
通高85厘米　底座邊長47厘米
清宮舊藏

**Buddhist pagoda of gold filigree inlaid
with precious stones**
Qianlong Period, Qing Dynasty
Overall height: 85cm
Length of rim of stand: 47cm
Qing Court collection

四方十字形須彌座，綠松石嵌飾蓮瓣
紋、迴紋，束腰嵌大寶石、碟子16
塊，小紅、藍寶石數十塊。座面上飾
綠松石、珊瑚、青金石組成的梅花圖
案，綠松石護欄，柱頂嵌珍珠20顆，
四角有小塔八座。塔基嵌綠松石紋
飾，間嵌紅、藍寶石、碧璽等。塔身
肩部飾一周綠松石獸面，周身飾綠松
石瓔珞、萬福萬壽流蘇及纏枝蓮紋。
塔身正面開佛龕，內設青金石佛像一
尊，龕門嵌寶石11顆，前階飾綠松石
蓮瓣。塔頂為方形壇，上嵌寶石34
塊，珍珠18顆。塔刹13級，以綠松
石、寶石嵌飾花紋，華蓋嵌飾一周寶
石、綠松石，紅寶石為日，六顆珍珠
組成彎月，綠松石飾火焰，藍晶石寶
珠。塔下配紫檀雕花座。

此塔用錘鍱、鏨刻、累絲、鑲嵌等多
種工藝製成，材料珍貴，設計精巧，
富麗堂皇，為清宮佛塔中的上乘之
作。

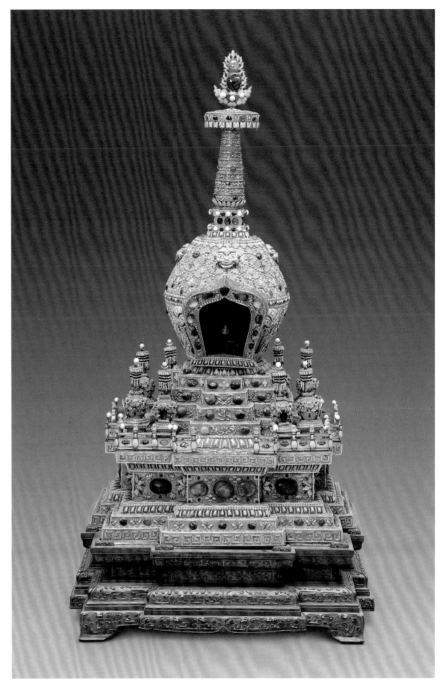

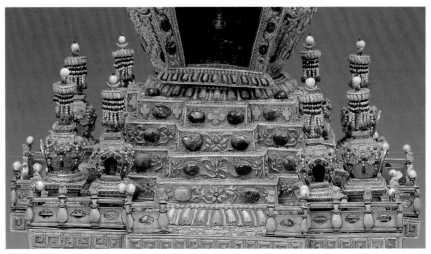

173

金嵌寶石八角塔
清
通高123厘米　底座徑22厘米
重45900克
清宮舊藏

Gold octagonal Buddhist pagoda inlaid with precious stones
Qing Dynasty
Overall height: 123cm
Diameter of stand: 22cm
Weight: 45900g
Qing Court collection

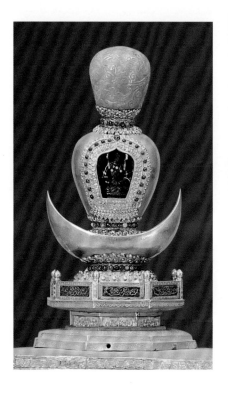

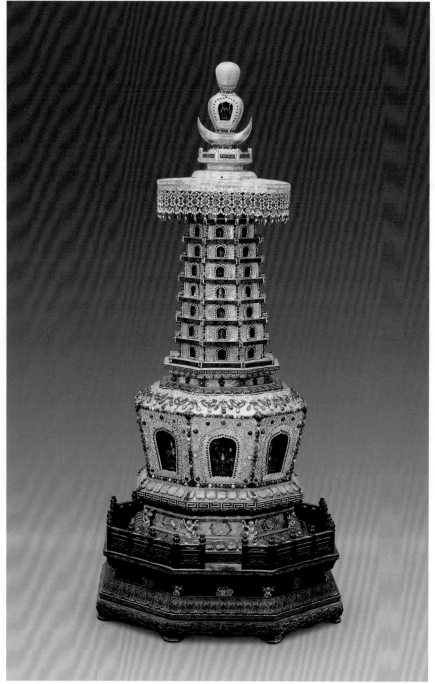

塔身八角形。塔基上下有青金石、翡翠嵌成的蓮花瓣，束腰處有呈托舉狀的小金人八個。塔身八面均設有佛龕，內設佛像，龕門沿嵌紅寶石一周。塔身鏨刻纏枝蓮紋，間嵌紅、藍寶石，塔肩為獸面紋，獸口啣瓔珞，嵌紅、藍寶石、綠松石、碧璽、水晶、貓眼石等。塔剎九層，每層八個共72個佛龕，龕內佛像分別用白玉、瑪瑙、青金石、翡翠、碧璽、琥珀等製作。每層間有青金石塔檐，龕門均

嵌紅寶石一周。華蓋周沿垂以松石、青金石製成的萬福萬壽瓔珞。塔頂為八邊形座，青金石護欄，金月、翠日，間設佛龕。塔下配紫檀八角須彌座，鏤空雕花護欄。

此塔造型新穎獨特，工藝精美別致，整體珠光寶氣、富麗堂皇，為清宮造佛塔之佳作。

174

金嵌珍珠寶石塔
清
通高130厘米　底座邊長67厘米
清宮舊藏

Gold Buddhist pagoda inlaid with pearls and precious stones
Qing Dynasty
Overall height: 130cm
Length of rim of stand: 67cm
Qing Court collection

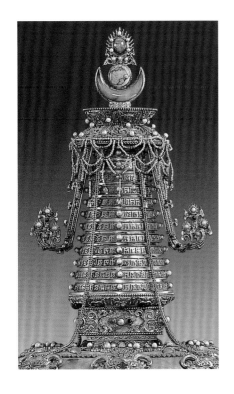

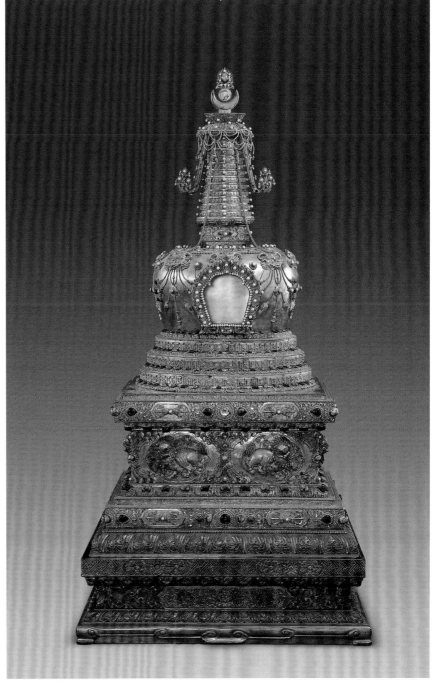

塔座方形，鏨刻鈴杵紋、寶相花紋，束腰飾獅子紋。三層圓形塔基，鏨刻蓮瓣紋、梵文，嵌寶石。塔身肩部飾獸面，口啣瓔珞。塔身正面設龕門，門沿上鑲嵌珍珠兩周。塔刹13層，滿刻梵文。鼓形華蓋，周沿懸垂由一千多顆珍珠、珊瑚珠、青金石組成的瓔珞。日、月為紅珊瑚和白玉製，寶珠為貓眼石。塔下配木質金漆蓮瓣紋須彌座。

此塔原供奉於清宮內重華宮崇敬殿佛堂中，重華宮是清乾隆皇帝做皇子時的居所。塔共用黃金85000克，大珍珠293顆，綠松石、紅珊瑚、青金石等各類寶石500餘塊。整座塔運用了鏨刻、錘鍱、鑲嵌等多種工藝，細膩精湛，各類寶石點綴其間，更顯出其高貴、華麗，是清宮造大型佛塔中的精品。

175

金髮塔
清乾隆
通高147厘米　底座邊長70厘米
重107500克
清宮舊藏

Gold pagoda for containing hairs
Qianlong Period, Qing Dynasty
Height: 147cm
Length of rim of stand: 70cm
Weight: 107500g
Qing Court collection

須彌座，束腰鏨飾對舞的獅子。滿刻花紋的三層圓形壇城，鑲嵌各種寶石。塔身肩部鏨刻獸面，口啣瓔珞，正面開佛龕，供奉金質無量壽佛一尊，皇太后頭髮亦儲放其中。龕門四周鏨刻花紋，嵌紅、藍寶石、綠松石。塔剎13層，滿刻梵文。華蓋周緣下垂由珍珠、紅、藍寶石、綠松石連綴而成的瓔珞。以寶石、玉、松石嵌成日、月、寶珠。塔下配紫檀雕須彌座。

此塔原安放在清代皇太后居住的壽康宮，是乾隆皇帝為供奉母親孝聖憲皇太后生前脫落的頭髮，由清宮造辦處特製的。乾隆四十二年（1777）皇太后薨於圓明園，乾隆皇帝為表孝忱，下詔鑄造髮塔，廣儲司所存黃金不敷用，臨時熔化了宮中及圓明園等處的金盆、金匙、金箸、金琺瑯鼻煙壺等一些金器，共耗金三千餘兩，是現存金塔中最高、最重、做工最精細的一件。

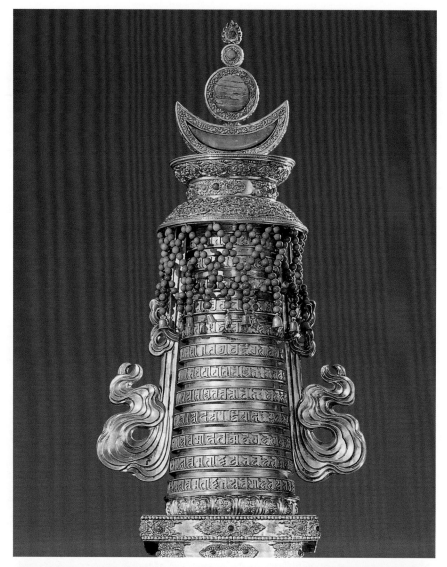

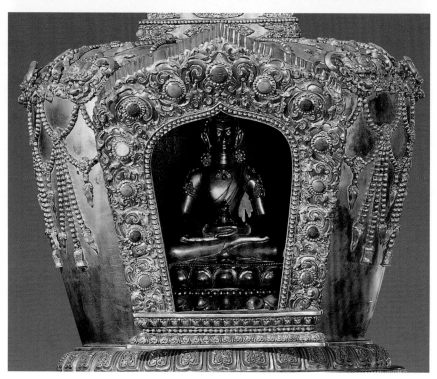

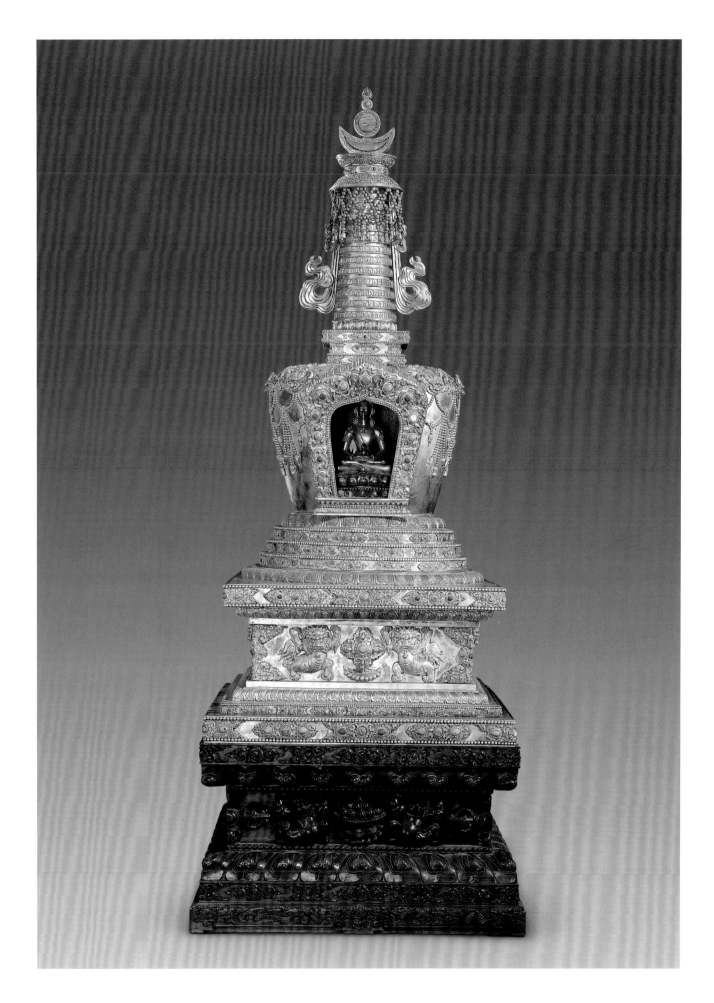

青金石嵌珠石塔

清
通高67厘米　座高8厘米
清宮舊藏

Buddhist pagoda of lapis lazuli inlaid with pearls and gems
Qing Dynasty
Overall height: 67cm
Height of stand: 8cm
Qing Court collection

銅鍍金三層圓形塔座，鏨刻寶相花、捲草紋，嵌綠松石、青金石、象牙。塔身為青金石製，外壁刻填金《般若波羅密多心經》。肩部設四個銀鍍金獸面，口啣珍珠、綠松石、青金石製成的墜鏈與華蓋相連。正面設佛龕，前有玉石雕刻台階，銀鍍金龕門，鏨刻二龍戲珠紋；龕門口置玻璃一塊，描金書乾隆御製"無量壽佛贊"；龕內供金佛一尊。塔剎13層，飾蓮瓣紋。金質鏨花華蓋，嵌青金石梵文一周，下垂珍珠、綠松石瓔珞，碧璽墜角。塔頂日、月、火焰、寶珠，分別以紅寶石、碧璽、綠松石、珍珠嵌飾。

此塔工藝細膩、精湛。陳設於清宮佛堂中，屬藏傳佛教龕塔。

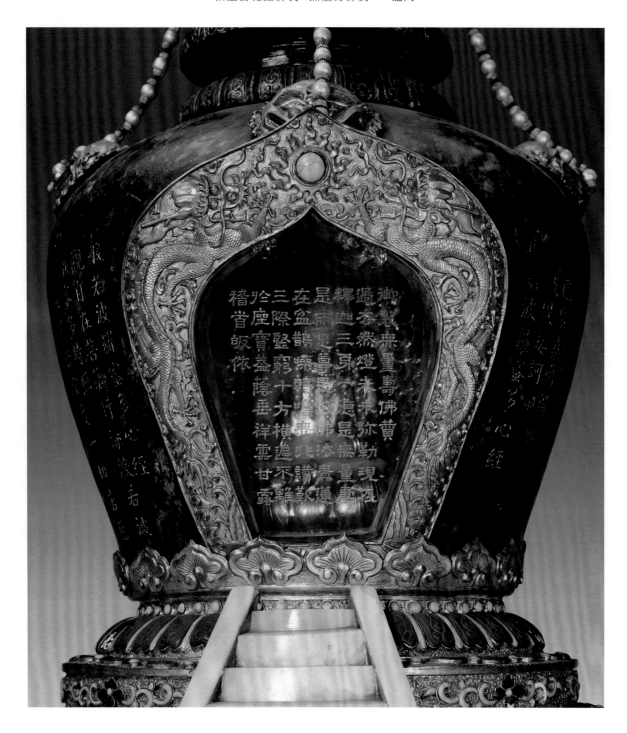

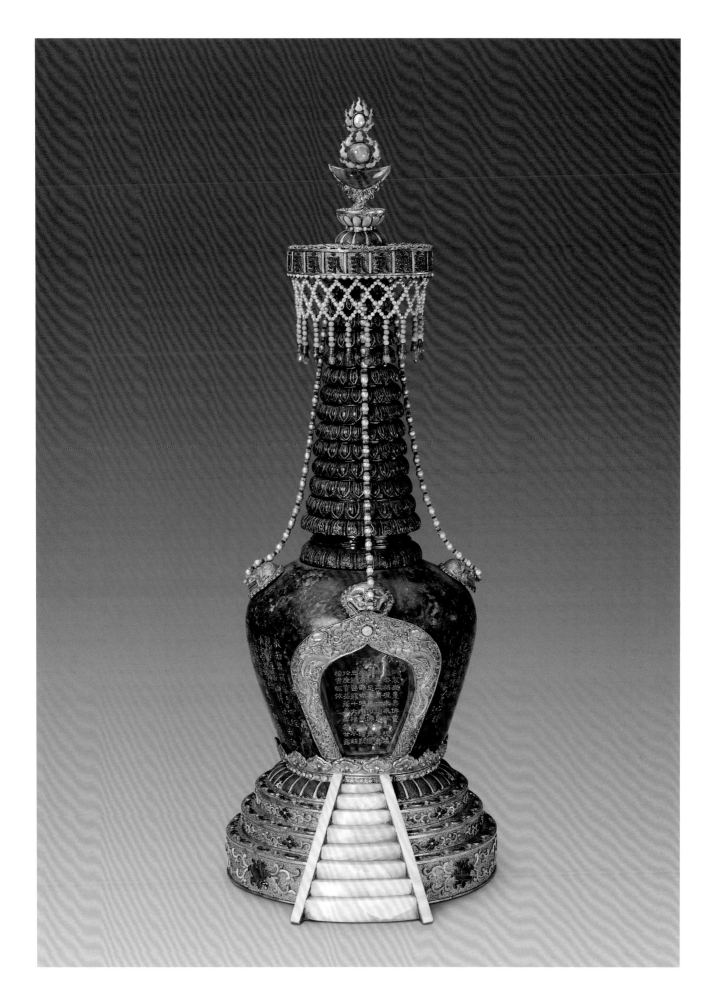

青金石嵌珠石塔

清

通高67.5厘米　座高9.8厘米　徑23厘米

清宮舊藏

Buddhist pagoda of lapis lazuli inlaid with precious stones and pearls

Qing Dynasty

Overall height: 67.5cm

Height of stand: 9.8cm

Diameter: 23cm

Qing Court collection

銅鍍金三層圓形塔座，鏨花紋地，嵌綠松石捲草紋，間鑲紅、藍寶石、貓眼石45塊。塔身青金石製，塔肩飾金緣嵌寶石、綠松石瓔珞，獸面四個，口啣環，上有金鏈與華蓋連接。正面設龕，龕門前接玉石台階，門上立玉匾，上刻"無量壽佛"四字。龕門金製，嵌飾綠松石捲草紋，鑲嵌紅寶石九塊，內沿嵌珍珠69顆。龕內供綠松石坐佛一尊，雙手托紅珊瑚寶瓶。塔剎13層，雕飾捲草紋。金鏨花華蓋，嵌綠松石梵文一周，下接珍珠、松石瓔珞，紅寶石、芙蓉石墜角。塔頂日、月、火焰、寶珠為金鑲綠松石嵌碧璽、紅、藍寶石。

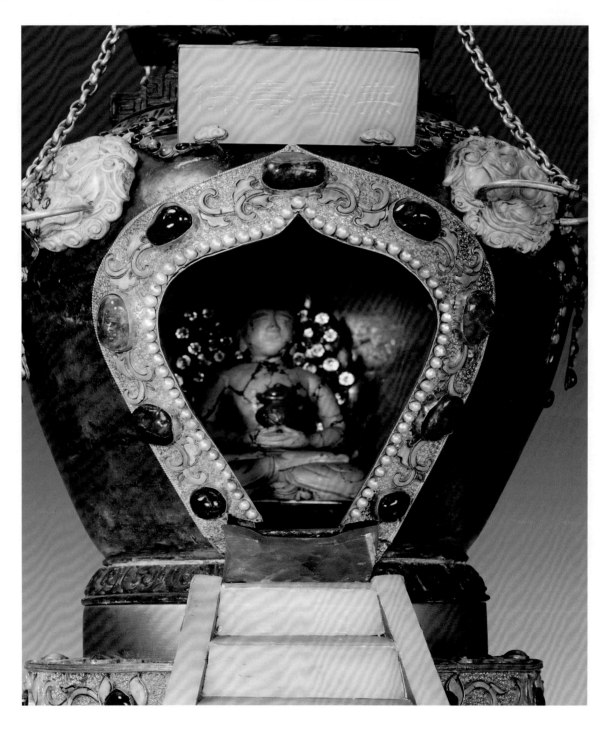

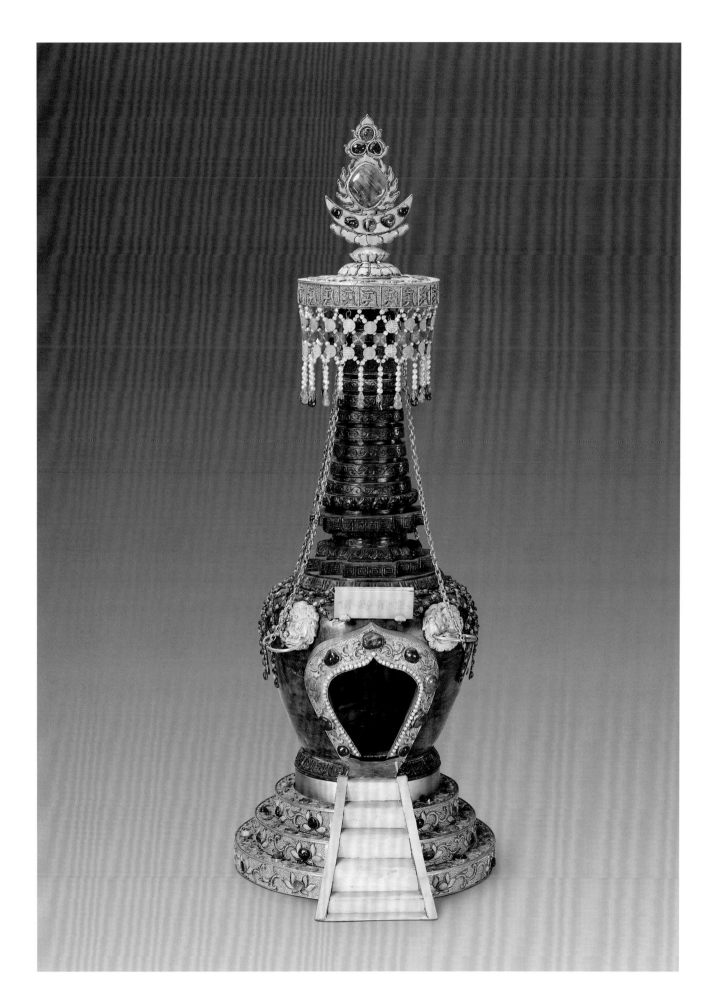

178

銀鍍金嵌珠諸天眾聖塔
清
通高33厘米　寬39厘米　厚18.2厘米
塔高29厘米
清宮舊藏

**Gilt-silver Zhu Tian Zhong Sheng pagoda
inlaid with pearls**
Qing Dynasty
Overall height: 33cm
Overall width: 39cm
Thickness: 18.2cm
Height of pagoda: 29cm
Qing Court collection

須彌式塔座，束腰處嵌珍珠一周，座
上設護欄，望柱頭雕獅子，座前金階
鏨刻龍紋。塔身鏨刻寶蓮花紋，正面
設龕，內沿嵌珍珠一周，外沿為火焰
紋嵌紅寶石13塊。龕內供寶座，上豎
神牌書："諸天眾聖之神位"。塔剎九
層，飾如意雲頭紋，每朵雲頭上嵌珍
珠一顆。華蓋垂珍珠瓔珞。塔頂嵌珍
珠、翡翠。塔置於楠木匣盒內，木匣
可開合，打開內壁是堆蓬式彩繪普陀
山景，上有眾聖及吉祥圖案，中間有
匾聯，上聯書："度一切苦厄"，下聯
書："現五蘊光明"，橫批："莊嚴法
界"。

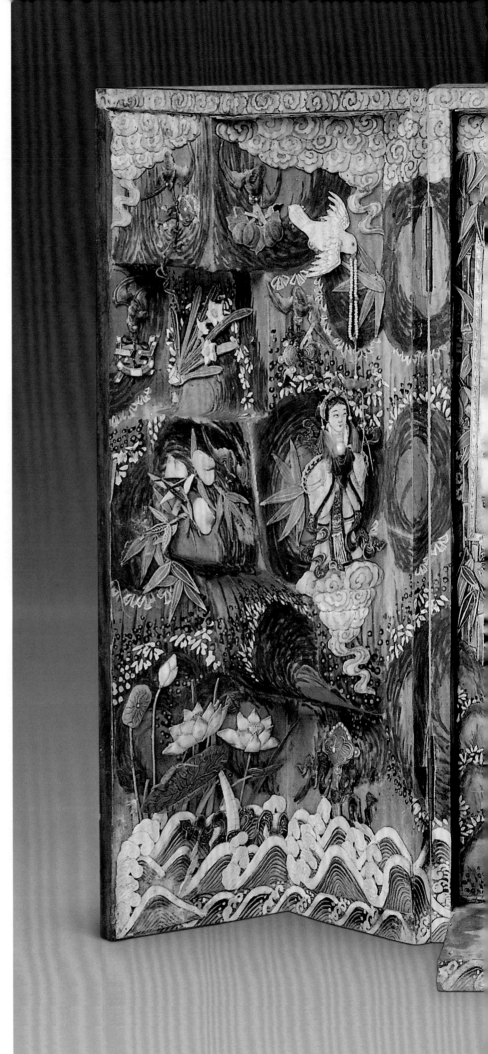

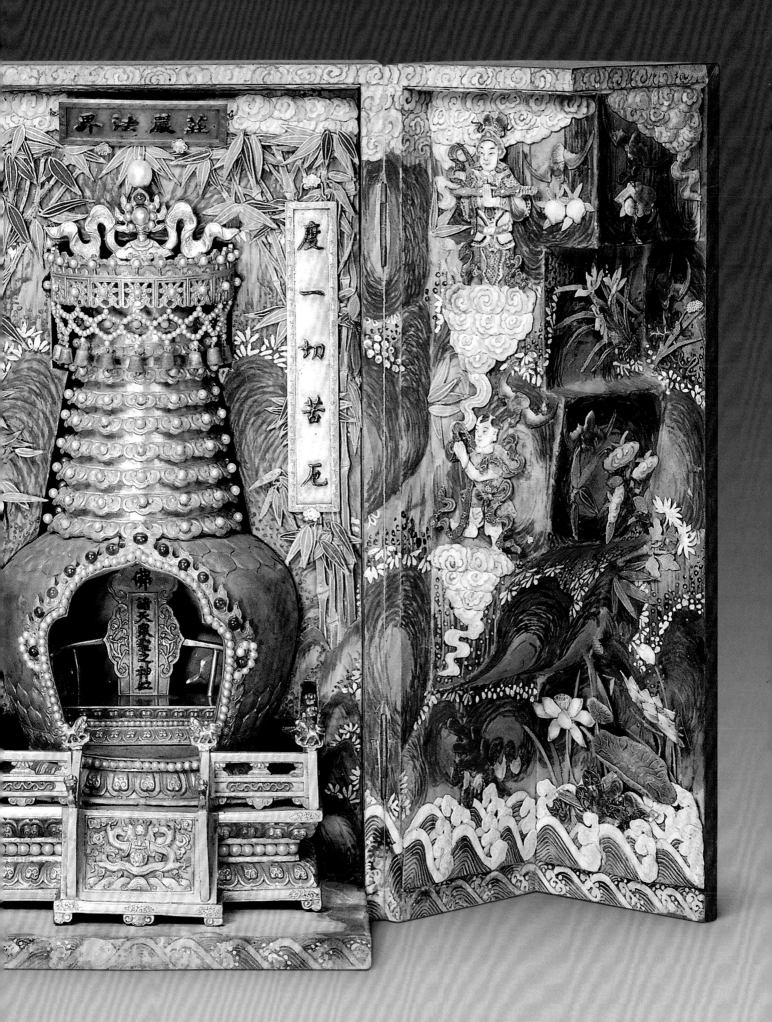

179

金嵌珠松石樓閣式龕
清
高65厘米　長51厘米　寬22厘米
重35750克
清宮舊藏

Gold pavilion-shaped shrine inlaid with pearls and turquoises
Qing Dynasty
Overall height: 65cm　Length: 51cm
Width: 22cm　Weight: 35750g
Qing Court collection

龕為單脊飛檐兩層樓閣式。仰覆蓮須
彌座，束腰飾隱起金剛杵、捲草紋，
中部飾寶相花。兩層樓閣正面均開三
個佛龕，兩側各一個，內供佛像，龕
門周圈嵌珍珠。樓閣牆面掐絲捲草
紋，以綠松石鑲嵌成八寶圖案。屋檐
亦嵌一圈綠松石。屋脊中置寶瓶，鑲
嵌綠松石。

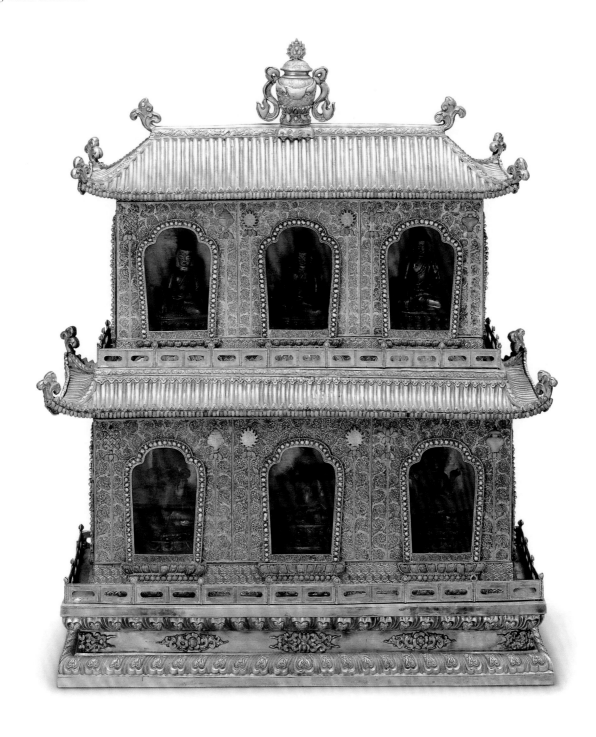

金嵌珠松石亭式龕
清
高49厘米　底邊長23.5厘米　一對
重13060克
清宮舊藏

Gold pavilion-shaped shrine inlaid with pearls and turquoises (a pair)
Qing Dynasty
Overall height: 49cm
Length of rim of stand: 23.5cm
Weight: 13060g
Qing Court collection

龕十字形兩層亭式。須彌座，鏨蓮瓣
紋，有護欄環繞，望柱頭嵌綠松石。
兩層設佛龕，內供坐佛。下檐為八
角，亭壁累絲藻紋、八寶紋，龕門鑲
嵌珍珠一圈。上檐為六角，亭壁四面
鏤空窗欞，龕門累絲邊嵌玻璃。上下
檐邊均嵌綠松石。瓶形頂嵌松石。

此龕工藝細膩，精巧別致。

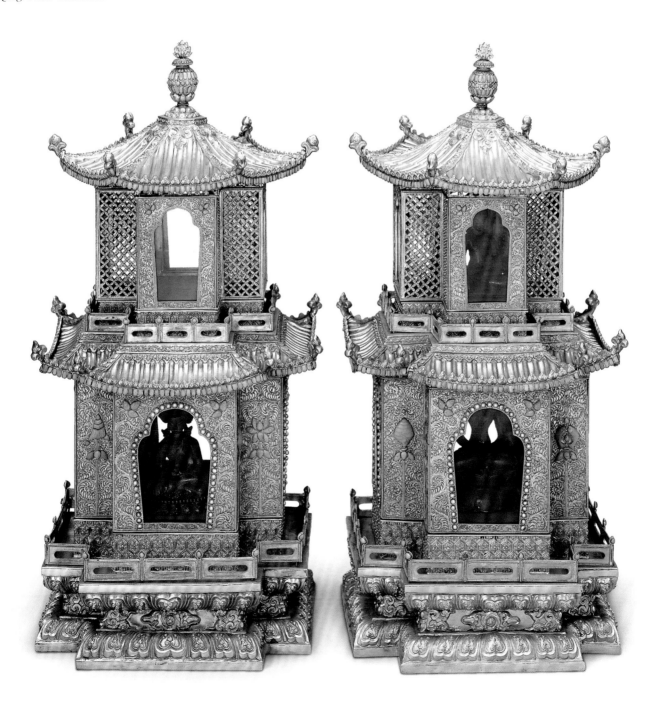

金累絲鏨花嵌松石壇城

清
高35厘米　徑17厘米　重18000克
清宮舊藏

**Gold mandala inlaid with gold filigree and
turquoises and engraved with floral
design**
Qing Dynasty
Height: 35cm　Diameter: 17cm
Weight: 18000g
Qing Court collection

圓形底座鏨刻寶相花，間飾桃形金累
絲嵌綠松石八寶紋。座面外環飾掐絲
人、獸、樹、雲、火等造形及累絲八
大寒林牆。壇中置城，城台方形，每
面累絲金剛杵紋台階，中間設門，內
供奉主尊佛——大威德及眾賢。城頂
為四層圓形剎式頂，上置方形出檐兩
層樓閣。壇下配紫檀木雕捲草紋座。

壇城，梵語稱"曼荼羅"，為供奉密教
諸佛、菩薩，修密法、作禮儀之用。
此壇以累絲、鏨花、鑲嵌等工藝製
成，做工精美，殊為罕見。原供奉於
清宮佛堂內。

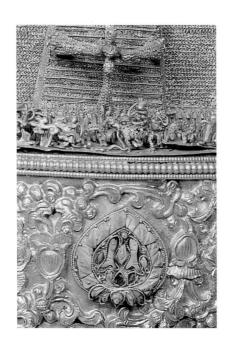

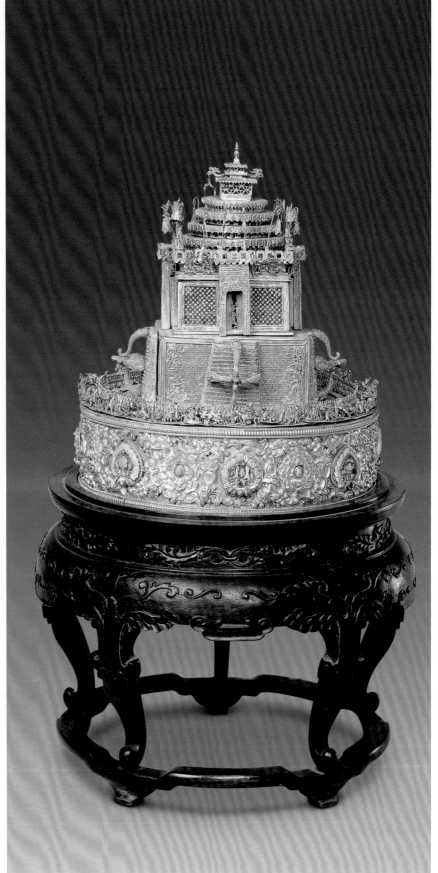

182

青金石穿珠嵌寶石佛像
清
通高52.7厘米　佛高20厘米
座高14.7厘米
清宮舊藏

Buddha of lapis lazuli inlaid with pearls
and precious stones
Qing Dynasty
Overall height: 52.7cm
Height of Buddha: 20cm
Height of stand: 14.7cm
Qing Court collection

佛像端坐於金累絲蓮花座上，肩披珍
珠、寶石瓔珞，臂上戴嵌寶石、珍珠
鐲，雙手托綠松石寶瓶。火焰狀背
光，上嵌貓眼石三塊，紅、藍寶石四
塊，碧璽六塊。華蓋四周垂流蘇、瓔
珞，鑲嵌珍珠、珊瑚、紅藍寶石、水
晶、松石、青金石等。佛像下設紫檀
雕花須彌座，束腰嵌玉石寶相花、八
寶圖案。座上有玉石護欄，望柱鑲嵌
綠松石、珍珠。

此佛像設計雅致、莊重，鑲嵌工藝精
巧，為清代寶石工藝的代表作。

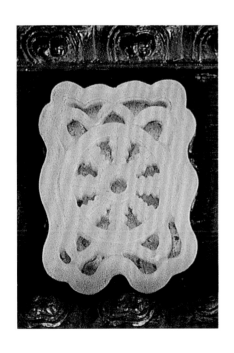

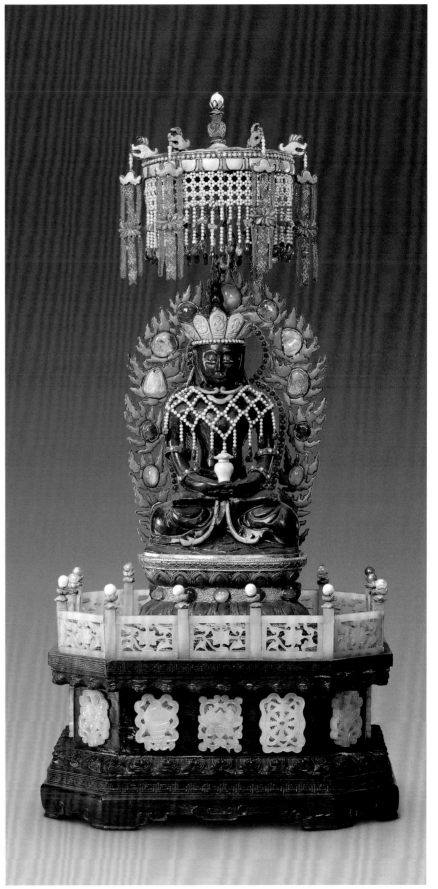

183

金釋迦牟尼像
清乾隆
通高96厘米　重38400克
清宮舊藏

Gold statue of Sakyamuni
Qianlong Period, Qing Dynasty
Overall height: 96cm　Weight: 38400g
Qing Court collection

蓮花座造型別致，底為圓盤式蓮葉，
束腰為蓮莖，上承重瓣覆蓮座，左右
飾鏤空捲草紋，間嵌珊瑚、綠松石、
青金石。釋迦牟尼結跏趺坐，袈裟右
袒，手作轉法輪印，頭上螺髮肉髻，
頂飾寶珠。背光上飾連珠紋和旋子花
瓣紋，背面刻漢、滿、蒙、藏四體銘
文："乾隆十三年十二月二十日奉特
旨　赤金成造供奉利益釋迦牟尼佛　番
稱沙迦圖巴　清稱釋迦穆尼佛齊希　蒙
古稱齊達齊布爾漢"。

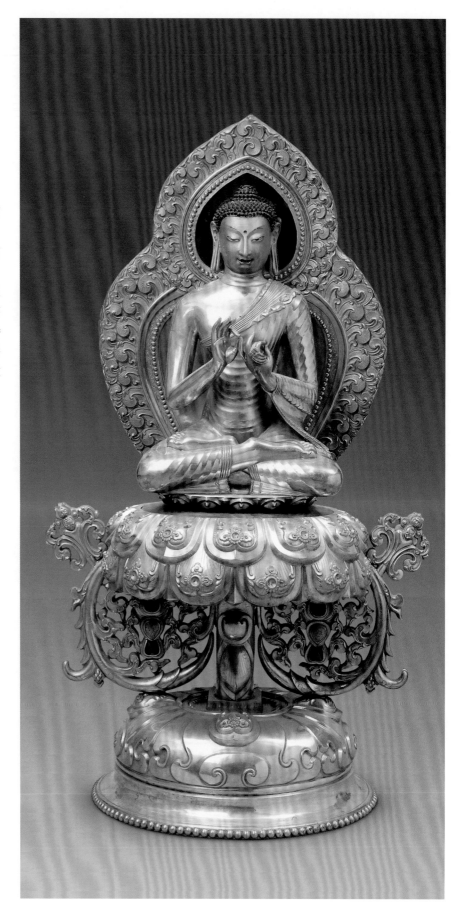

乾隆十三年十二月三十日奉

特旨赤金成造供作利益釋迦年尼佛兹福少加圖巴清稱釋迦穆

尼佛齊布蒙古福齊達齊布爾英

金嵌珠彌勒像
清
通高54厘米　重19030克
清宮舊藏

Gold statue of Maitreya inlaid with pearls
Qing Dynasty
Overall height: 54cm　Weight: 19030g
Qing Court collection

彌勒頭戴冠，頂置佛塔，耳飾佩。面部豐滿圓潤，雙目平和，眉間嵌紅寶石一塊。身上披帛帶，下着垂裙，間飾珍珠瓔珞。雙臂戴鐲，左手下垂，右手兩指相接，掌心向外。雙腳戴箍立於圓形蓮瓣座上。佛身兩旁蓮枝纏繞蟠升，一端蓮花上置法輪，一端置寶瓶。

此像為藏傳佛教彌勒像。造型優雅，做工精緻細膩，通體金光閃爍，間嵌大小珍珠183顆，為清代金佛像的代表之作。

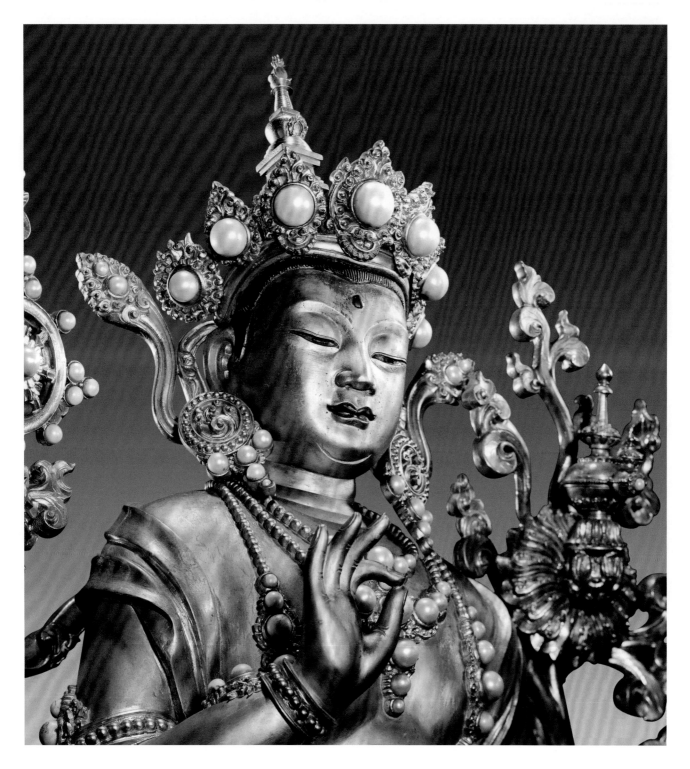

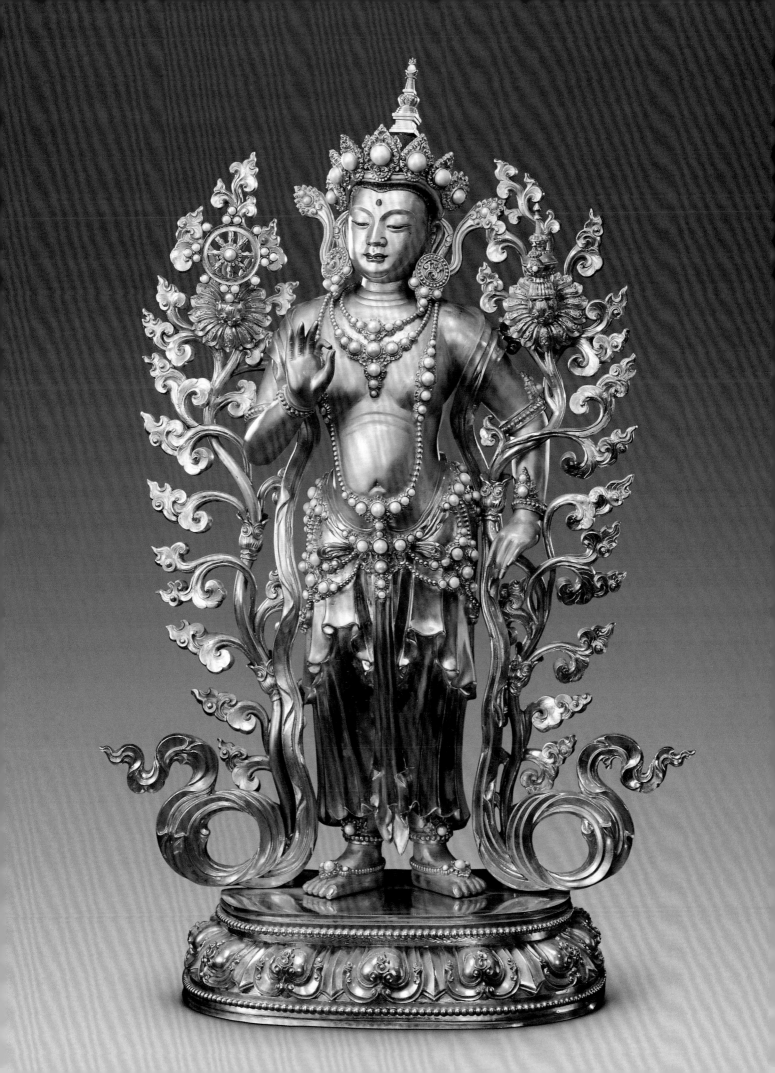

185

金嵌珠石四臂觀音像
清乾隆
通高90厘米　重32210克
清宮舊藏

**Gold statue of Four-armed Avalokitesvara
inlaid with pearls and gems**
Qianlong Period, Qing Dynasty
Overall height: 90cm　Weight: 32210g
Qing Court collection

蓮莖式高束腰蓮花座。觀音頭戴冠，
上置化佛為無量壽佛，表明觀音為蓮
花部眷屬。結跏趺坐，四臂，前雙手
合十，後一手持蓮花，一手掐數珠
（已失）。葫蘆形背光，鏨刻連珠、捲
草紋。蓮莖下刻"大清乾隆年製"款，
背光後刻漢、滿、蒙、藏四體銘文：
"乾隆十三年十二月二十日奉特旨　赤
金成造供奉利益四臂觀世音　番稱堅賴
滋克庫布勒庫舍勒佛齊希　蒙古稱都爾
本噶爾圖"。

此像為藏傳佛教中觀音菩薩像。工藝
精湛，周身鑲嵌珍珠及各色寶石五十
餘顆，用材十分考究，表現出宮廷造
像特有的奢華，為清宮黃教最盛時期
的精品。

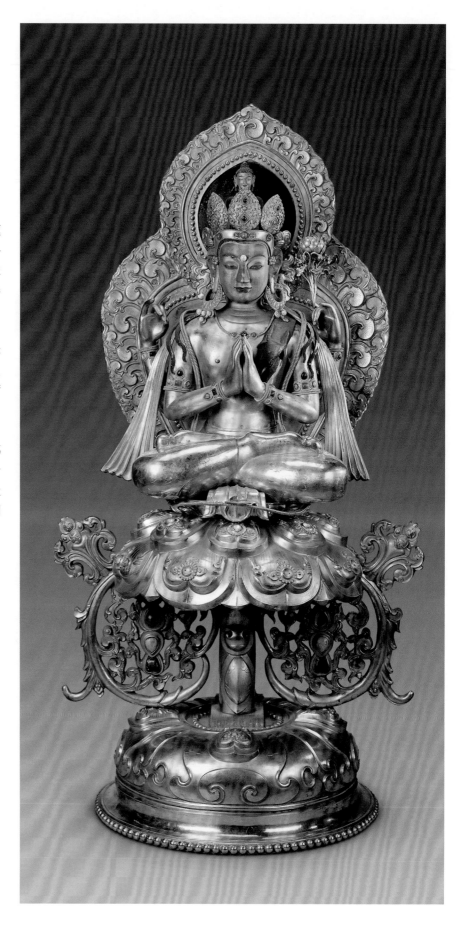

186

金嵌珠石文殊菩薩像
清乾隆
通高90厘米　重32000克
清宮舊藏

**Gold statue of Manjusri inlaid with pearls
and gems**
Qianlong Period, Qing Dynasty
Overall height: 90cm　Weight: 32000g
Qing Court collection

菩薩頭戴寶冠，結跏趺坐於蓮台上。
四臂，各持劍、經、弓、箭等法器，
象徵智慧成就。葫蘆形背光，鏨刻捲
草紋。蓮莖基部刻"大清乾隆年製"
款，背光後刻漢、滿、蒙、藏四體銘
文："乾隆十三年二月二十日奉特旨
赤金成造供奉利益敏捷文殊"。

此像通身鑲嵌珍珠及各色寶石為飾，
裝飾奢華。原供奉於清代皇帝日常生
活的養心殿佛堂中，為藏傳佛教造像
精品。

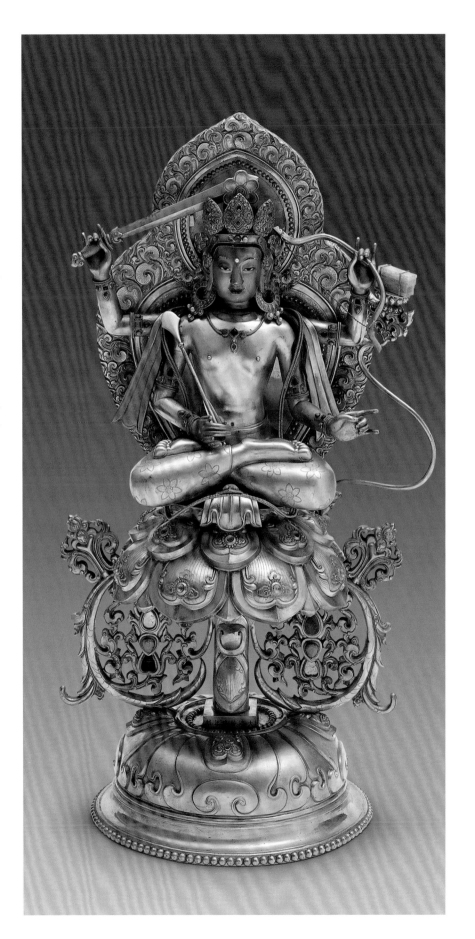

文殊師利贊藏經夾版
清乾隆
長30厘米　寬14.3厘米　高9.3厘米
清宮舊藏

Red lacquer boards for pressing the sutra
"Eulogy on Manjusri"
Qianlong Period, Qing Dynasty
Length: 30cm　Width: 14.3cm
Height: 9.3cm
Qing Court collection

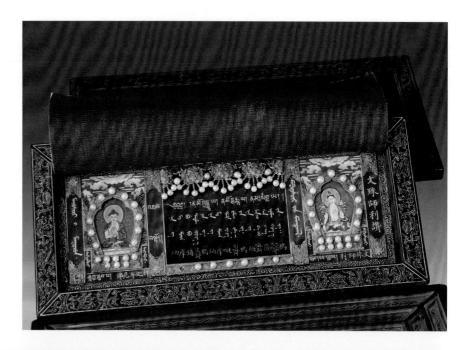

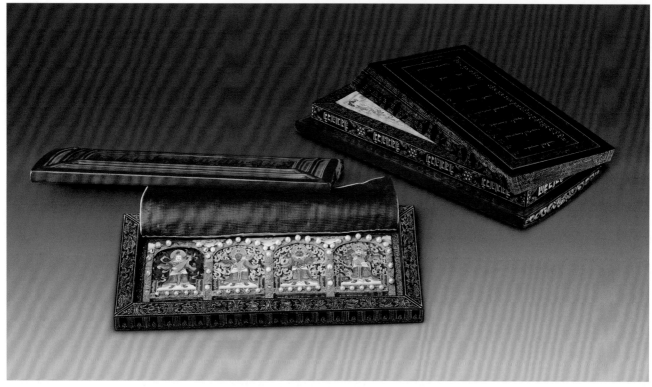

分為上、下兩個黑漆描金經盒，盒四周描金八寶紋飾。上層盒內中間以藏、滿、蒙、漢文書"文殊師利贊"經文，兩邊金累絲龕，內繪釋迦牟尼和文殊師利像，經文上下及龕門四周嵌珍珠。下層金累絲龕門四座，內繪四大天王，龕門四周嵌珍珠。上下盒上加蓋有五層絲簾，分黃、紅、綠、藍、白五色，代表五方，上緙經文及八寶圖案。經盒外另有紅漆描金夾版，上飾寶相花紋，正面書六字經文。

此夾版為盛裝藏經之用，設計精巧，工藝精湛，彩繪精美，為同類作品中的佳作。

188

金嵌珠寶藏經匣
清乾隆
長21厘米　寬8.7厘米　高6.5厘米
一對
清宮舊藏

**Gold case for keeping Buddhist scriptures
inlaid with pearls and gems (a pair)**
Qianlong Period, Qing Dynasty
Length: 21cm　Width: 8.7cm
Height: 6.5cm
Qing Court collection

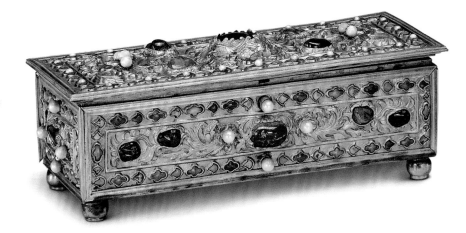

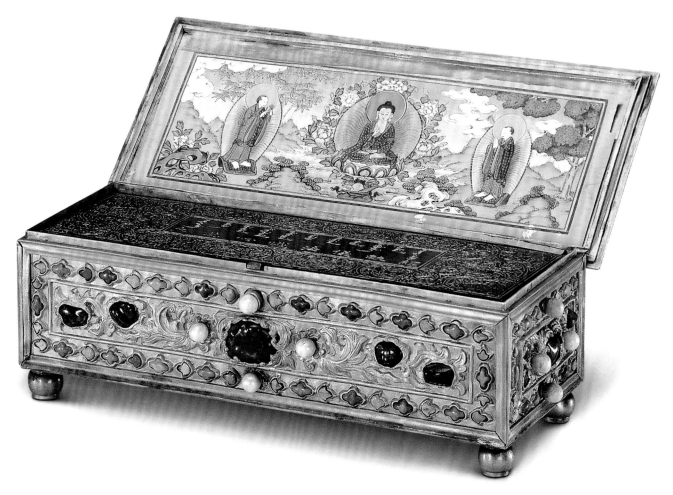

匣長方形。匣面均為鏨刻一組花紋，正中一朵以紅寶石作花蕊，兩面以藍寶石作花蕊，並以珍珠為襯，邊框鑲嵌綠松石、紅珊瑚一周。蓋裏彩繪一佛兩弟子圖案。匣內盛佛經。

此匣盛放佛經為《大悲心懺法儀軌經》，如此精緻的藏經匣顯示了皇家的奢華及對佛教的重視。

189

金累絲嵌寶石七珍
清
高43厘米
清宮舊藏

Seven Buddhist treasures decorated with
gold filigrees and inlaid with precious
stones
Qing Dynasty
Height: 43cm
Qing Court collection

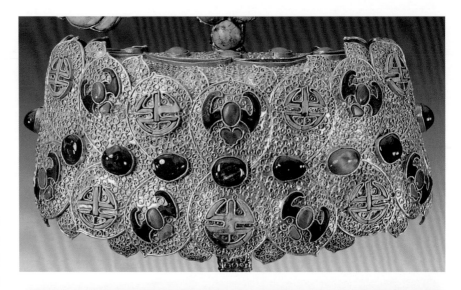

紫檀雕花海棠式座，上為金胎海水
紋。座上立柱，嵌紅寶石、藍寶石及
貓眼石，兩邊飾嵌松石捲葉。柱上托
橢圓形束腰仰覆蓮，鑲嵌珊瑚、青金
石、綠松石飛蝠、團壽圖案，束腰處
周圈嵌紅寶石、藍寶石、貓眼石、碧
璽等。蓮花中心立柱，每柱上為嵌寶
石之一珍。七珍頂端均飾寶石、松石
火焰。

七珍是藏傳佛教的七種佛前供器，為
象寶、兵寶、女寶、輪寶、男寶、摩
尼、馬寶。

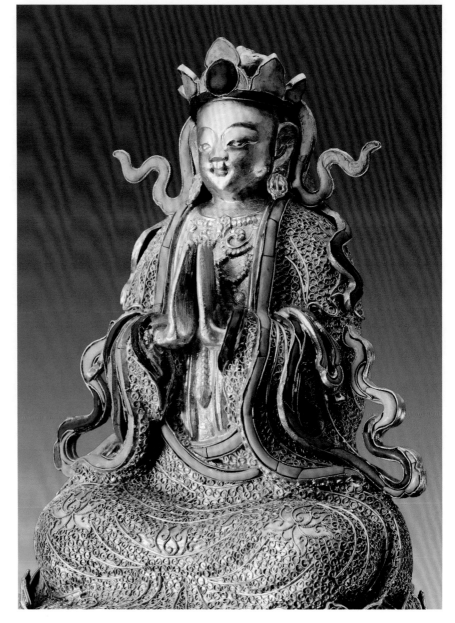

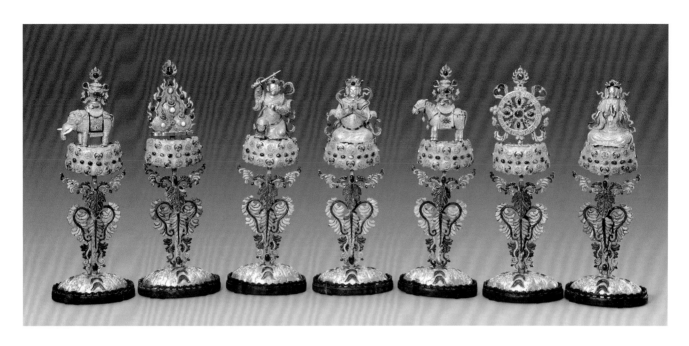

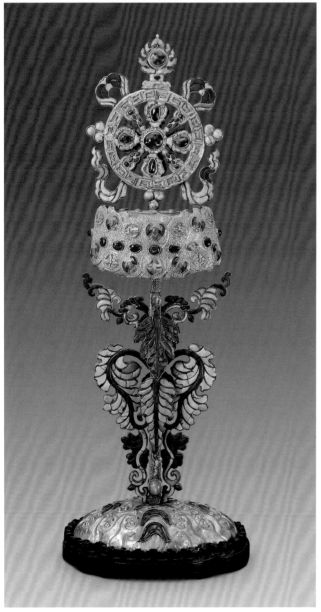

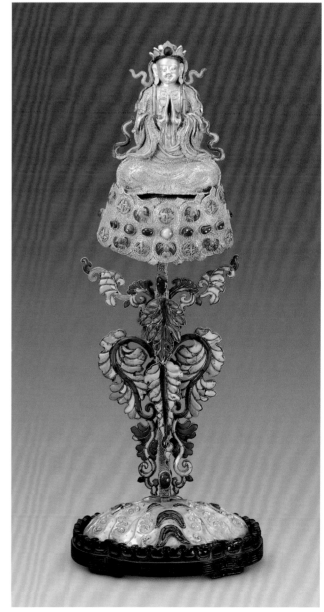

190

金累絲嵌寶石八寶
清
高48厘米
清宮舊藏

Eight Buddhist sacred emblems decorated
with gold filigrees and inlaid with
precious stones
Qing Dynasty
Height: 48cm
Qing Court collection

紫檀雕花海棠式座,座面金胎海水
紋。座上起柱,柱正面嵌紅寶石、藍
寶石或貓眼石各兩塊,兩邊飾嵌綠松
石捲葉。柱上托橢圓形束腰仰覆蓮,
蓮瓣紋地上嵌紅珊瑚、青金石飛蝠,
綠松石團壽圖案;蓮花束腰周圈嵌紅
寶石、藍寶石、貓眼石、碧璽等。蓮
花中心起方柱,每柱上立一寶,周身
嵌寶石。八寶頂端均為嵌寶石、松石
火焰。

八寶是藏傳佛教的八種佛前供器,分
別為法輪、法螺、寶傘、白蓋、蓮
花、寶罐、金魚、盤腸。此器為皇家
用品,製作精細,裝飾豪華,胎體用
金,鑲嵌各種寶石二百餘塊。

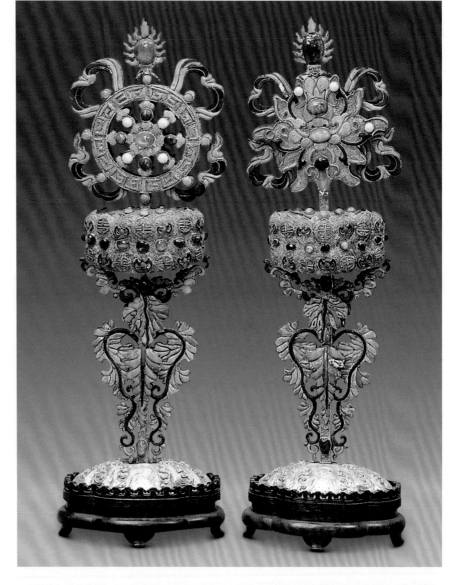

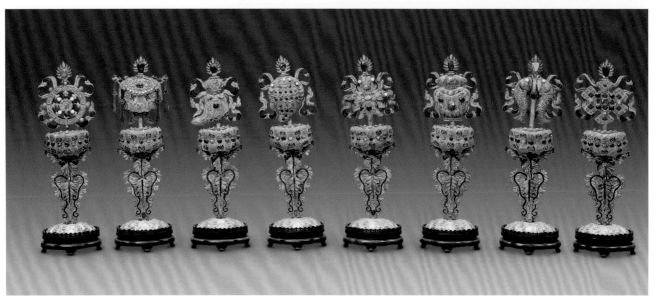

191

金雙耳四足爐
清
高21.5厘米
清宮舊藏

Gold incense burner with two ears and four legs
Qing Dynasty
Height: 21.5cm
Qing Court collection

爐方口，鼓腹，雙耳，四足。口沿、
雙耳鏨刻迴紋，束腰飾"壽"字，腹部
飾兩夔龍圍繞一團壽字紋。

此爐為佛前五供之一。五供包括有爐
一件、蠟台兩件、花觚（瓶）兩件。

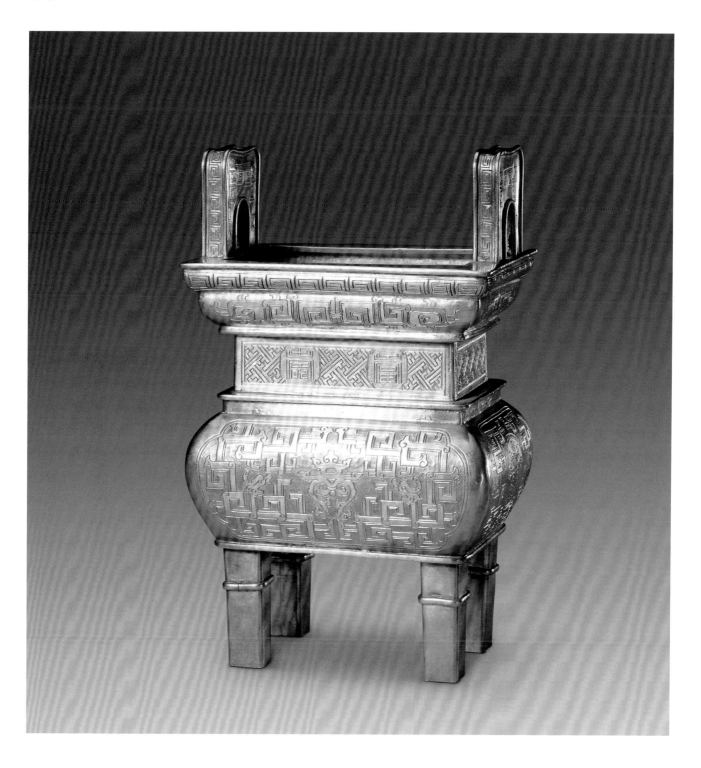

192

銀胎綠琺瑯嵌寶石海螺
清乾隆
高16.1厘米　蓋徑9.5厘米
清宮舊藏

Couch and silver cover with green
enamel ground inlaid with precious
stones
Qianlong Period, Qing Dynasty
Height: 16.1cm
Diameter of cover: 9.5cm
Qing Court collection

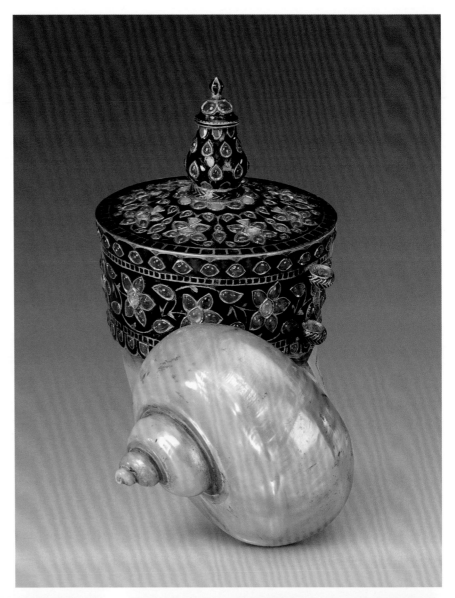

海螺口接銀胎琺瑯嵌寶石套。套呈蓮
瓣式，頂部有帽。套通體琺瑯地滿飾
纏枝蓮紋，嵌紅寶石、硝石、綠松石
等。海螺配有皮匣，內鞍用漢、滿、
蒙、藏文字書寫："乾隆四十五年
（1780）十月二十八日班禪額爾德呢恭
進利益琺瑯鑲嵌海螺一件"。

海螺為佛教法器。此器用天然海螺與
琺瑯製品完美結合，特別是西藏六世
班禪為祝賀乾隆皇帝七十壽辰進獻，
有着特殊的歷史價值。

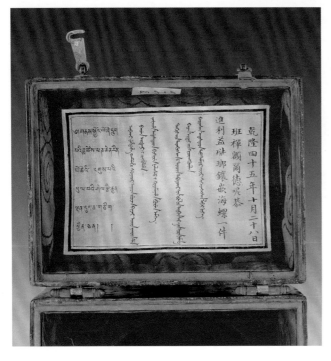

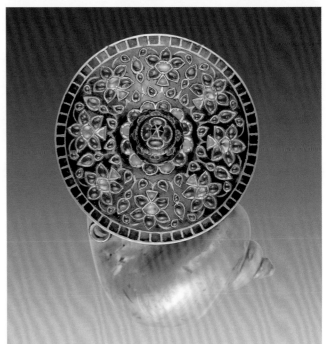

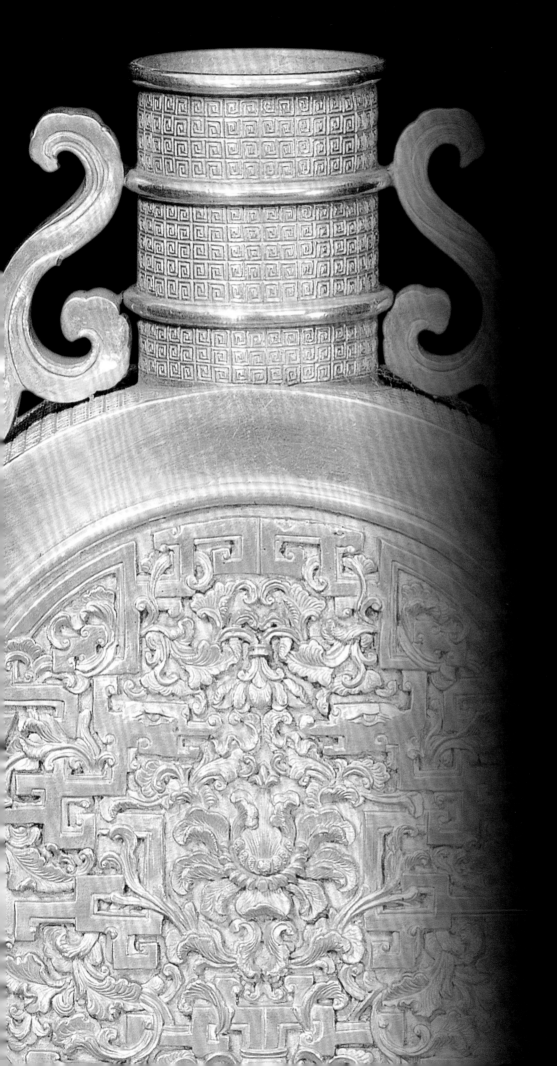

生活用品

**Articles for
Daily Use**

193

金雕花嵌寶石八角盒
清
徑15厘米　高6.9厘米
清宮舊藏

**Gold octagonal box carved with floral
design in openwork and inlaid with
precious stones**
Qing Dynasty
Diameter: 15cm　Height: 6.9cm
Qing Court collection

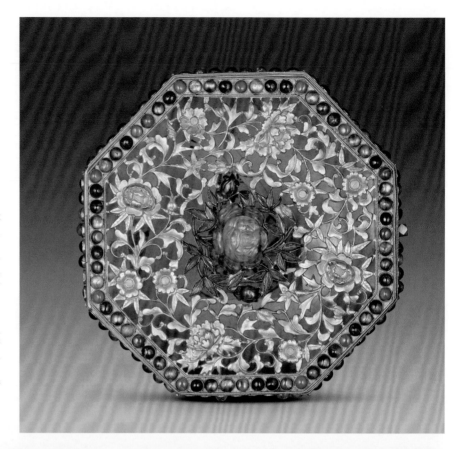

盒八角形。平面式蓋，通體鏤雕、鏨
刻花卉紋，中心為碧璽雕牡丹花、翡
翠葉，周邊嵌紅、藍寶石、翡翠、碧
璽。盒壁鏤空花卉紋，四周嵌紅、藍
寶石、翡翠、碧璽框。

此盒工藝精緻，運用鏤雕、鏨刻、鑲
嵌等多種工藝手法組成紋飾。鑲嵌各
種寶石共計318塊，所嵌寶石皆磨成
圓形。為典型的清代廣州製品。

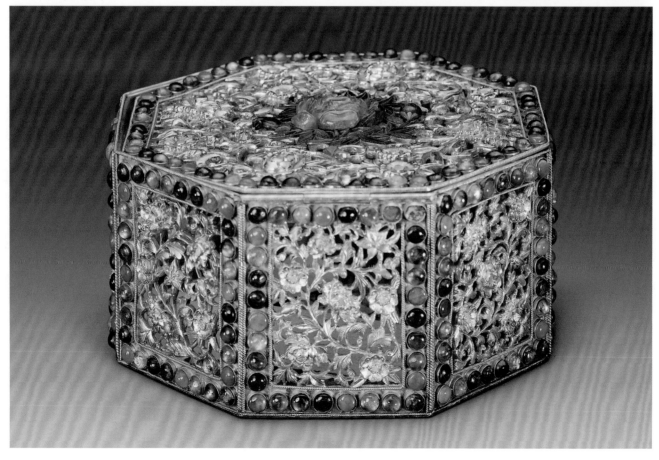

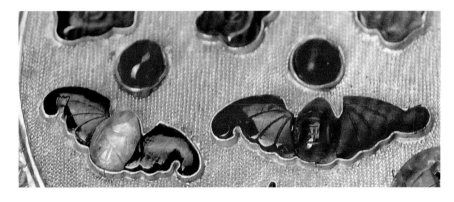

金嵌翠玉圓粉盒
清
徑6.5厘米　高3.5厘米
清宮舊藏

Gold round powder box inlaid with jadeite
Qing Dynasty
Diameter: 6.5cm　Height: 3.5cm
Qing Court collection

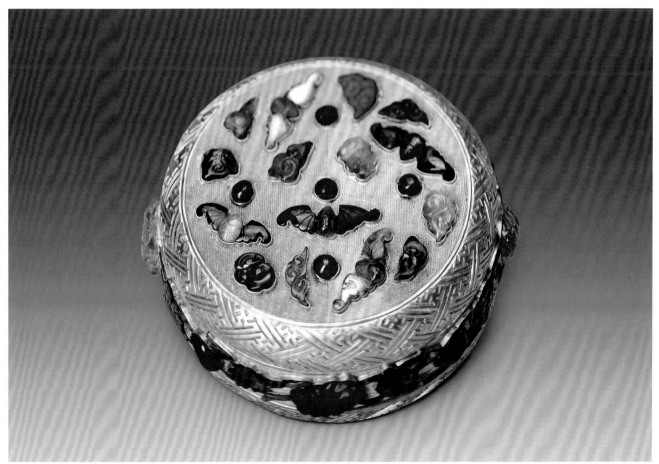

盒鼓形，通體鏨刻卍字不到頭紋，盒口上下沿鏨迴紋。蓋面以碧璽、翡翠、白玉鑲嵌出蝙蝠、團雲等圖案，盒壁嵌花葉。

此盒為清代后妃使用的化妝品用具。清宮化妝品多來自江南的杭州、蘇州、南京、揚州等地，專門委派官員購買，連同粉盒一同進到宮內。

翡翠壽字紋圓盒
清
徑8.8厘米　底徑5.9厘米　高3.4厘米
清宮舊藏

**Jadeite round box carved with the
Chinese character Shou (longevity)**
Qing Dynasty
Diameter: 8.8cm
Diameter of bottom: 5.9cm
Height: 3.4cm
Qing Court collection

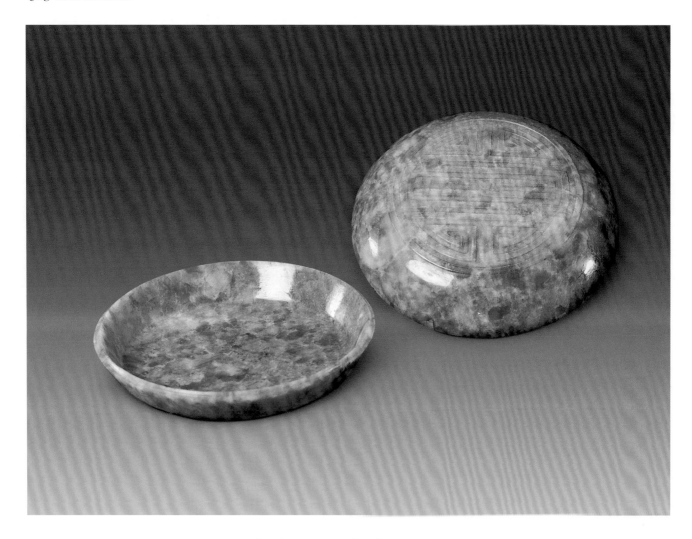

扁圓形，圈足。有蓋，蓋面中心雕團
壽字。

清宮中有大量的玉盒，大小及玉質成
色不一，但翡翠盒少見。

196

翡翠簫
清
長54.4厘米　徑2.8厘米
清宮舊藏

Jadeite Xiao (a vertical flute)
Qing Dynasty
Length: 54.4cm　Diameter: 2.8cm
Qing Court collection

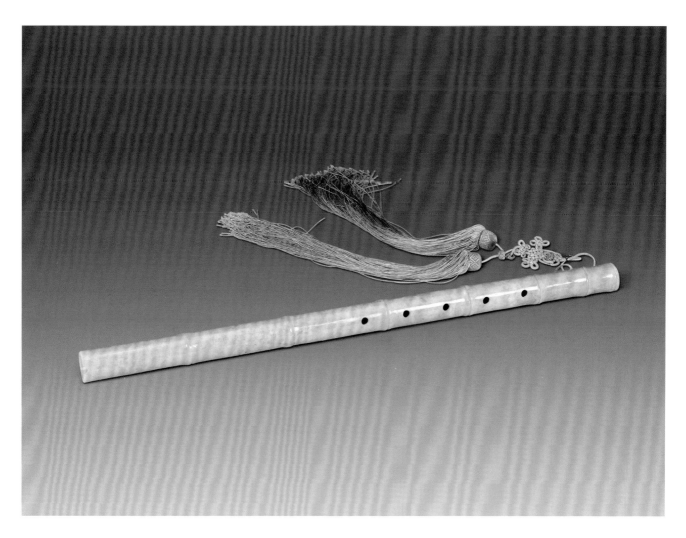

簫仿竹形，陰刻竹節七個，中空，有半圓形吹孔及六個音孔，音孔五個在上，一個在下。一端有穿帶孔，繫絲穗。

簫為中國古代樂器，最早為四孔，漢時增加到五孔，魏晉時期成六孔。唐宋時期，橫吹者稱笛，豎吹者為簫，或稱洞簫、鳳簫。簫一般為竹製，又有玉製、銅製，翡翠製者少見。

197

翡翠煙嘴

清
(1) 長2.8厘米　口徑1.7厘米
(2) 長5.9厘米　口徑1.5厘米
(3) 長9厘米　口徑1.6厘米
清宮舊藏

Jadeite mouthpieces of tobacco pipe
Qing Dynasty
(1) Length: 2.8cm
　　Diameter of mouth: 1.7cm
(2) Length: 5.9cm
　　Diameter of mouth: 1.5cm
(3) Length: 9cm
　　Diameter of mouth: 1.6cm
Qing Court collection

圓筒形，上部微凹，頂端凸起成環形，通體光素。

煙嘴，抽煙袋之用。煙袋製作中以煙嘴最為講究，可以製煙嘴的材料很多，有翡翠、玉、瑪瑙、水晶及各種金屬等，其中以翡翠最名貴。

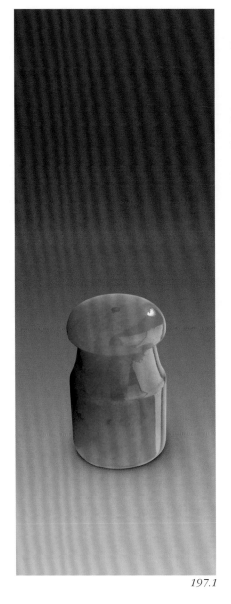

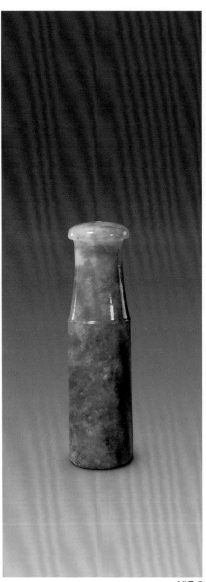

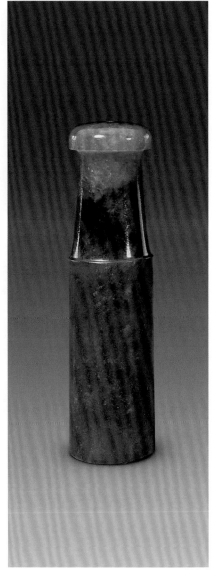

197.1　　　*197.2*　　　*197.3*

198

翡翠推胸
清
（1）長3厘米　徑1.8厘米
（2）長11厘米　徑1.9厘米
清宮舊藏

Jadeite chest-massage-implement
Qing Dynasty
(1) Length: 3cm　Diameter: 1.8cm
(2) Length: 11cm　Diameter: 1.9cm
Qing Court collection

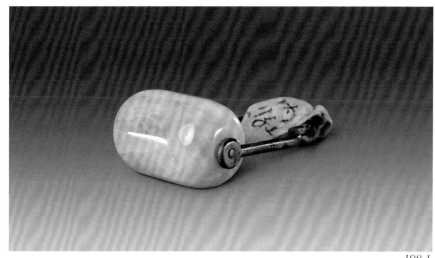

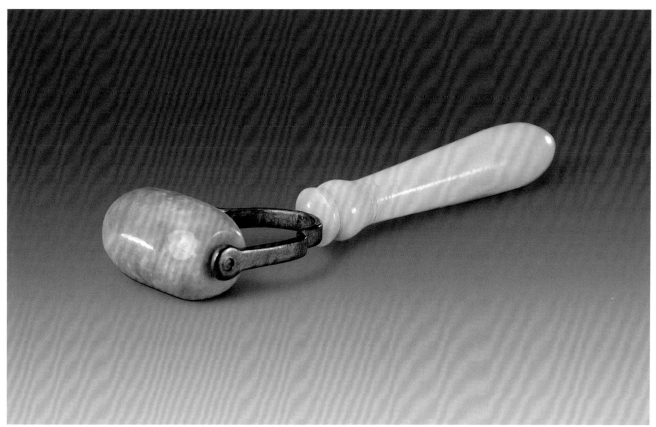

圓柱形，光素無紋，中心穿銅鍍金軸及環，玉柄。

推胸，又稱太平車，為宮中保健用品，用其在身體不適部位往返滾動，以達到舒筋活血的目的。推胸種類很多，有單碾、雙碾或多碾，質地有翡翠、玉、瑪瑙、水晶等，以翡翠、玉最珍貴。存於宮中御藥房或壽藥房。

199

金鑲寶石領針

清
(1) 長6.1厘米　寶石邊長1.3厘米
(2) 長6.5厘米

Gold tiepins inlaid with gems
Qing Dynasty
(1) Length: 6.1cm
　　Length and width of gem: 1.3cm
(2) Length: 6.5cm

金針頂有托，嵌寶石。

圖（1）針頂嵌方形祖母綠寶石一塊。
寶石表面似玻璃而晶瑩過之，被稱為
"透水綠"。

圖（2）針頂嵌翡翠一塊，翠質圓潤，
色澤嫩綠。

此領針曾被溥儀攜出故宮，1955年歸
回。

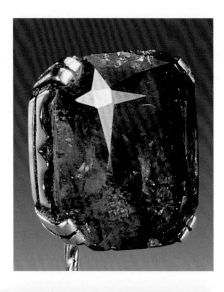

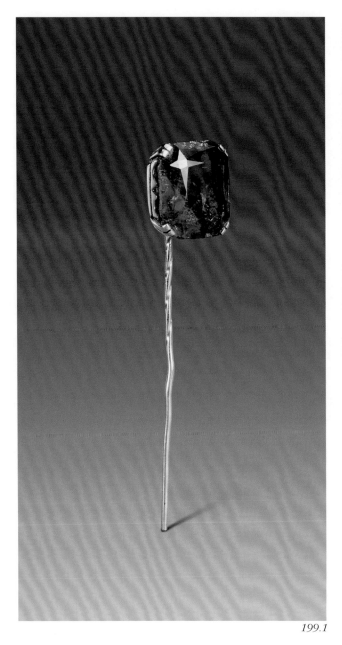

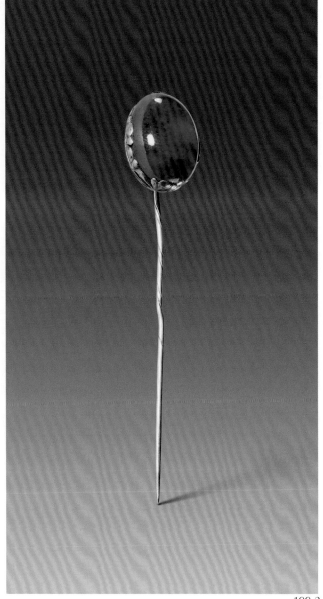

199.1

199.2

200

金鑲翠錶墜
清
長5厘米　寬0.8厘米　厚0.55厘米

Gold watch pendant inlaid with jadeite
Qing Dynasty
Length: 5cm　Width: 0.8cm
Thickness: 0.55cm

墜方柱形，頂部金蓋箍，箍上穿金
環。翡翠通體碧綠，色澤溫潤，為翠
中上品。

此錶墜為溥儀所戴，曾被攜帶出宮，
1955年歸回。

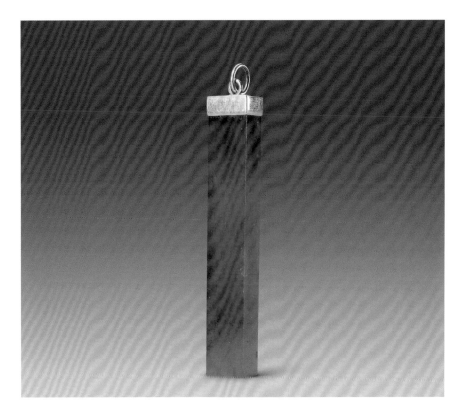

201

金鑲翠錶鏈
清
長26厘米

Gold watch chain with jadeite pendants
Qing Dynasty
Length: 26cm

金鏈環環相扣，一端有金環，活扣，
與懷錶相接；另一端連三個翠墜，一
為圓柱形，另兩個雕刻蝙蝠與錢幣，
寓意"福到眼前"。

此錶鏈為溥儀所用，曾被攜出故宮，
1955年回歸。

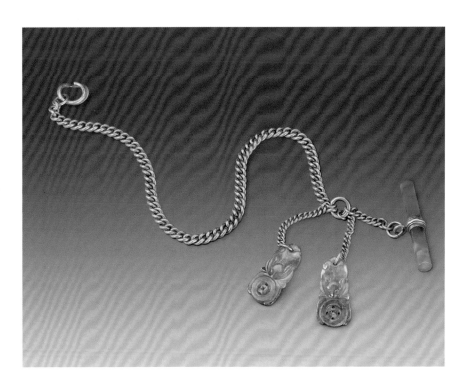

202

翡翠蓋碗
清
通高8.5厘米　口徑12.8厘米
足徑3.5厘米
清宮舊藏

Jadeite covered bowl
Qing Dynasty
Overall height: 8.5cm
Diameter of mouth: 12.8cm
Diameter of foot: 3.5cm
Qing Court collection

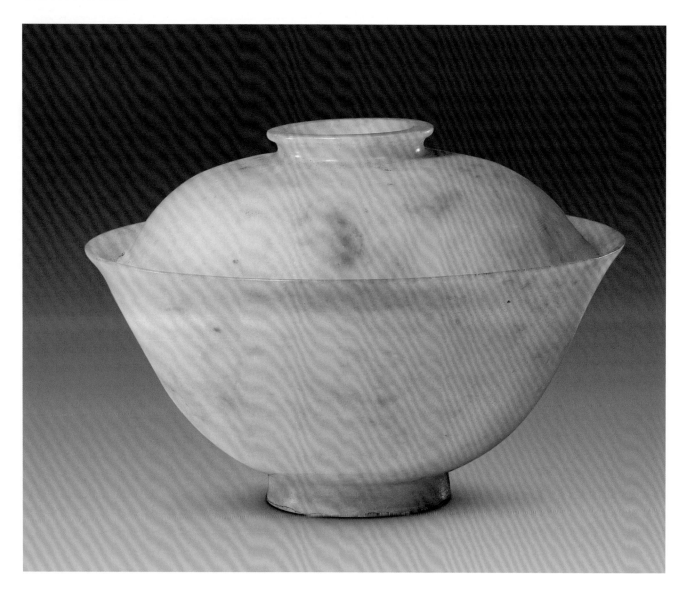

碗敞口，深腹，弧壁，圈足。半圓形
蓋，頂有圈足鈕。通體光素。

此碗造型秀麗，拋光細潤，胎體薄厚
均勻，做工精良，為清宮用器。

203

金托蓋白玉藏文碗
清乾隆
通高26厘米　口徑14.5厘米
清宮舊藏

**White jade bowl with a gold cover and
stand carved with Tibetan characters**
Qianlong Period, Qing Dynasty
Overall height: 26cm
Diameter of mouth: 14.5cm
Qing Court collection

碗玉質，敞口，深腹，收底，圈足。
碗外壁光素，內口沿鐫刻藏文一周，
底刻"乾隆年製"款。碗配九成金蓋、
座。蓋呈半圓形，頂配寶珠鈕。蓋面
飾隱起蓮瓣紋三層，捲草紋六組，每
組內嵌松石雕花朵。座呈鼓形，錘鍱
隱起的捲草紋，嵌松石梅花、雲紋
等。座下墊盤，盤面錘鍱捲草紋，內
嵌松石花朵，盤沿嵌一周長方形松
石。盤下高撇足，外壁鏨刻隱起的捲
草紋、雲紋、如意紋，嵌梯形、如意
形、梅花形松石。全器共嵌不同顏
色、形狀的松石46塊。

此碗精工細作，造型、紋飾融合了
蒙、藏民族的工藝特點。

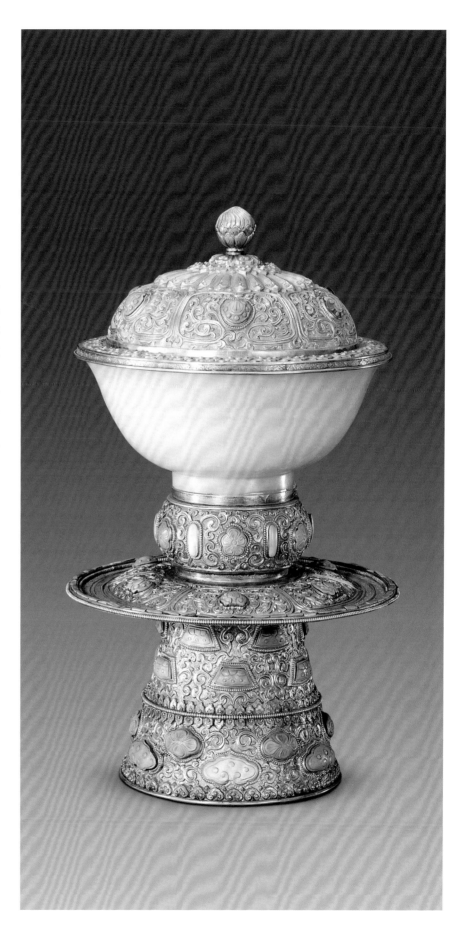

204

金托蓋瑪瑙葵瓣碗
清乾隆
通高19厘米　口徑13厘米
清宮舊藏

**Agate bowl in the mallow-petal shape
with a gold cover and high stand**
Qianlong Period, Qing Dynasty
Overall height: 19cm
Diameter of mouth: 13cm
Qing Court collection

碗葵花瓣口，口沿、底足鑲金，內底
陰刻楷書"壽"字，足內陰刻楷書"乾
隆年製"款。托盤亦為葵瓣式，中央
凸起高足，口沿鑲金邊，盤沿陰刻楷
書"壽"。碗上有金蓋，下承高足，鏨
刻蓮瓣紋、纏枝蓮紋，嵌松石小花。

此瑪瑙碗為宋代製品，金蓋、高足及
款字為清代乾隆時後配。

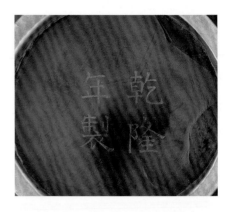

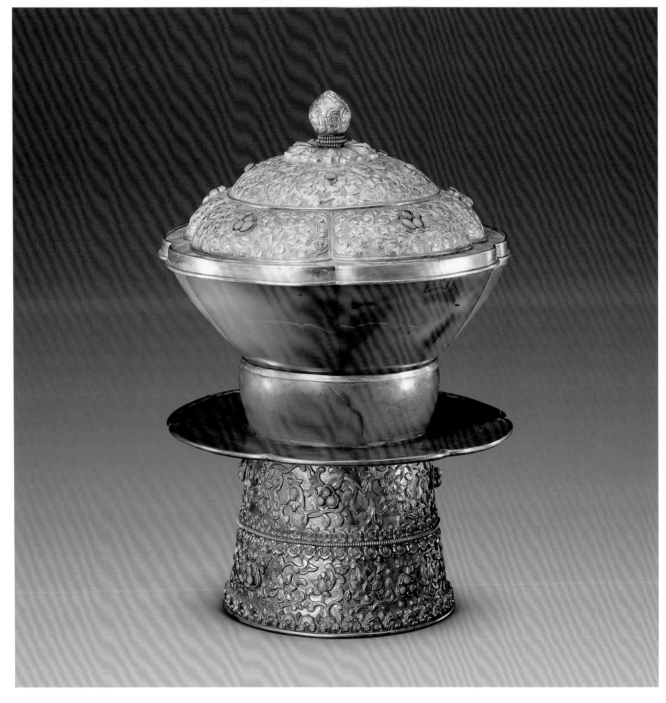

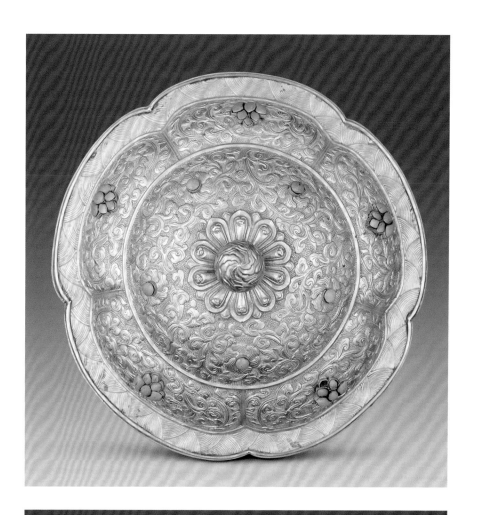

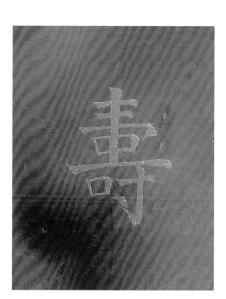

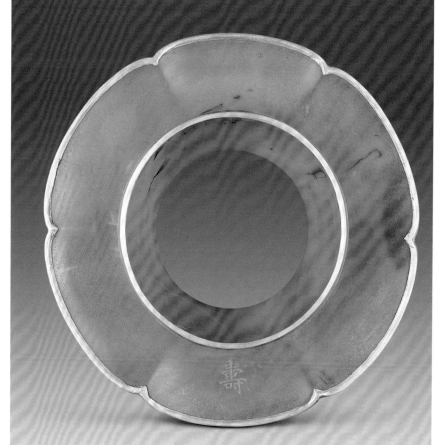

205

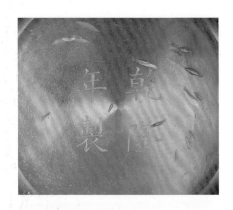

金托蓋瑪瑙鑲金碗
清乾隆
通高16.5厘米　口徑14厘米
清宮舊藏

**Agate bowl and saucer with gold stand
and cover**
Qianlong Period, Qing Dynasty
Overall height: 16.5cm
Diameter of mouth: 14cm
Qing Court collection

碗敞口，圈足，鑲金口，內底陰刻楷
書"福"，足內陰刻楷書"乾隆年製"
款。托盤圓形，鑲金邊，沿上陰刻楷
書"福"字。碗上有金蓋，托盤下承高
足，鏨刻蓮瓣紋及纏枝蓮紋，嵌綠松
石。

此瑪瑙碗為宋代製，金蓋、高足及款
字為清代乾隆時後配。

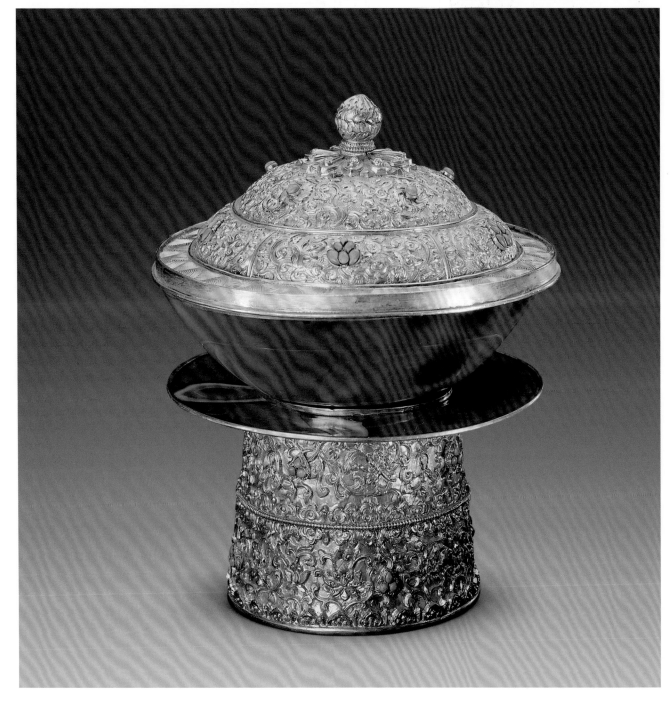

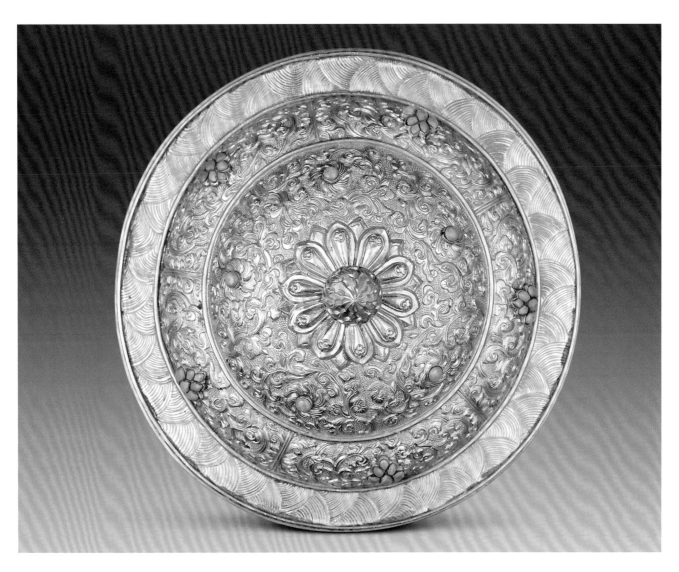

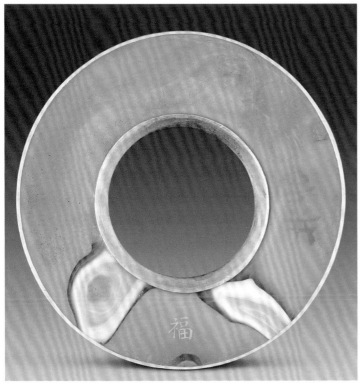

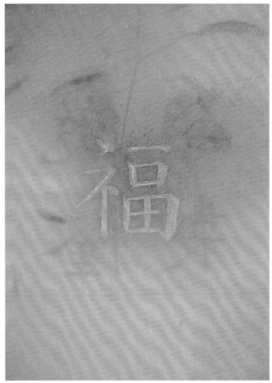

206

銀胎綠琺瑯嵌寶石靶碗
清乾隆
通高23.3厘米　口徑14.4厘米
清宮舊藏

Silver-bodied stem covered bowl decorated with green enamel inlaid with precious stones
Qianlong Period, Qing Dynasty
Overall height: 23.3cm
Diameter of mouth: 14.4cm
Qing Court collection

靶碗塔形蓋，嵌紅寶石桃形鈕，蓋面三層紋飾，最上一層為蓮瓣紋，花瓣鍍金緣，嵌紅寶石花朵；下面兩層為纏枝蓮，紅寶石花瓣，金托花蕊，上嵌硝石。碗撇口，柱形高足。鼓形碗托，圓形盤，下承喇叭形高足。碗、托內飾菱格紋，外部遍飾纏枝蓮紋，底部為一周蓮瓣紋，花瓣邊鍍金綫，花瓣嵌紅寶石，金托花蕊，上嵌硝石。原附漆皮匣，蓋內有白綾標籤，用漢、蒙、滿、藏四種文字書："乾隆四十五年八月初三日班禪額爾德呢呈進銀胎綠琺瑯靶碗一件"。

此碗為乾隆四十五年（1780）乾隆皇帝七十壽辰時西藏班禪六世敬獻的壽禮。在工藝上運用了錘鍱、鑲嵌、琺瑯、鍍金等多種手法，造型端莊，用料華貴，做工精湛，充分體現了乾隆時期西藏手工業的製作水平，具有很高的歷史和藝術價值。

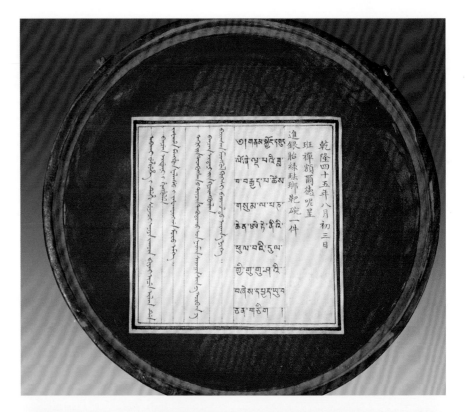

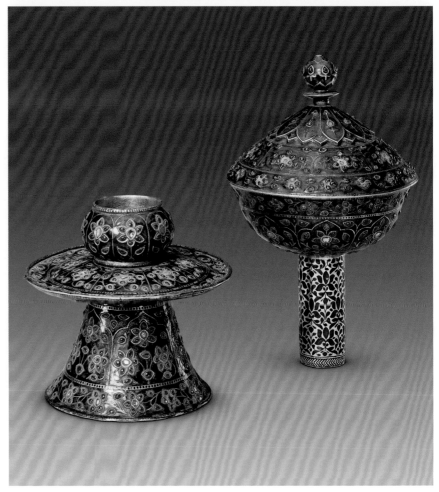

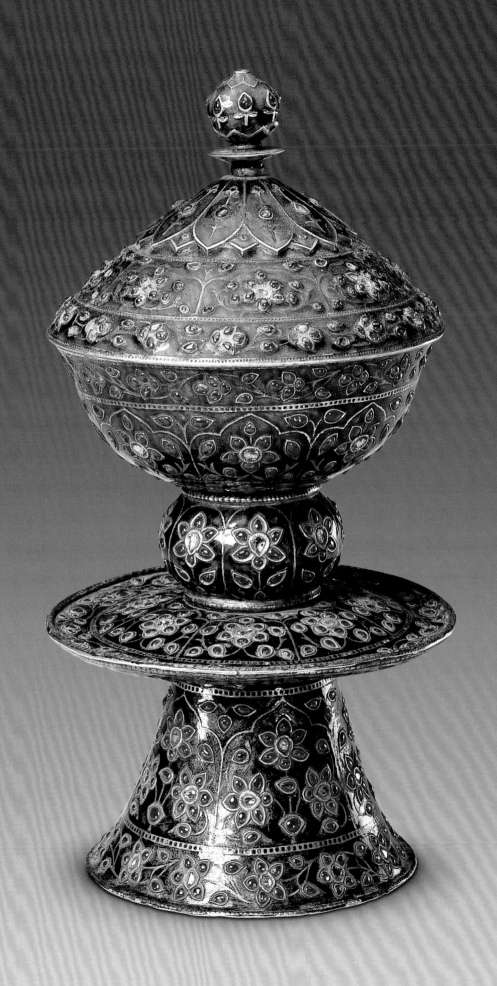

金胎綠琺瑯嵌寶石靶碗
清乾隆
通高23.3厘米　口徑14.4厘米
清宮舊藏

Gold-bodied stem covered bowl decorated with green enamel inlaid with rubies
Qianlong Period, Qing Dynasty
Overall height: 23.3cm
Diameter of mouth: 14.4cm
Qing Court collection

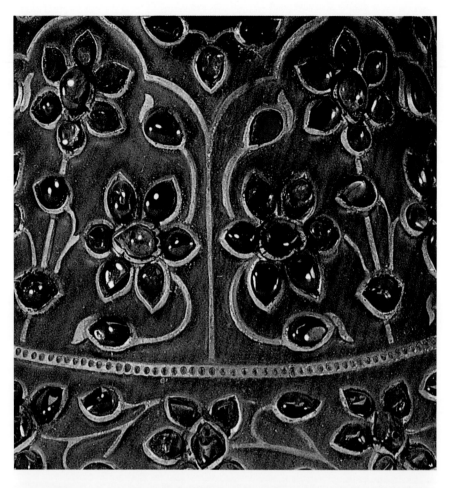

靶碗塔形蓋，頂為嵌紅寶石桃形鈕，
下配圓盤形鈕托。鈕下為蓮瓣紋，內
嵌紅寶石。外飾兩周纏枝花紋，由紅
寶石嵌成花朵。碗撇口，斂腹，柱形
高足。碗外壁口沿、底邊飾纏枝花
紋，嵌紅寶石花朵。碗腹部開光，內
嵌紅寶石花朵。碗下鼓形托，飾紅寶
石花朵。托下圓盤，飾纏枝花紋，嵌
紅寶石、硝石花朵。盤下承喇叭形高
足，通體飾纏枝花紋，嵌紅寶石花
朵，硝石花心。盤底刻"大清乾隆年
製"款。

此碗為清宮仿製六世班禪呈獻乾隆皇
帝的銀胎綠琺瑯嵌寶石靶碗而作，與
原作造型、工藝相似。

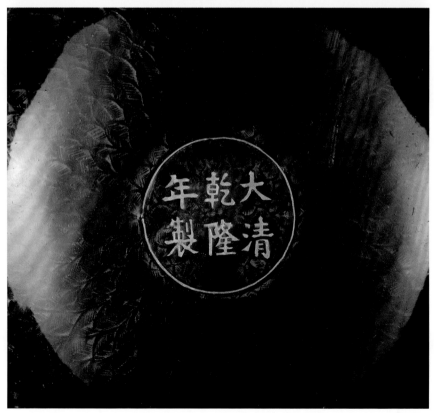

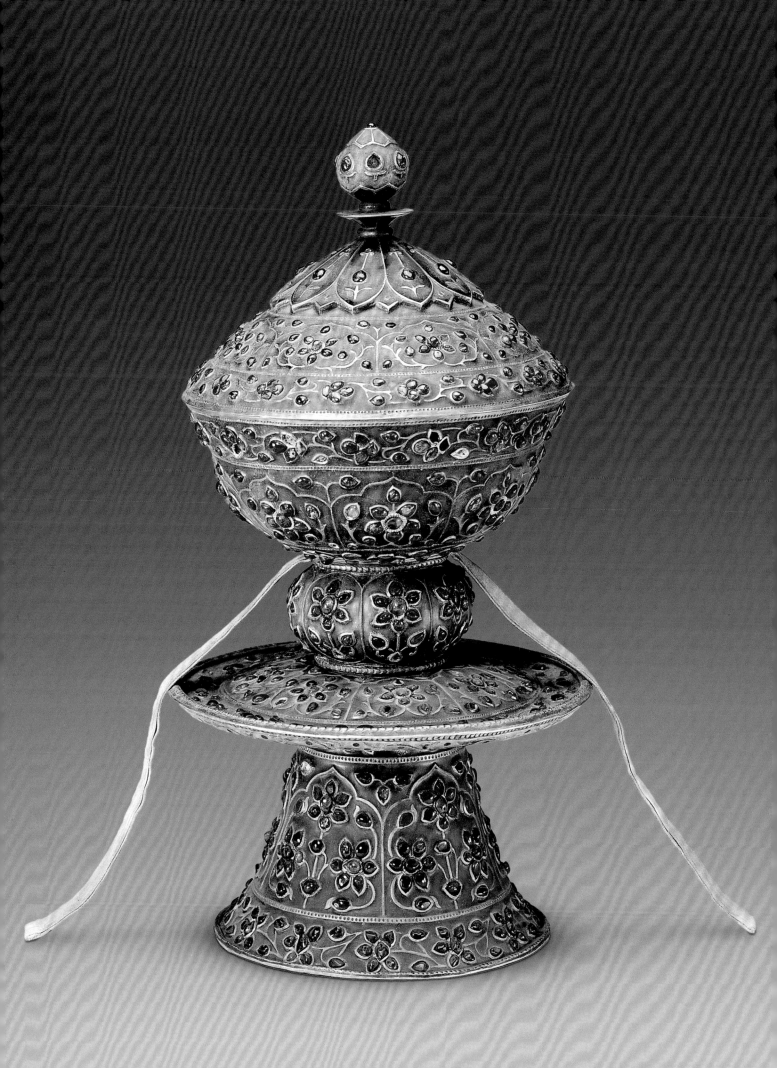

208

金胎綠琺瑯嵌寶石蓋罐
清乾隆
通高26.1厘米　口徑12.3厘米
清宮舊藏

Gold-bodied covered jar decorated with green enamel inlaid with rubies
Qianlong Period, Qing Dynasty
Height: 26.1cm
Diameter of mouth: 12.3cm
Qing Court collection

罐圓蓋，嵌紅寶石珠形鈕，下配圓盤
形鈕托。蓋面紋飾三層，第一層為嵌
金絲蓮瓣紋，蓮瓣內嵌紅寶石。第二
層飾紅寶石梅花及金絲花蔓。第三層
嵌紅寶石花葉紋。罐直口，斂腹。外
壁口沿及罐底，嵌紅寶石一周。壁腹
嵌金絲瓜棱紋，內飾紅寶石花朵，金
絲花蔓。盤形罐托，花瓣邊，內飾嵌
紅寶石金絲花瓣，外飾蓮瓣紋。托下
覆缽形足，飾金絲蓮瓣紋，內嵌紅寶
石海棠花朵。

此罐運用錘鍱、燒藍、鑲嵌等多種工
藝，做工精細，造型、圖案規整，色
彩艷麗，為清乾隆時期西藏手工藝精
品。

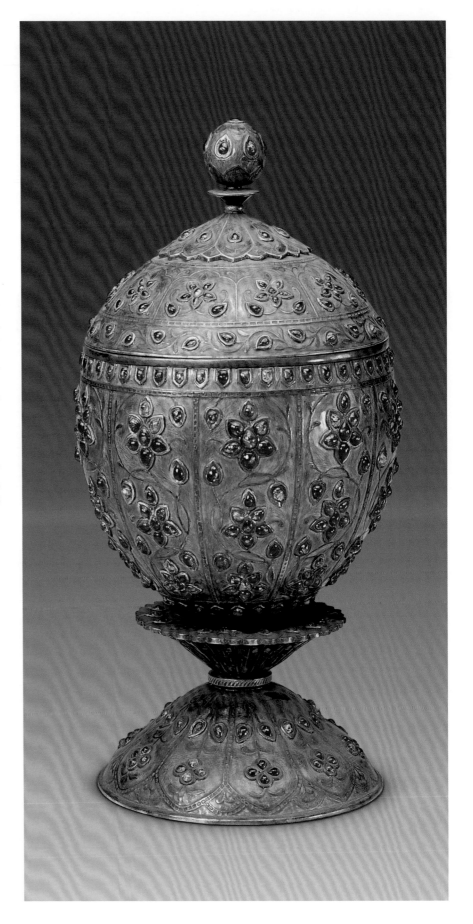

金雙喜團壽字碗
清同治
高6.5厘米　口徑9.5厘米　足徑5.2厘米
一對
清宮舊藏

Gold bowl decorated with the Chinese characters Shou (longevity) and Shuangxi (double happiness) (a pair)
Tongzhi Period, Qing Dynasty
Height: 6.5cm
Diameter of mouth: 9.5cm
Diameter of foot: 5.2cm
Qing Court collection

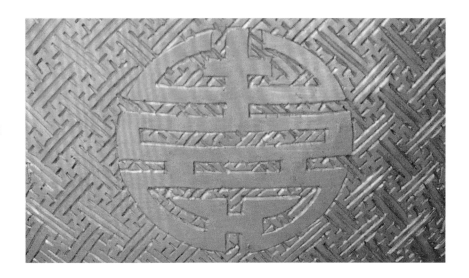

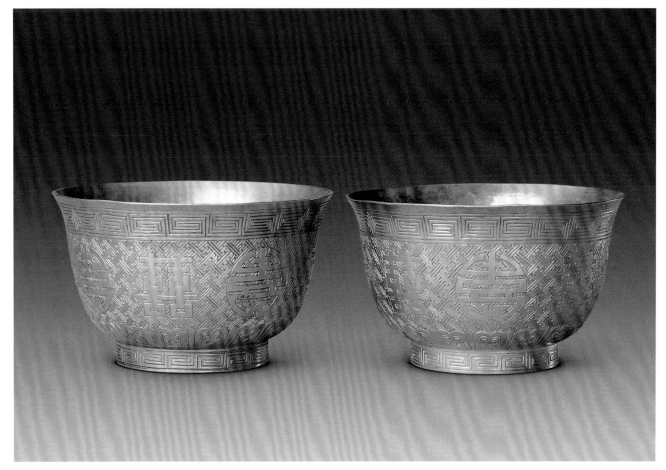

碗敞口，深腹，收底，圈足。內壁光素，外壁口沿、圈足鏨刻迴紋，腹部鏨花卍字不到頭紋地上刻團"壽"字與雙"喜"字。碗底鐫"同治十一年製"款。

清代同治皇帝於同治十一年 (1872) 九月舉行大婚典禮，為此宮中特製辦一批金質餐具，此碗便是其中一對。此碗造型規整，圖案主題鮮明，為清晚期金器精品。

金鏨夔紋葫蘆式執壺

清
高30.4厘米　腹徑14厘米　重1726克
清宮舊藏

**Gold calabash-shaped ewer engraved
with floral design**
Qing Dynasty
Height: 30.4cm
Diameter of belly: 14cm　Weight: 1726g
Qing Court collection

執壺葫蘆形，獸吞式流，流上端有雲
形橫樑與壺體相接，龍形柄，扁圈
足。有蓋，上飾花蕾形鈕。壺身鏨刻
夔紋、捲草紋、雲紋等。器底刻銘文
"四十六兩六錢五分"。

此壺為清代皇帝的御用酒具。

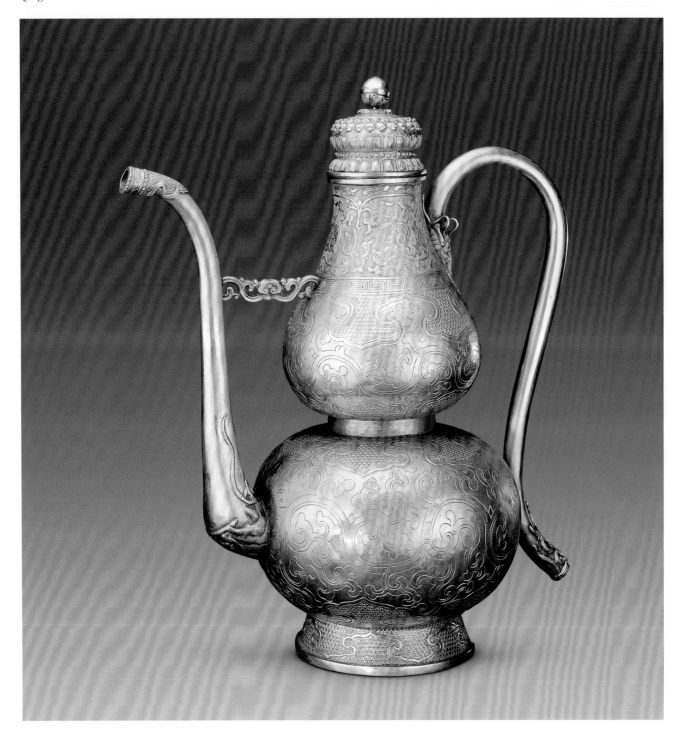

211

金鏨雲龍紋嵌珠寶葫蘆式執壺
清
高29厘米　腹徑16厘米
清宮舊藏

Gold calabash-shaped ewer engraved with cloud and dragon design
Qing Dynasty
Height: 29cm　Diameter of belly: 16cm
Qing Court collection

執壺葫蘆形，龍頭流，龍形曲柄，圈足外撇。帽形蓋，頂附光束鈕。蓋鈕與曲柄有金鏈相連，流上端與壺體銜接一橫樑。壺體錘鏨主題紋飾為二龍戲珠，間佈流雲紋；壺蓋為捲葉紋，壺頸錘鏨夔龍紋，束腰飾流雲海水紋，底足鏨流雲海水、雜寶紋。壺身

鑲嵌珍珠、紅寶石、珊瑚、綠松石、青金石等共32塊。

此壺造型豐腴諧調，紋飾飽滿，錘鏨技藝精工，是清代宮廷御用酒具中的精品。

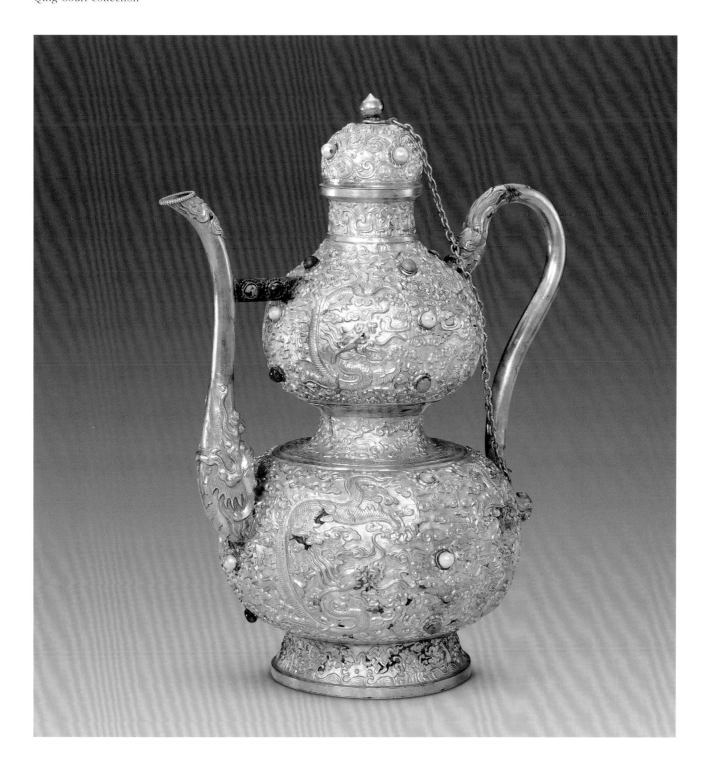

212

金鏨雲龍紋瓜棱式執壺
清
高31.5厘米　腹徑16厘米
清宮舊藏

Gold ewer engraved with cloud and dragon design
Qing Dynasty
Height: 31.5cm
Diameter of belly: 16cm
Qing Court collection

執壺細頸，撇口，鼓腹，喇叭形足。塔形蓋，附光束鈕。曲流，彎柄，柄、鈕間繫金鏈。壺身滿鏨紋飾，蓋由三周弦紋隔成四層，每層鏨刻二龍趕珠紋；壺身隔成瓜棱形，內鏨刻雲龍紋；底足鏨刻行龍、海水紋。

此壺造型纖巧、秀麗，紋飾精緻，是清中期宮廷金屬工藝的代表作。為清宮御用酒具。

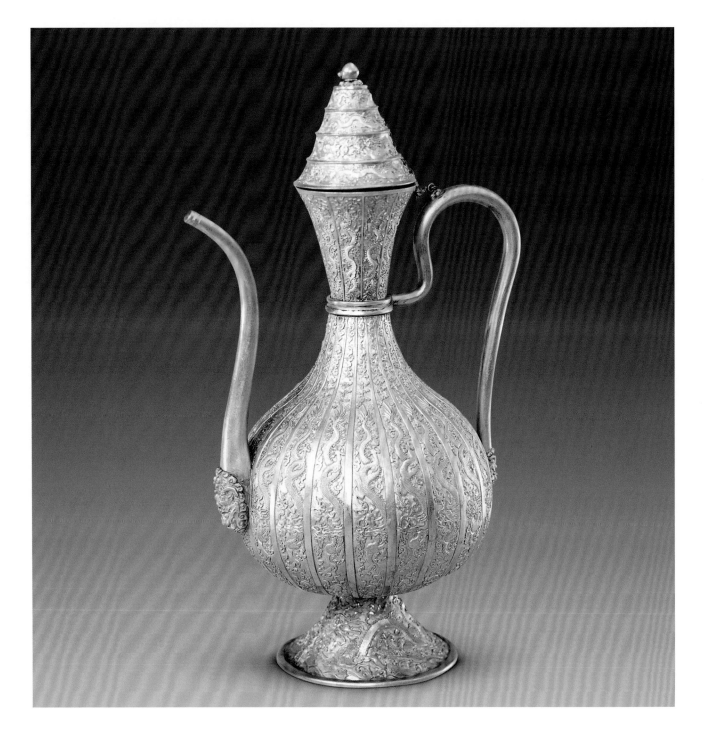

213

金鏨夔龍寶相花紋雙耳扁壺
清乾隆
高20.8厘米　口徑4.3厘米　厚5.1厘米
清宮舊藏

**Gold flask with two handles engraved
with design of Kui-dragon and rosette**
Qianlong Period, Qing Dynasty
Height: 20.8cm
Diameter of mouth: 4.3cm
Thickness: 5.1cm
Qing Court collection

壺體扁圓形，直頸，圓口，頸兩側立
夔龍耳，高方足。壺頸飾弦紋三道。
壺腹前後兩面為對稱的圓形開光，內
錘鏨隱起雙夔龍與寶相花紋，兩夔龍
首相對，似同戲寶相花。壺身兩側、
底足均鏨迴紋。

此壺為清宮御用品。

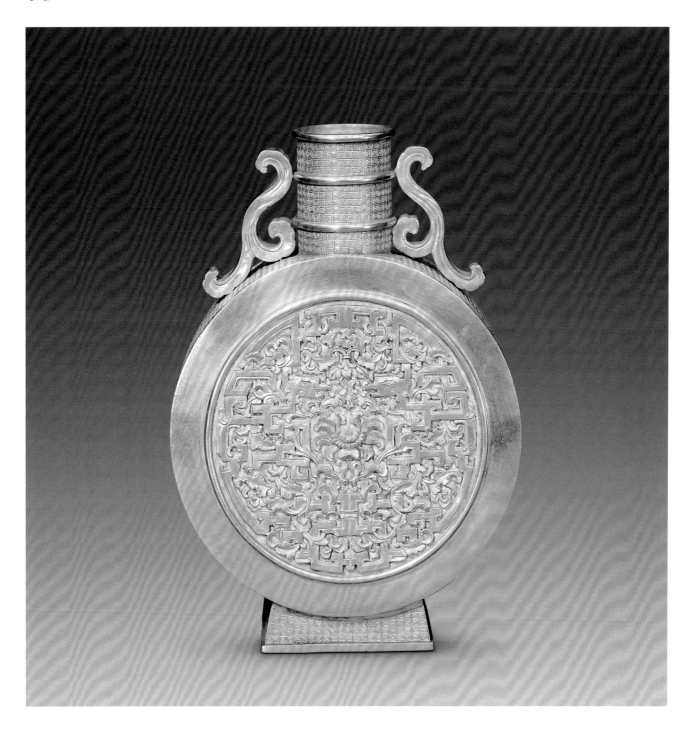

214

翡翠盤
清
徑17.5厘米　高3.5厘米
清宮舊藏

Jadeite plate
Qing Dynasty
Diameter: 17.5cm　Height: 3.5cm
Qing Court collection

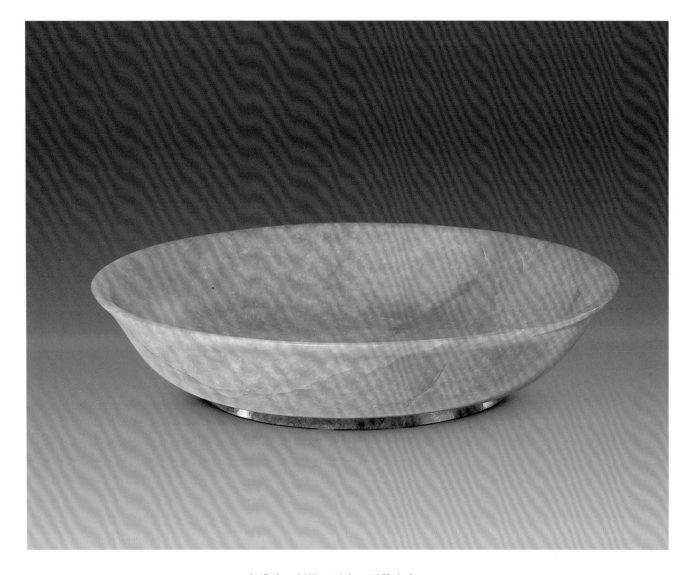

盤淺腹，折沿，平底，通體光素。

此盤翠質盈潤、光潔，果綠地色上微
呈玉質綿綹，如瑩光斑駁。清宮用
品。

215

翡翠龍紋杯盤
清乾隆
通高9.6厘米　杯口徑7厘米
杯底徑3.2厘米　盤徑19.2厘米
清宮舊藏

**Jadeite cup with saucer carved with
dragon design and marked with
Qianlong's reign**
Qianlong Period, Qing Dynasty
Overall height: 9.6cm
Diameter of cup mouth: 7cm
Diameter of cup bottom: 3.2cm
Diameter of saucer: 19.2cm
Qing Court collection

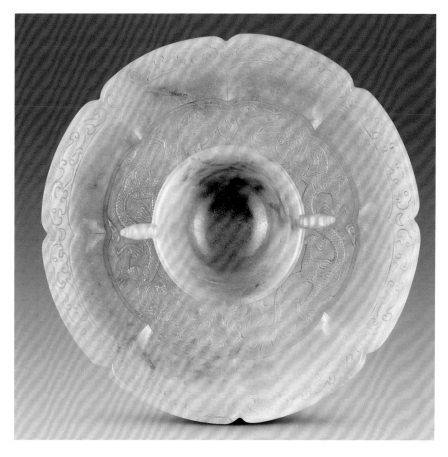

杯敞口，螭耳，圈足，杯身前、後陰
刻正面龍紋。盤呈蓮瓣式，每瓣上刻
螭紋；盤面雕二龍戲珠紋；盤心為束
腰式蓮花座，上置杯托；盤底四獸面
足。杯、盤底心均刻“乾隆年製”篆書
款。

此杯盤為乾隆皇帝御用酒具，兩件一
套，也用於陳設。

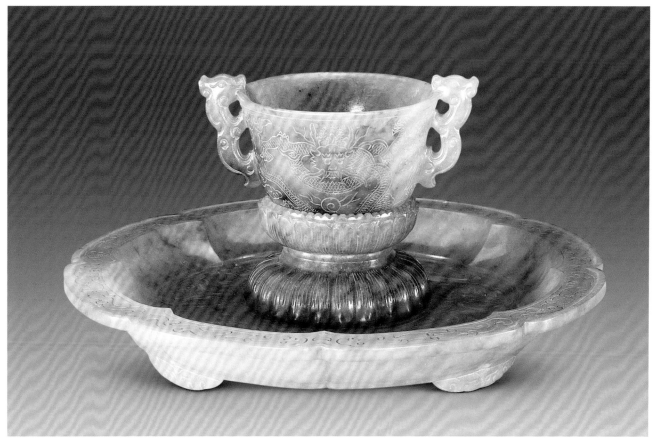

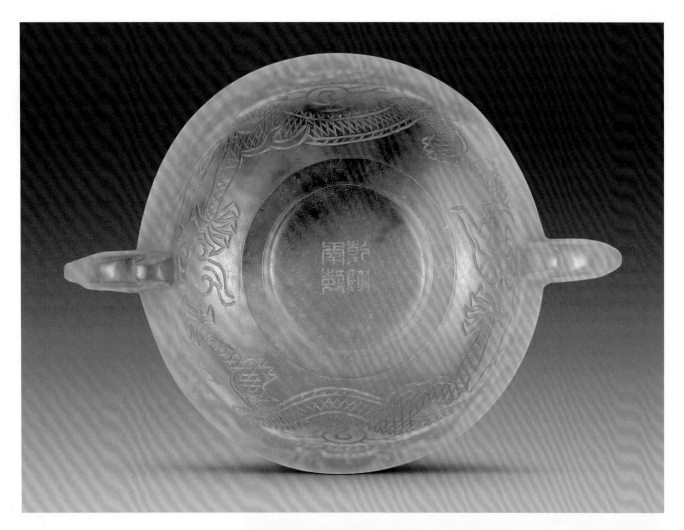

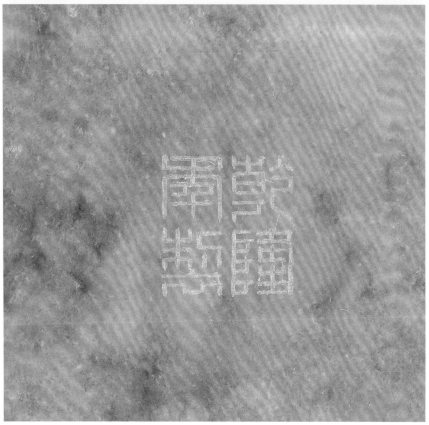

216

金鏨花嵌珍珠杯盤
清
通高8厘米　杯徑7厘米　盤徑20厘米
清宮舊藏

Gold cup with saucer engraved with floral design and inlaid with pearls
Qing Dynasty
Overall height: 8cm
Diameter of cup: 7cm
Diameter of saucer: 20cm
Qing Court collection

杯敞口，圈足。內壁光素，外壁鏨隱起的龍紋，間飾寶相花、海水紋；兩側有鏤空篆書萬壽紋長耳，頂部嵌珍珠。托盤折沿鏨隱起的纏枝寶相花，嵌珍珠四顆；盤面鏨隱起的朵雲紋、蓮花紋，嵌珍珠四顆；中部起杯托，鏨隱起的雲龍紋。

此杯盤工藝精巧，為清宮萬壽慶典時皇帝御用酒具。

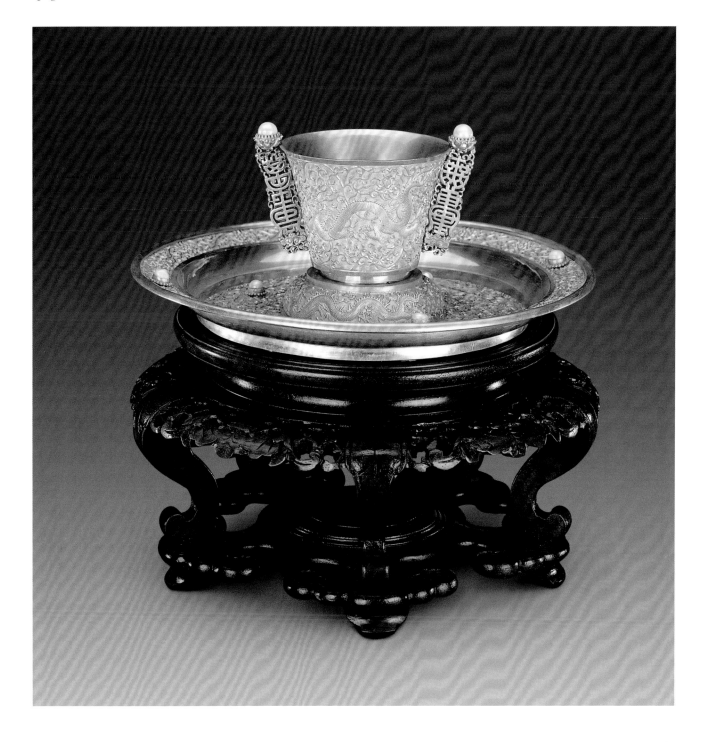

217

銅鍍金嵌珠寶盤
清
徑25.5厘米　一套
清宮舊藏

**Gilt-copper plate inlaid with precious
stones and pearls (a set)**
Qing Dynasty
Diameter: 25.5cm
Qing Court collection

盤折沿，圈足。口沿鏨刻一周寶相花
和蕉葉紋，金累絲蓮花瓣托鑲嵌紅寶
石、東珠各四顆。盤外壁滿刻纏枝蓮
紋。盤外底刻盤名、盤號。底配紫檀
木雕蝠紋座。

此盤為一套，共計17件。清宮用品。

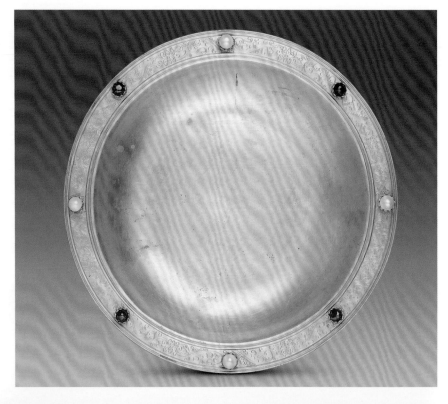

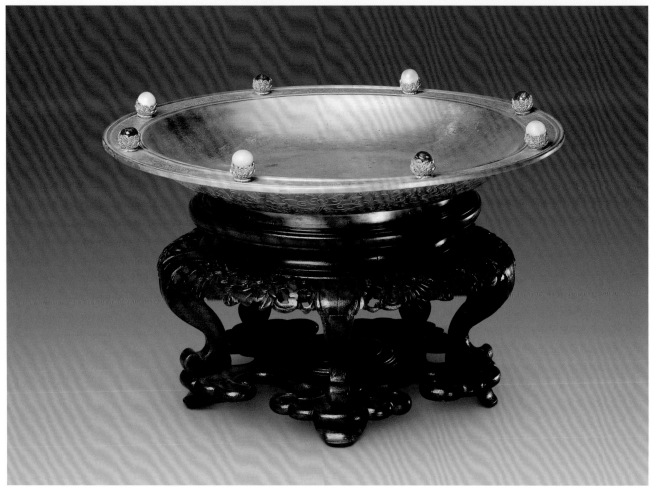

218

金累絲嵌松石盤
清
高6.5厘米　徑15.7厘米　重478克
清宮舊藏

Gold plate decorated with filigrees and turquoises
Qing Dynasty
Height: 6.5cm　Diameter: 15.7cm
Weight: 478g
Qing Court collection

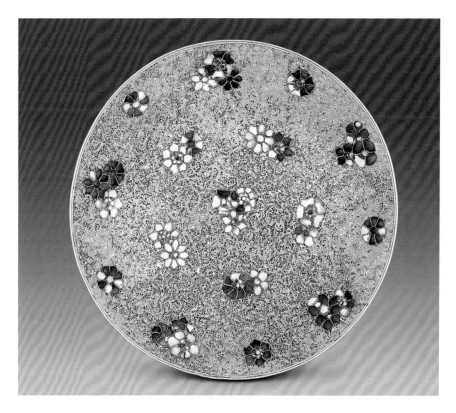

分盤和托兩部分，通體累絲捲草紋。
盤內外鑲嵌松石、青金石花朵，托座
獸足上嵌松石、青金石獸面。

此盤通體以金累絲製成，工藝細膩、
繁複。為清宮御用品。

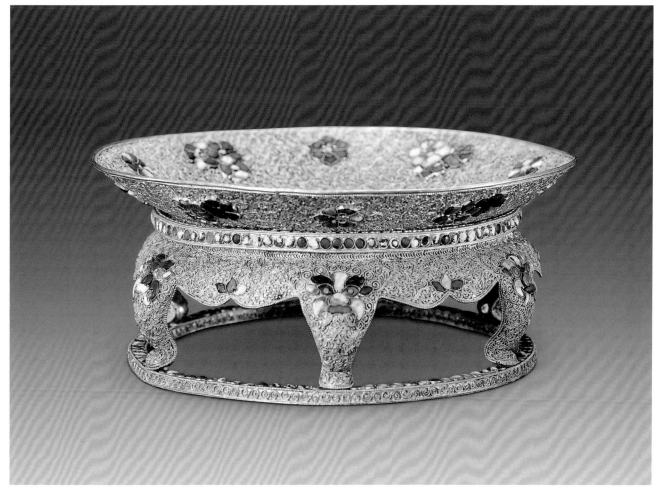

金鏨雲紋橢圓盤
清
高1.3厘米　最大徑13.2厘米　重112克
清宮舊藏

Gold elliptic plate engraved with cloud design
Qing Dynasty
Height: 1.3cm
Maximum Diameter: 13.2cm
Weight: 112g
Qing Court collection

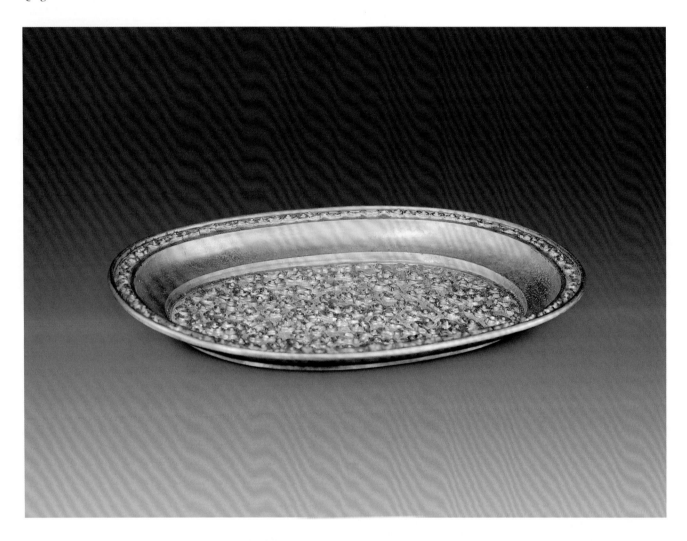

盤橢圓形，折沿，平底，盤心及口沿
鏨刻雲紋。

此盤為九成金，紋飾採用鏨刻手法，
花紋凸起如雕塑，富立體感。為清宮
御用品。

220

金龍鳳雙喜盤
清嘉慶
高4.8厘米　徑30.6厘米　重1480克
故宮舊藏

Gold plate carved with four Chinese characters Long (dragon), Feng (phoenix), Shuang (double) and Xi (happiness)
Jiaqing Period, Qing Dynasty
Height: 4.8cm　Diameter: 30.6cm
Weight: 1480g
Qing Court collection

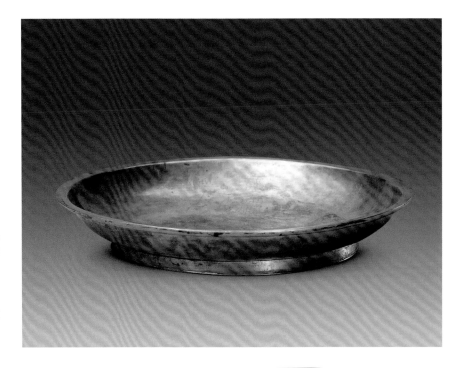

盤折沿，淺腹，圈足。盤內刻"龍鳳雙喜"四字。底足內沿刻"嘉慶四年八成金　重四十兩"戳記。

此盤徑較大，有明確紀年，為清宮大型宴飲時用品。

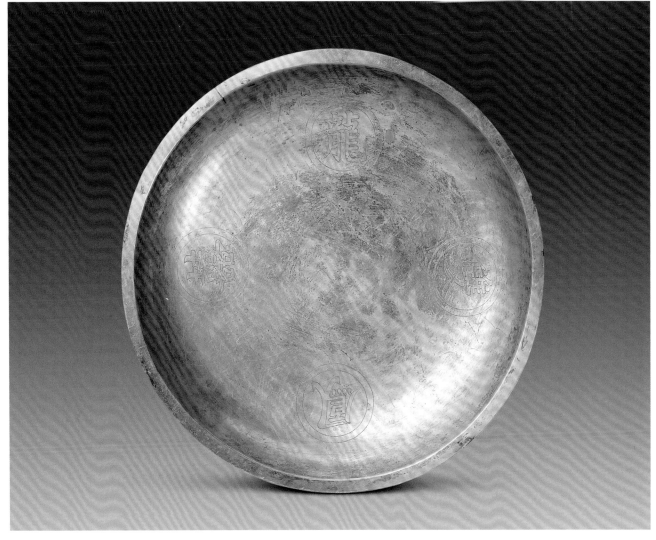

221

金雙龍耳奠盅

清
通高9.8厘米　盅口徑6.1厘米
足徑3厘米　盤徑16厘米　重189克
清宮舊藏

**Gold small cup (sacrificial vessel) with
two Kui-dragon-shaped ears**
Qing Dynasty
Overall height: 9.8cm
Diameter of cup mouth: 6.1cm
Diameter of foot: 3cm
Diameter of saucer: 16cm
Weight: 189g
Qing Court collection

盅撇口，收腹，斂底，圈足。內壁光
素，外壁口沿鏨一周迴紋，身鏨纏枝
蓮花紋，兩側鏤雕夔龍耳，底鐫"東
陵交回"字樣。盅下附盤，折沿鏨迴
紋，盤底鏨纏枝蓮花紋，盤中心鑄蓮
瓣紋托，以承金盅。

此盅為清宮祭祀大典時的用器。

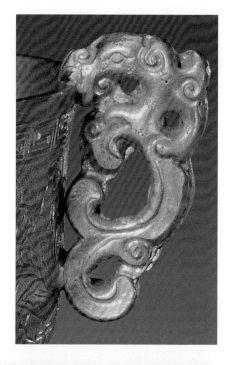

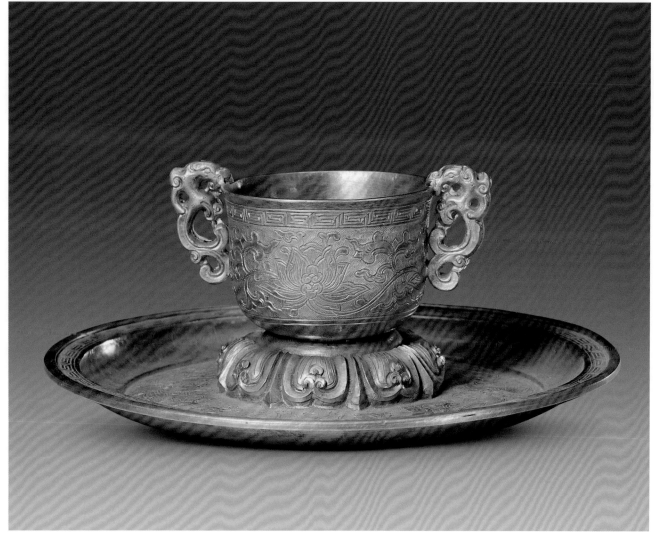

222

琺瑯嵌珠石爵杯
清
通高16厘米　盤徑20厘米
清宮舊藏

**Gilt-copper Jue cup (wine vessel)
decorated with cloisonn´E enamel inlaid
with pearls and precious stones**
Qing Dynasty
Overall height: 16cm
Diameter of saucer: 20cm
Qing Court collection

爵敞口，深腹，短尾，長流，口上出
兩圓柱，外撇三尖足。爵盤圓形，折
沿，淺腹，平底，花葉形四足。盤心
立四楞形爵托，有槽固定爵足。爵
杯、盤通體飾花草紋地，開光內飾夔
龍紋，鑲嵌珊瑚、青金石、綠松石30
塊。

此爵杯集掐絲琺瑯、鏨刻、鑲嵌等工
藝於一器，有較高的藝術價值。為清
宮祭祀典禮中的用器。

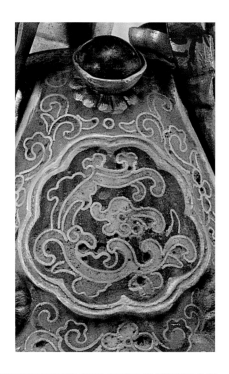

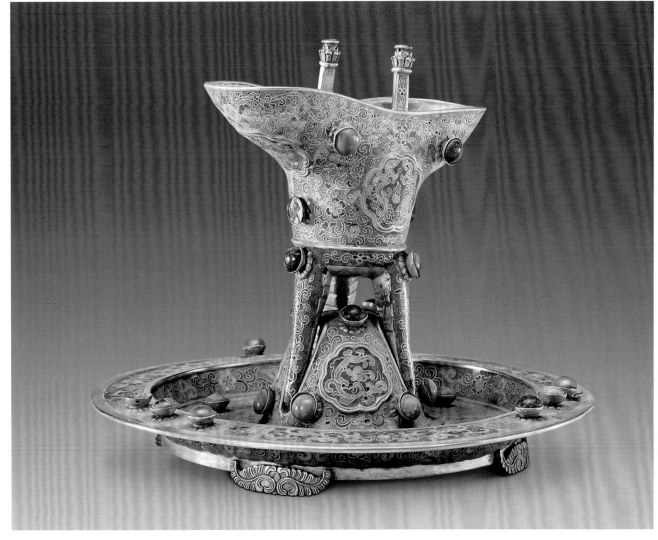